Gakken

きめる！KIMERU SERIES　DA

［ きめる！公務員試験 ］

資料解釈
Data Analysis

監修＝橋口武英　編＝資格総合研究所

はじめに

　本書をご覧になっている方は、さまざまな理由で数的処理に対する悩みを抱えているものと思います。「数的処理ってどんな科目だろう？」という初学者の方から、「ある程度時間をかけて数的処理に取り組んでいるのに、いつまで経っても点数が伸びない…」という現在苦戦中の方もいるかもしれません。そのような受験生の皆さんに向けて、数的処理の「最低限必要な解法」を明示しつつ、近年の多くの問題を解くことで出題傾向を押さえていこうというのが、本書のコンセプトです。

　資料解釈は、多くの受験生が数的処理の学習の最後に手をつける分野になることが多いようです。しかし、最初のうちは1問を解くのにやたらと時間がかかるため、「本試験の近づいたこんな時期に、こんなことをやっていていいのだろうか…」と焦る受験生を多く見てきました。本試験までに対策が間に合わず、結局捨ててしまう受験生すらいるような状況です。

　数的処理はそもそもが「慣れ」の科目でもあるのですが、特に「慣れ」が必要になるのが資料解釈だと思います。資料や選択肢の読み方に慣れるのはもちろんのこと、選択肢の検討の仕方にも慣れないといけません。真面目に正確な計算をしていては、解答に時間をかけすぎてしまいます。ですから、本来であれば早めに手をつけて対策に時間をかけたいのですが、本試験での出題数が数的推理や判断推理と比較してそこまで多くない以上、どうしても短時間での克服が求められてしまうのです。

　資料解釈を攻略するためには、やはり「定番の資料や選択肢の記述に慣れて、選択肢の正誤の検討に慣れること」が重要です。難易度の高い試験ではわかりにくい言い回しの選択肢なども登場しますが、それは後で対策しましょう。まずは基本の資料、基本の選択肢を素早く処理できるように

する練習が必要です。それだけでも本試験での解答時間はかなり変わって
きます。

　私は「監修者」という立場で本書に関わっていますが、「わかりやすい解説」
かつ「実際の本試験で使える解説」をひたすら意識して、詳細かつ厄介な
指示を数限りなく出させていただきました。その結果、数的処理をとことん
苦手にしてきた受験生の、つまずきやすいポイントをふまえた記述を意
識した参考書ができたと自負しています。

　本書を利用された皆さんが、公務員になるという目標を無事に達成され
ることを祈っております。

橋口武英

　公務員試験対策の新しい形の問題集として、「きめる！公務員試験」シリー
ズを刊行いたしました。このシリーズの刊行にあたり、受験生の皆さまが
より効率よく、より効果的に学ぶために必要なものは何かを考えて辿り着
いたのが「要点理解＋過去問演習」を実践できる３ステップ式の構成です。
まずは、頻出テーマをわかりやすい解説でしっかりと押さえ、次に一問一
答で、知識定着のための学習を行います。そして最後に、選び抜かれた頻
出の過去問題を解くことで、着実に理解に繋がり、合格へ近づくことがで
きるのです。

　試験対策を進める中で、学習が進まなかったり、理解が追いつかなかっ
たりすることもあると思います。「きめる！公務員試験」シリーズが、そん
な受験生の皆さまに寄り添い、公務員試験対策の伴走者として共に合格を
きめるための一助になれれば幸いです。

資格総合研究所

もくじ

CHAPTER 1 実数の資料

CHAPTER 2 構成比の資料

CHAPTER 5　さまざまな資料

別冊 解答解説集

本書の特長と使い方

3ステップで着実に合格に近づく！

STEP 1で要点を理解し、STEP 2で理解をチェックする一問一答を解き、STEP 3で過去問に挑戦する、という3段階で、公務員試験で押さえておくべきポイントがしっかりと身につきます。

公務員試験対策のポイントや各科目の学習方法をていねいに解説！

本書の冒頭には「公務員試験対策のポイント」や「資料解釈の学習ポイント」がわかる特集ページを収録。公務員試験を受けるにあたっての全般的な対策や、各科目の学習の仕方など、気になるポイントをあらかじめ押さえたうえで、効率よく公務員試験対策へと進めます。

別冊の解答解説集で、効果的な学習ができる！

本書の巻末には、本冊から取り外しできる「解答解説集」が付いています。問題の答え合わせや復習の際には、本冊のとなりに別冊を広げて使うことで、効果的な学習ができるようになります。

きめる！ **試験別対策**

各章の冒頭には、各試験の傾向や頻出事項をまとめてあります。自分が受験する試験の傾向をしっかりと理解してから、学習の計画を立てましょう。

＊なお、2024年度から、国家公務員試験の内容が大きく変わります。資料解釈の出題数や傾向も変わる可能性があるので、注意してください。

STEP 1 要点を覚えよう！

　基本的に1見開き2ページで、分野ごとに重要な基本事項をインプットしていきます。そのため、重要な基本事項を網羅的かつ正確に、無理なく習得できるようになっています。

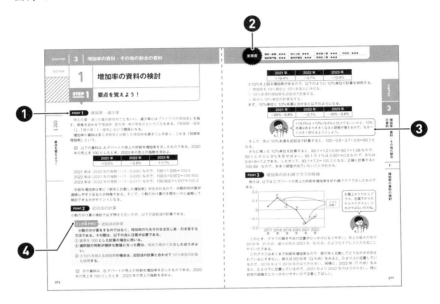

① POINT
このSECTIONで押さえておきたいキーワードを解説します。

② 重要度
各SECTIONの試験別重要度を表しています。過去問を分析し、重要度を「★」の数で表しています。

③ キャラクターが補足情報を教えてくれます。

④ ここできめる！
最重要の知識や、間違えやすいポイントをまとめています。試験直前の確認などに活用できます。

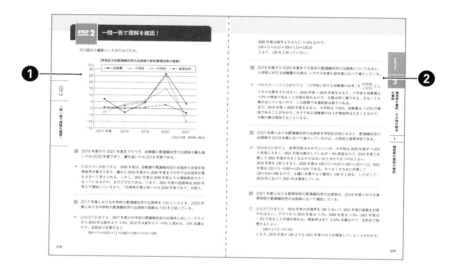

STEP 2　一問一答で理解を確認！

　STEP 1 の理解をチェックするための一問一答形式の問題です。過去問演習のための土台づくりとして、効率的にポイントを復習できます。

❶ 過去問演習の前に、実戦的な問題形式でSTEP 1 で学んだ内容を復習できます。

❷ 解答と詳しい解説で知識の定着と深い理解に繋がります。間違いやすいポイントなども押さえましょう。

STEP **3** 過去問にチャレンジ！

　本書には、過去15年分以上の過去問の中から、重要な基本事項を効率的に学習できる良問を選別して収録しています。

　過去問は、可能であれば3回以上解くのが望ましいです。過去問を繰り返し解くことで、知識だけでなく能力や感覚といったアビリティまで身につくという側面があるのです。

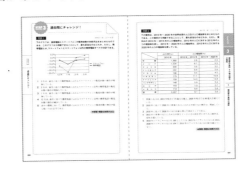

別冊　解答解説集

　STEP 3の過去問を解いたら、取り外して使える解答解説集で答え合わせと復習を行いましょう。

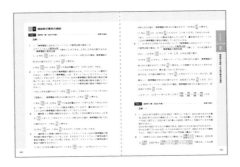

本書掲載の過去問題について
　本書で掲載する過去問題の問題文について、問題の趣旨を損なわない程度に改題している場合があります。

公務員試験対策のポイント

志望先に合わせて計画的で的確な対策を

　まずは第一志望先を決めましょう。仕事の内容、働きたい場所、転勤の範囲などが志望先を選ぶポイントです。また、併願先もあわせて決めることで、試験日・出題科目がおのずと決まってきて、学習計画を立てることができるようになります。

過去問の頻出テーマをおさえて問題演習を

　公務員試験合格のポイントは、1冊の問題集を何度もくり返し解くことです。そうすることで、知らず知らずのうちに試験によく出るテーマ・問題のパターンがしっかりと身につき、合格に近づくことができるでしょう。

人物試験対策の時間も確保したスケジューリングを

　近年では、論文試験や面接等の人物試験が重要視される傾向にあります。一次試験の直前期に、その先の論文試験や人物試験を見据えて、学習の計画を立てるようにしましょう。人物試験については、自己分析・志望動機の整理・政策研究を行って、しっかり対策しましょう。

資料解釈の学習ポイント

ここでは、資料解釈とは何か、公務員試験における資料解釈のポイントについて説明していきます。本格的な学習を始める前に、まずは全体像を確認しましょう。

資料解釈とは何か

資料解釈とは、数的処理の中でもかなり特殊といえるでしょう。問題文に示された資料から正しい選択肢を一つ選ぶ、というのが一般的な出題形式です。選択肢を正しく読み取り、かつ資料から数値を正しく読み取って計算することができれば、確実に点数を上げることができます。その意味では、安定して得点できる分野といえます。

しかし、資料解釈で大きなポイントになるのは「いかに正しく選択肢を読み取り、いかに素早く計算できるか」という点です。選択肢の言い回しはバリエーションが豊富で、国家公務員試験などの難易度の高い試験になると、一見して何を指しているのかわかりにくい言い回しの記述なども登場するため、理解に時間がかかります。計算も、正確に細かく計算しようとすると、非常に時間がかかってしまいます。

ですから、資料解釈の学習で常に意識したいのは「いかに手間を省いて素早く正解の選択肢を選べるようにするか」です。最初は1問に10〜20分は平気でかかると思って構いません。これをいかに縮めるか、いかに最短で正解の選択肢にたどり着けるかを考えながら、問題演習を進めるようにしてください。

公務員試験における資料解釈のポイント

①資料・選択肢を正しく読み取れるようにする

　問題を解くための前提として、資料と選択肢を正しく把握する必要があります。「何の数値を表した資料なのか」はもちろん、読み取りが難しい厄介な表や図が使われることもあります。もちろん、全てを網羅することは難しいのですが、これまでに出題されたことのある形式には可能な限り目を通したいところです。

　また、選択肢を正しく読み取ることも必要です。特に選択肢では通常使わないようなややこしい言い回しが使われることもあるため、注意が必要でしょう。特に国家公務員試験になると、同じ意味にもかかわらず資料中で使われる言葉と選択肢で出てくる言葉の言い回しが違うこともあります。選択肢の意味を正しく理解することも重要になるため、やはり過去に出題された問題の演習はできるだけ進めておくことでしょう。

　資料や選択肢の読み取りに時間がかかっていると、なかなか資料解釈の解答時間を短縮することができません。よく出てくる資料や言い回しは覚えてしまうくらいには慣れておきたいところです。

②選択肢の検討テクニックを身につける

　正しく資料と選択肢を読み取りさえすれば、あとは計算さえ間違えなければ必ず正解にたどり着けるのが資料解釈です。しかし、計算の間違いを怖がるあまり細かい計算を丁寧にやっているようだと、解答時間が縮まりません。選択肢の検討にあたっては、基本的に概算で処理することは当然ですが、それ以外にもさまざまな時間短縮のテクニックが存在します。
これらは出題テーマごとに存在するので、それらを身につけて使えるようにすることがポイントになります。

資料解釈の学習計画をチェック！

1 準備期

- 資料解釈の基本
- 実数の資料

> 資料解釈全体に通用する検討手段や考え方の理解が重要です。

2 集中期

- 構成比の資料
- 増加率の資料

> 資料解釈でも重要な構成比、増加率は優先的に押さえましょう。

3 追い込み期

- その他の割合の資料

> 出題頻度は高くありませんが、ひととおり確認してください。

4 総仕上げ期

- 複数の資料
- さまざまな資料

> 今までの理解を総合的に問われるのが複数の資料の問題です。

きめる！公務員試験シリーズで、合格をきめる！

３ステップ方式で絶対につまずかない！
別冊の解答解説集で効率的に学べる！

数的推理
1,980円（税込）

判断推理
1,980円（税込）

民法Ⅰ
1,980円（税込）

民法Ⅱ
1,980円（税込）

憲法
1,980円（税込）

社会科学
1,980円（税込）

人文科学
1,980円（税込）

自然科学
1,980円（税込）

行政法
1,980円（税込）

資料解釈
1,760円（税込）

2024年 発売予定　文章理解

シリーズ全冊試し読み
「Gakken Book Contents Library」のご案内

1 右のQRコードかURLから「Gakken Book Contents Library」にアクセスしてください。

https://gbc-library.gakken.jp/

2 Gakken IDでログインしてください。Gakken IDをお持ちでない方は新規登録をお願いします。

3 ログイン後、「コンテンツ追加＋」ボタンから下記IDとパスワードを入力してください。

ID	9mvrd
PASS	cfphvps4

4 書籍の登録が完了すると、マイページに試し読み一覧が表示されますので、そこからご覧いただくことができます。

※試し読みキャンペーンは予告なく終了する可能性がございます。

CHAPTER 1

実数の資料

SECTION1　資料解釈の基本・実数の資料の検討

この章で学ぶこと

資料解釈の基本中の基本として必ず押さえるテーマ

本章では、今後学習していく資料解釈の出題テーマ全般に関連する内容について学習していきます。資料解釈で登場する選択肢は、**割合の計算をすることによって正誤が判断できるもの**が多くなります。したがって、割合の計算はスムーズにできるようにしなければいけません。特に**分数を作って大小を比較検討する流れ**は頻繁に登場しますから、大小の比較は繰り返し練習するようにしてください。その他、**10%や1%の計算**なども小数点をずらすだけで判断できますから、そのあたりは必ず時間短縮できるようにしておきたいところです。

どんな試験種であっても出題されるのが実数の資料

実数の資料は、原則としてどんな試験種であっても出題される形式と考えてください。実際の数値がそのまま書かれている資料ですから、ある意味では「最も単純な出題形式」です。あとは**「いかに計算を手早く行うか」**で勝負が分かれることになります。そもそもの計算スピードも上げていきたいところですが、それに加えて概算も使いながら時間短縮を図るようにしてください。

しかし、実際の数値そのままが書かれたシンプルな出題形式である反面、**細かい計算が求められることがある**点にも注意が必要です。あまり概算をしすぎると判断が微妙になるような問題が出題されることがあります。概算をした結果、本来は誤りの選択肢を正しいと誤認してしまう可能性もありますので、特に数値の桁数が少ない問題は慎重に検討するようにしてください。

国家公務員試験で出題される実数の資料は特殊なものがある

実数の資料は数値そのものですからシンプルなのですが、**読み取り自体にクセがある資料**も存在します。特に国家公務員試験で出題されることがあるのですが、実際の数値がそのまま書かれてはいるものの、読み取り方がわかりにくい資料もあります。問題の設定を正しく把握したうえで読み取るようにしてください。

また、資料自体が単純だと、逆に選択肢の読み取りが難しいケースなどもあります。「実数の資料＝難易度が低い」ということでは決してないので、くれぐれも注意して対策を進めるようにしてください。

きめる！ 試験別対策

国家一般職

資料解釈は例年３問出題されますが、シンプルな実数の資料が出題されることはほぼありません。出題されるとすれば、複数の資料の一部として登場することが大半です。

国家専門職

資料解釈は例年３問出題され、実数の資料も出題頻度は高めです。国家専門職試験特有の注意点としては、内訳のある数表が出題されることがあり、数値の読み間違いが起きやすい点です。志望度が高い場合は気をつけましょう。

地方上級

資料解釈は例年１問しか出題されませんが、実数の資料になることもあります。出題形式がやや特殊なことがありますが、難易度は低めです。

裁判所職員

資料解釈は例年１問しか出題されませんが、実数の資料になることもあります。かなりベーシックな出題であることが多く、基本レベルであれば得点すべきです。

東京都Ⅰ類

本章から基本的には１問出題されます（2023年度は２問出題）。形式は「積み上げ棒グラフ」と呼ばれる、項目が積み上がった棒グラフで、難易度は至って基本レベルといえます。

特別区Ⅰ類

本章から例年２問程度出題されます。形式は数表と棒グラフが大半で、単純な出題です。ただし、選択肢の中には細かい計算をしないと概算では判断できないようなシビアなものが含まれることがあるので、注意が必要です。

市役所

資料解釈は例年２問出題され、実数の資料も出題頻度は高いといえます。しかも難易度はかなり低めなので、得点しやすいといえるでしょう。

SECTION

1 資料解釈の基本・実数の資料の検討

STEP 1 要点を覚えよう！

POINT 1 資料解釈の解き方

正解の選択肢を選ぶことができればよいので、**細かい計算はなるべく減らす必要**がある。また、「**どの選択肢から検討するか**」も意識して学習することを心がけてほしい。

POINT 2 割合とは

比べる量が、もとにする量（基準）のどれだけにあたるかを示したものである。数的推理でも学習する割合の分野を再度確認してほしい。

割合は、分数を使って $\dfrac{比べる量}{もとにする量（基準）}$ と表すことができる。

例えば「2022 年に対する（における、に占める）2023 年の割合」や、「人口 1 人あたりの GDP」のような言い回しが出てきたら、「に対する」「における」「に占める」「あたりの」の直前がもとにする量（基準）になるので、$\dfrac{2023 年}{2022 年}$ や $\dfrac{GDP}{人口}$ のように分数を作って検討すればよい。

割合どうしを比較するときは、もとにしている量が同じかどうかに注意が必要よ。ここをひっかける問題も多いよ。

POINT 3 計算のコツ

概算が原則になる。一つの目安としては、「**上から 4 桁目を四捨五入する**」というものがある。これでも大半の選択肢は判断が可能である。

例 46712＋50497≒46700＋50500＝97200

また、**10%・1%の計算は小数点をずらして行う**とよい。10%は小数点を左に 1 つ、1%は小数点を左に 2 つずらせばよいので、これで手早く判断できる。

例 46712 の 15%は、46712 の 10%が 4671.2≒4670、5%は 10%の半分なので 4670÷2＝2335 である。よって、およそ 4670＋2340＝7010 である。

POINT 4 増加率・減少率

増えた量・減った量の割合のことを指し、数的推理の売買の計算などで学習する「○○増し」「○○引き」と同じものである。

分数で検討することもできるが、以下のように**増加数・減少数から割合を判断する**と検討しやすいことが多い。

例 ある国の木材需要量が、2022 年は 2,355 万 m³、2023 年は 2,609 万 m³ であったとき、2023 年の対前年増加率（2022 年→ 2023 年での増加率）は以下のように考えられる。

増加量（増加数）をみると、2609－2355≒2610－2360＝**250**〔万 m³〕であり、増加率は **2360 を基準にしたときの、250 の割合**を検討すればよい。

2360 の 10%は **236**、1%は 23.6≒**24** であり、これを足すと 11%で 236＋24＝**260** となるので、250 にかなり近くなる。したがって、250 の増加量は増加率でいうと**約 11%**である。

2022 年　　　2023 年
(2360) → 2610
＋250
10%＝236　　＝
1%≒24　　約 11%の
11%≒260　　増加率

POINT 5 分数の大小比較

分数の大小比較は、大きい数値になってしまって通分をするのに手間がかかるので、**分子どうし・分母どうしの増加率・減少率で判断する**とよい。

例 ある年の遊園地の入場者数が、上半期は 36 万人、下半期は 45 万人であり、そのうち子どもの入場者数はそれぞれ 14 万人、20 万人であった。このとき、入場者数に占める子どもの割合が大きいのはどちらか。

分数にすると、上半期は $\dfrac{14}{36}$、下半期は $\dfrac{20}{45}$ と表せる。「上半期→下半期」で $\dfrac{14}{36} \to \dfrac{20}{45}$ と変化している。

分子の増加率をみると、14 → 20 で増加量は **6** である。14 の 10%は **1.4**、40%は 1.4×4＝**5.6** なので、6 の増加は増加率でいうと **40%以上**になる。

分母の増加率をみると、36 → 45 で増加量は **9** である。36 の 10%は **3.6**、30%は 3.6×3＝**10.8** なので、9 の増加は増加率でいうと **30%未満**になる。

したがって、分子の増加率のほうが大きいので、分数全体の値は増加し、$\dfrac{14}{36} < \dfrac{20}{45}$ であるとわかる。よって、割合は下半期のほうが大きい。

他にも分数の大小比較には方法があるけど、上記は最低限押さえておこう。分子の増加率（または分母の減少率）が大きければ分数全体は増加、分母の増加率（または分子の減少率）が大きければ分数全体は減少しているといえるよ。

CHAPTER

1

実数の資料

1

資料解釈の基本・実数の資料の検討

次の表から確実にいえるのはどれか。

[上位5か国の国際特許出願件数の推移] （単位／件）

年	2018	2019	2020	2021	2022
中　　国	53,463	59,187	68,928	69,636	70,010
アメリカ	56,160	57,443	58,431	59,346	58,818
日　　本	49,704	52,702	50,583	50,278	50,353
韓　　国	16,920	19,074	20,050	20,731	22,023
ド イ ツ	19,758	19,346	18,491	17,268	17,493
合　　計	196,005	207,752	216,483	217,259	218,697

1 2018年における中国の国際特許出願件数に対して、2020年から2022年までの各年の中国の件数の増加率は、いずれも30%を上回っている。

× **キリよく少なめにして検討する**　中国の出願は毎年増加しているので、**2018年→2020年の増加率が30%を上回っているか**を調べればよい。基準となる2018年の30%をキリよく少なめに計算して、それより2020年が小さければ選択肢は確実に誤りといえる。
2018年の中国は53463なので、キリよく少なめに **53000** とすると、その30%は5300×3＝**15900** である。つまり、30%の増加率であれば、2020年は少なくとも53463＋15900＝**69363以上** でなければいけない。2020年は68928なので、2018年→2020年の増加率は30%を下回っている。

2 2018年から2022年までの各年についてみると、5か国の国際特許出願件数の合計に占める日本の出願件数の割合の5か年平均は、25%を上回っている。

× **手間のかかる選択肢**　各年について日本の件数の割合を計算する必要があり、**検討に手間がかかる選択肢**である。いずれも25%前後の数値になるので、概算では正しい判断ができない。
2018年から2022年までの日本の出願件数の割合を計算すると、それぞれ約25.4%、25.4%、23.4%、23.1%、23.0%となり、平均は
　　(25.4×2＋23.4＋23.1＋23.0)÷5＝24.06(%)
よって、25%を上回ることはない。

3 2019 年から 2021 年までの各年についてみると、5 か国の国際特許出願件数の合計に占めるドイツの国際特許出願件数の割合は、いずれの年も 9.5% を下回っている。

○ **最小限の計算で判断する** 2019 年から 2021 年までの 3 年間について表の数値をみると、ドイツの件数は減少を続けていて、5 か国の合計件数は増加を続けている。ということは、2019 年が合計の 9.5% を下回っていればこの選択肢は正しいことがわかる。2019 年の合計件数の 9.5% を概算で計算すると、

$$207800 \times 0.095 = 19741$$

より、19346 は 9.5% を下回っている。

実際の試験では、残りの選択肢の検討は必要ナシ！

4 2018 年から 2020 年までの 5 か国の国際特許出願件数の合計の 3 か年平均を国別にみると、最も少ないのはドイツである。

× **平均が出てきたら合計で検討する** 3 か年の合計を国ごとに計算すれば比較できる。候補は明らかに韓国とドイツであり、それぞれ合計は 56044 件、57595 件だから、最も少ないのはドイツではなく韓国である。

5 2019 年における中国、アメリカ、日本の国際特許出願件数の対前年増加率は、いずれも 6% を上回っている。

× **怪しいところに当たりをつけて検討する** 資料によればアメリカの増加数があまり多くなさそうなので、ここに着目してアメリカの増加率を調べればよい。アメリカは 2018 年→ 2019 年で 56160 → 57443 と増加しており、増加数は概算で 57400−56200 = **1200** である。基準となる 57400 の 1% が 574 で、6% は **3000 以上**である。したがって、1200 の増加数は増加率でいうと 6% 未満となる。

過去問にチャレンジ！

問題1

特別区Ⅰ類（2022年度）

次の表から確実にいえるのはどれか。

国産木材の素材生産量の推移

（単位　千m³）

区　分	平成27年	28	29	30	令和元年
あかまつ・くろまつ	779	678	641	628	601
すぎ	11,226	11,848	12,276	12,532	12,736
ひのき	2,364	2,460	2,762	2,771	2,966
からまつ	2,299	2,312	2,290	2,252	2,217
えぞまつ・とどまつ	969	1,013	1,090	1,114	1,188

1 平成29年の「あかまつ・くろまつ」の素材生産量の対前年減少率は、令和元年のそれより小さい。

2 平成27年の「すぎ」の素材生産量を100としたときの令和元年のそれの指数は、115を上回っている。

3 平成27年から令和元年までの5年における「ひのき」の素材生産量の1年当たりの平均は、2,650千m³を上回っている。

4 表中の各年とも、「からまつ」の素材生産量は、「えぞまつ・とどまつ」の素材生産量の1.9倍を上回っている。

5 令和元年の「えぞまつ・とどまつ」の素材生産量の対前年増加量は、平成29年のそれを上回っている。

➡解答・解説は別冊P.002

問題 2

次の表から確実にいえるのはどれか。

アジア 5 か国の外貨準備高の推移

（単位　100 万米ドル）

国名	2016 年	2017	2018	2019	2020
日本	1,189,484	1,233,470	1,240,133	1,286,164	1,345,523
インド	341,989	390,245	375,365	433,366	550,184
韓国	366,466	384,620	398,944	403,867	437,282
タイ	166,388	196,367	199,537	217,056	248,993
中国	3,032,563	3,161,830	3,094,781	3,130,526	3,241,940

1 2017 年から 2019 年までの 3 年における日本の外貨準備高の 1 年当たりの平均は、1 兆 2,500 億米ドルを下回っている。

2 2019 年のインドの外貨準備高の対前年増加額は、2016 年のそれの 20％を下回っている。

3 2020 年の韓国の外貨準備高の対前年増加率は、2017 年のそれより大きい。

4 表中の各年とも、タイの外貨準備高は、日本のそれの 15％を上回っている。

5 2020 年において、中国の外貨準備高の対前年増加率は、日本の外貨準備高のそれより大きい。

➡解答・解説は別冊 P.002

問題3

特別区Ⅰ類（2021年度）

次の表から確実にいえるのはどれか。

海面養殖業の収穫量の推移

（単位　t）

区分	平成26年	27	28	29	30
のり類(生重量)	276,129	297,370	300,683	304,308	283,688
かき類(殻付き)	183,685	164,380	158,925	173,900	176,698
ほ た て が い	184,588	248,209	214,571	135,090	173,959
ぶ　　り　　類	134,608	140,292	140,868	138,999	138,229
ま　　だ　　い	61,702	63,605	66,965	62,850	60,736

1 平成28年の「のり類（生重量）」の収穫量の対前年増加量は、平成29年のそれ
を上回っている。

2 平成26年の「かき類（殻付き）」の収穫量を100としたときの平成29年のそれ
の指数は、95を上回っている。

3 平成27年から平成30年までの4年における「ほたてがい」の収穫量の1年当
たりの平均は、19万2,000 tを下回っている。

4 表中の各年とも、「ぶり類」の収穫量は、「まだい」の収穫量の2.1倍を上回っ
ている。

5 平成27年の「まだい」の収穫量の対前年増加率は、平成28年のそれより大き
い。

➡解答・解説は別冊 P.003

問題4

下のグラフは、日本、中国、アメリカ、ペルーの漁獲高推移をまとめたものである。このグラフから判断できることとして、次のア～ウの正誤の組み合わせのうち、最も妥当なのはどれか。

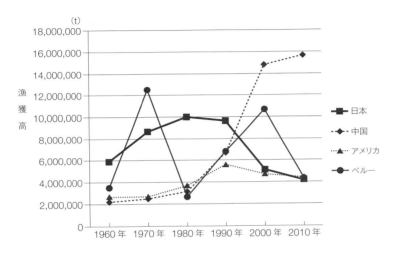

ア　1970 年から 2010 年までの間で、最も対前回比増加率が大きかったのは 2000 年の中国である。

イ　1970 年から 2010 年までの間で、最も対前回比減少率が大きかったのは 1980 年のペルーである。

ウ　1990 年の全世界の漁獲高に占める日本の漁獲高の割合よりも、2010 年の全世界の漁獲高に占める中国の漁獲高の割合の方が高い。

	ア	イ	ウ
1	正	正	正
2	正	誤	正
3	誤	正	誤
4	誤	正	正
5	誤	誤	誤

➡解答・解説は別冊 P.005

消防官Ⅰ類（2021年度）

下の表は、家具製造業についてまとめたものである。この表から判断できるア～ウの記述の正誤の組み合わせとして、最も妥当なのはどれか。

木製家具製造業

	事業所数(件)	従業者数(人)	製造品出荷額(百万円)
2005年	8,030	64,781	990,568
2010年	7,868	57,402	764,598
2015年	6,528	52,291	765,190

金属製家具製造業

	事業所数(件)	従業者数(人)	製造品出荷額(百万円)
2005年	974	24,227	477,753
2010年	838	15,956	329,716
2015年	717	18,157	472,395

ア　事業所一件当たりの製造品出荷額が最も多いのは、2005年の金属製家具製造業である。

イ　事業所一件当たりの従業者数が最も少ないのは、2010年の木製家具製造業である。

ウ　事業所一件当たりの従業者数において、金属製家具製造業の従業者数は、どの調査年次においても木製家具製造業の従業者数の4倍以上である。

```
   ア   イ   ウ
1  誤   正   正
2  正   誤   正
3  誤   正   誤
4  正   正   誤
5  正   誤   誤
```

➡解答・解説は別冊P.005

問題 6

消防官 I 類（2020 年度）

下の表は、産業別雇用者数の推移をまとめたものである。この表から判断できることとして、最も妥当なのはどれか。

産業別雇用者数の推移

	2012 年	2013 年	2014 年	2015 年	2016 年	2017 年
商業	1,141.0	1,181.0	1,163.9	1,166.7	1,181.4	1,191.0
対個人サービス	857.4	742.9	726.3	746.9	762.9	784.2
医療・福祉	660.7	699.0	705.7	731.2	757.2	761.8
対事業所サービス	605.7	618.4	625.5	637.2	657.9	674.4
建設	618.0	622.4	614.7	610.4	602.8	606.3
情報通信産業	390.3	402.1	397.8	395.2	398.5	399.0
輸送機械	99.0	102.7	102.1	108.5	110.4	110.6
不動産	85.0	86.3	87.2	92.4	96.1	96.5
全産業	6,658.1	6,703.9	6,643.2	6,718.9	6,836.9	6,918.3

（単位：万人）

1 2012 年から 2017 年までのいずれの年においても、全産業の雇用者数に占める情報通信産業の雇用者数の割合は、5％を超えている。

2 表中の 8 産業のうち、2014 年の雇用者数に対する 2015 年の雇用者数の増加率が最も大きい産業は、対事業所サービスである。

3 2017 年において、全産業の雇用者数に占める対個人サービス、医療・福祉、対事業所サービス、建設の雇用者数の合計の割合は、約 32％である。

4 表中の 8 産業のうち、2012 年の雇用者数に対する 2017 年の雇用者数の増加率が最も大きい産業は、商業である。

5 2012 年から 2017 年までの間で、輸送機械の雇用者数と不動産の雇用者数の差が最も大きい年は 18 万人を超えている。

➡解答・解説は別冊 P.006

下の資料は、勤労者世帯の収支の推移をまとめたものである。この資料から判断できることとして、最も妥当なのはどれか。

勤労者世帯の収支の推移（月平均）

	世帯人員 （人）	実収入 （千円）	可処分所得 （千円）	消費支出 （千円）	金融資産純増 （千円）
2013 年	3.4	523.6	426.1	319.2	74.8
2014 年	3.4	519.8	423.5	318.8	78.1
2015 年	3.4	525.7	427.3	315.4	85.1
2016 年	3.4	527.0	428.7	309.6	92.4
2017 年	3.4	533.8	434.4	313.1	97.9
2018 年	3.3	558.7	455.1	315.3	123.0

1 可処分所得を 100 としたときの金融資産純増の値では、2013 年の方が 2014 年より小さい。

2 2018 年の世帯一人当たりの可処分所得は、14 万円を上回っている。

3 2013 年から 2018 年までの期間で、黒字額（可処分所得 − 消費支出）が最も小さいのは 2017 年である。

4 2013 年から 2018 年までの期間における金融資産純増の平均額は、9 万円を下回っている。

5 2013 年から 2018 年までの期間で、実収入から可処分所得を引いた値は、毎年増加している。

➡解答・解説は別冊 P.007

問題 8

下の資料は、日本における、令和元年～令和 2 年に起こった火災についてまとめたものである。この資料から判断できることとして、最も妥当なのはどれか。

			令和元年	令和 2 年
総出火件数			37,683	34,691
	建物火災		21,003	19,365
		うち住宅火災	10,784	10,564
	林野火災		1,391	1,239
	車両火災		3,585	3,466
	船舶火災		69	78
	航空機火災		1	0
	その他火災		11,634	10,543
原因別出火件数				
	放火・放火疑い合計		4,567	4,052
		うち放火	2,757	2,497
		うち放火疑い	1,810	1,555
	たばこ		3,581	3,104
	たき火		2,930	2,824
	こんろ		2,918	2,792

（単位：件）

1 総出火件数において、令和 2 年は令和元年と比べて 10％以上減少している。

2 建物火災における住宅火災の割合は令和元年、令和 2 年ともに 50％を超えている。

3 林野火災と車両火災において、令和元年に対する令和 2 年の減少率が大きいのは車両火災である。

4 原因別出火件数において、令和元年に対する令和 2 年の減少率は、放火疑いよりも放火の方が大きい。

5 原因別出火件数において、たばこ、たき火及びこんろのうち、令和元年に対する令和 2 年の減少率が最も大きいのはこんろである。

➡解答・解説は別冊 P.008

問題 9

下のグラフは、平成 19 年度から平成 28 年度の自動車・同附属品製造業における特定目的別研究費の推移についてまとめたものである。このグラフから判断できることとして、最も妥当なのはどれか。

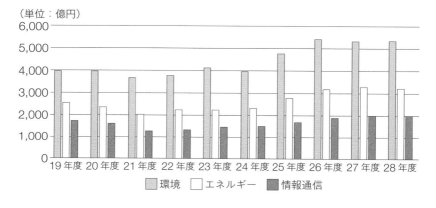

（単位：億円）

1 エネルギーと情報通信の研究費を合わせた額が、環境の研究費の額を超えた年度はない。
2 平成 19 年度に比べて平成 28 年度は、グラフ中の 3 つの研究費を合わせた額が 4 割以上増加している。
3 環境の研究費がエネルギーの研究費の 2 倍を超えた年度はあるが、情報通信の研究費の 3 倍を超えた年度はない。
4 グラフ中の 3 つの研究費を合わせた額が、1 兆円を超えた年度はない。
5 環境の研究費が最も少なかった年度と最も多かった年度を比較すると、3 割以上増えている。

→解答・解説は別冊 P.009

問題 10　　　　　　　　　　　　　　　特別区Ⅰ類（2023 年度）

次の図から確実にいえるのはどれか。

書籍新刊点数の推移

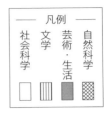

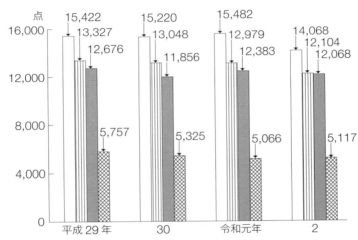

1　平成 29 年から令和 2 年までの 4 年における「自然科学」の書籍新刊点数の 1 年当たりの平均は、5,300 点を下回っている。

2　「社会科学」の書籍新刊点数の平成 29 年に対する令和 2 年の減少率は、8％を下回っている。

3　平成 30 年において、「芸術・生活」の書籍新刊点数の対前年減少量は、「文学」のそれの 2.5 倍を上回っている。

4　平成 30 年の「文学」の書籍新刊点数を 100 としたときの令和 2 年のそれの指数は、95 を上回っている。

5　令和元年において、図中の書籍新刊点数の合計に占める「芸術・生活」のそれの割合は、30％を超えている。

➡解答・解説は別冊 P.010

問題 11

特別区Ⅰ類（2022年度）

次の図から確実にいえるのはどれか。

品目分類別輸入重量の推移

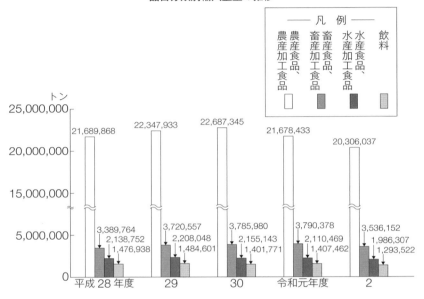

1 平成29年度から令和2年度までの各年度のうち、「農産食品、農産加工食品」の輸入重量の対前年度増加量が最も大きいのは、平成30年度である。

2 平成29年度の「農産食品、農産加工食品」の輸入重量を100としたときの令和2年度のそれの指数は、90を下回っている。

3 令和2年度における「飲料」の輸入重量の対前年度減少率は、8％を下回っている。

4 図中の各年度のうち、「畜産食品、畜産加工食品」の輸入重量と「水産食品、水産加工食品」の輸入重量との差が最も大きいのは、令和元年度である。

5 平成28年度から令和2年度までの5年度における「水産食品、水産加工食品」の輸入重量の1年度当たりの平均は、210万トンを下回っている。

➡解答・解説は別冊P.011

問題12

次の図から正しくいえるのはどれか。

日本における5か国（地域）への商標出願件数の推移

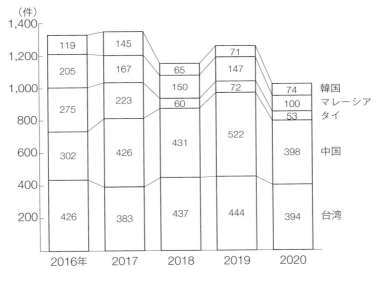

1 2016年におけるタイへの商標出願件数を100としたとき、2018年から2020年までの各年における指数は、いずれの年も20を上回っている。

2 2016年から2020年までの各年についてみると、5か国（地域）への商標出願件数の合計に占める台湾への商標出願件数の割合の5か年平均は、33％を下回っている。

3 2017年から2019年までの各年についてみると、5か国（地域）への商標出願件数の合計に占めるマレーシアへの商標出願件数の割合は、いずれの年も15％を下回っている。

4 2018年から2020年までの5か国（地域）への商標出願件数の合計の3か年平均を国（地域）別にみると、最も多いのは中国であり、最も少ないのは韓国である。

5 2019年における中国、タイ、韓国への商標出願件数の対前年増加率は、いずれも0.15を上回っている。

➡解答・解説は別冊P.012

問題 13

次の図から正しくいえるのはどれか。

日本における二輪車生産台数の推移

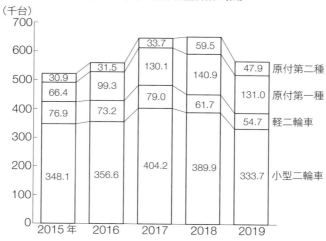

1 2015 年における原付第一種と原付第二種の生産台数の計を 100 としたとき、2018 年における原付第一種と原付第二種の生産台数の計の指数は 200 を下回っている。

2 2015 年から 2019 年までの各年についてみると、二輪車生産台数の合計に占める小型二輪車の生産台数の割合は、いずれの年も 60％を上回っている。

3 2016 年から 2019 年までの各年における軽二輪車の生産台数の対前年増加率が、最も大きいのは 2017 年であり、最も小さいのは 2018 年である。

4 2017 年から 2019 年までの 3 か年における原付第二種の生産台数の平均に対する 2019 年における原付第二種の生産台数の比率は、1.0 を下回っている。

5 2019 年についてみると、小型二輪車の生産台数の対前年増加率は、原付第一種の生産台数の対前年増加率を上回っている。

➡解答・解説は別冊 P.013

問題 14

次の図から正しくいえるのはどれか。

酒造好適米 5 銘柄の生産量の推移

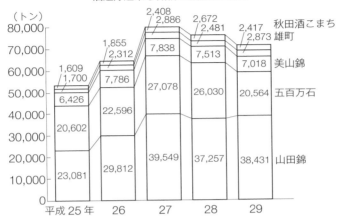

1　平成 25 年から 27 年までの各年についてみると、酒造好適米 5 銘柄の生産量の合計に占める美山錦の生産量の割合は、いずれの年も 10％ を上回っている。

2　平成 25 年における山田錦の生産量を 100 としたとき、29 年における山田錦の生産量の指数は、150 を下回っている。

3　平成 26 年から 29 年までの各年についてみると、五百万石の生産量に対する秋田酒こまちの生産量の比率は、いずれの年も 0.1 を下回っている。

4　平成 27 年から 29 年までの 3 か年における雄町の生産量の年平均は、2,800 トンを上回っている。

5　平成 29 年における酒造好適米 5 銘柄の生産量の対前年増加率を銘柄別にみると、最も小さいのは五百万石であり、次に小さいのは秋田酒こまちである。

➡解答・解説は別冊 P.014

問題 15

東京都 I 類（2023 年度）

次の図から正しくいえるのはどれか。

日本の魚種別漁獲量の推移

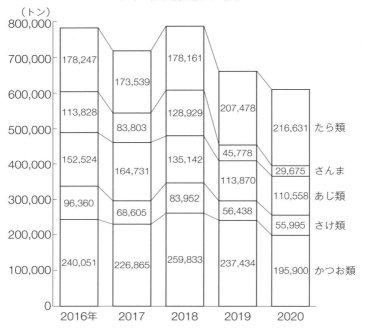

1 2016 年におけるかつお類の漁獲量を 100 としたとき、2016 年から 2020 年までのたら類の漁獲量の指数は、いずれの年も 80 を下回っている。

2 2016 年から 2020 年までの各年についてみると、5 種類の漁獲量の合計に占めるさけ類の漁獲量の割合は、いずれの年も 10％を上回っている。

3 2016 年から 2020 年までの各年についてみると、かつお類の漁獲量は、いずれの年もさけ類の漁獲量を 3 倍以上、上回っている。

4 2016 年から 2020 年までのあじ類とさんまを合わせた 5 か年の漁獲量の合計は、2016 年から 2020 年までのかつお類の 5 か年の漁獲量の合計を下回っている。

5 2018 年における漁獲量の対前年増加率を魚種別にみると、最も大きいのはさんまであり、最も小さいのはたら類である。

→解答・解説は別冊 P.015

問題 16

次のグラフは、2012年から2016年までのSNS（ソーシャル・ネットワーキング・サービス）に関する消費生活相談件数を年齢階層別に示したものである。このグラフからいえることとして、最も妥当なのはどれか。

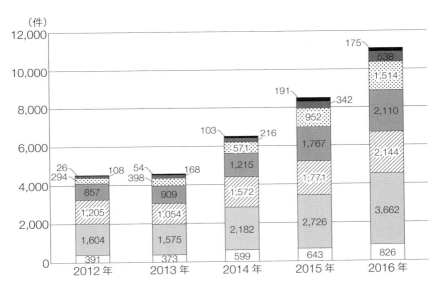

1 グラフ中のいずれの年においても、20歳代と30歳代とで相談件数全体の50%以上を占める。

2 2013年から2016年にかけて、40歳代以上のいずれの年齢階層においても相談件数が毎年増加している。

3 2013年から2016年の各年の相談件数合計を見たとき、対前年増加率が最も大きいのは2016年である。

4 2013年から2016年の各年の年齢階層別の相談件数を見たとき、対前年比で100%以上増加しているものが2つある。

5 2016年の年齢階層別の相談件数を2012年のそれと比べたとき、増加率が最も小さいのは30歳代で、その次は20歳代である。

➡解答・解説は別冊P.016

警察官 I 類（2021 年度）

次の表は、平成 26 年から平成 30 年の媒体別広告費の推移を示したものである。この表からいえることとして、最も妥当なのはどれか。なお、表中の総広告費の右側の括弧内の数値は、国内総生産に対する総広告費の比率（単位：％）を示している。

（単位：億円）

	総広告費	新聞・雑誌	地上波テレビ	プロモーションメディア	インターネット	その他
平成 26 年	61,522 (1.20)	8,557	18,347	21,610	10,519	2,489
平成 27 年	61,710 (1.16)	8,122	18,088	21,417	11,594	2,489
平成 28 年	62,880 (1.17)	7,654	18,374	21,184	13,100	2,568
平成 29 年	63,907 (1.17)	7,170	18,178	20,875	15,094	2,590
平成 30 年	65,300 (1.19)	6,625	17,848	20,685	17,589	2,553

1 平成 29 年の国内総生産に対する「プロモーションメディア」による広告費の比率は、平成 28 年のそれよりも低下している。

2 表で示された各年の中で、「新聞・雑誌」と「その他」による広告費の合計額が最も多いのは平成 30 年である。

3 平成 26 年から平成 30 年までの 5 年間の「インターネット」による広告費の平均額は、1 兆 4 千億円を超えている。

4 表で示された各年の中で、国内総生産が最も小さいのは平成 27 年である。

5 平成 26 年の総広告費に占める「地上波テレビ」による広告費の割合と平成 28 年のそれを比べると、平成 28 年のほうが高い。

➡解答・解説は別冊 P.017

問題 18

下の表は、日本の学校・教員・在学者数の変化を表したものである。この表からいえることとして最も妥当なものはどれか。

		1980 年	1990 年	2000 年	2010 年	2020 年
小学校	学校数	24,945	24,827	24,106	22,000	19,525
	教員数(千人)	468	444	408	420	423
	児童数(千人)	11,827	9,373	7,366	6,993	6,301
中学校	学校数	10,780	11,275	11,209	10,815	10,142
	教員数(千人)	251	286	258	251	247
	生徒数(千人)	5,094	5,369	4,104	3,558	3,211
高等学校	学校数	5,208	5,506	5,478	5,116	4,874
	教員数(千人)	244	286	269	239	229
	生徒数(千人)	4,622	5,623	4,165	3,369	3,092

（公益財団法人矢野恒太記念会『日本国勢図会 2021/22 年版』より引用・加工）

1　教員 1 人当たりの生徒数（児童数）が最も少ないのは、2020 年の高等学校である。
2　2020 年の小学校の学校数は、1980 年の小学校の学校数の 7 割未満となっている。
3　2000 年の中学校の学校数を 100 とすると、2010 年の中学校の学校数は 92 である。
4　小学校の教員 1 人当たりの児童数が 25 人を超えているのは 1980 年のみである。
5　1990 年において、中学校 1 校当たりの生徒数と、小学校 1 校当たりの児童数の差は 10 人未満である。

➡解答・解説は別冊 P.019

問題 19

裁判所職員（2021 年度）

下の表は近年における日本の発信端末別の通信回数の推移に関する資料である。この表からいえることとして最も妥当なものはどれか。

（単位：億回）

	2010 年	2011 年	2012 年	2013 年	2014 年	2015 年	2016 年
固定系	385.4	350.9	318.0	292.1	259.2	226.4	194.6
移動系	608.7	611.2	590.8	556.4	526.4	518.1	503.9
IP 電話	112.4	121.8	130.1	141.9	146.4	149.1	154.7
総回数	1106.5	1083.9	1038.9	990.4	932.0	893.6	853.2

（総務省「平成 30 年版情報通信白書」より引用・加工）

1 各発信端末の 2010 年の値を 100 としたときに、各年の値を指数であらわすとすると、2016 年の移動系の値が最も小さい。
2 調査年の全体を通じて、IP 電話の割合は総回数の 2 割以上となっている。
3 総回数の 2010 年の値を 100 としたときに、総回数の指数の対前年減少値が最も大きかったのは 2014 年である。
4 各発信端末の 2010 年の値を 100 としたときに、各発信端末の 2015 年の値を指数であらわすとすると、130 を超えているものはない。
5 各年度の固定系の値の総回数に占める割合が一番高いのは、2011 年である。

➡解答・解説は別冊 P.020

問題 20

表は、我が国における刑法犯等の認知件数及び検挙件数を示したものである。これから確実にいえるのはどれか。ただし、検挙率とは、同じ年次の認知件数に対する検挙件数の割合である。

（単位：千件）

年次	認 知 件 数				検 挙 件 数			
	全体	過失運転致死傷等	刑法犯	窃盗	全体	過失運転致死傷等	刑法犯	窃盗
平成 5	2,437	636	1,801	1,583	1,359	636	723	553
10	2,690	656	2,033	1,789	1,429	656	772	597
15	3,646	855	2,790	2,235	1,504	855	648	433
20	2,541	714	1,826	1,379	1,288	714	573	379
25	1,917	603	1,314	981	997	603	394	254

1 　五つの年次についてみると、刑法犯の検挙件数に占める窃盗の割合が 70%を上回ったのは、平成 10 年のみである。

2 　平成 10 年と平成 20 年についてみると、認知件数全体に占める過失運転致死傷等の割合は、どちらの年も 30%を下回っている。

3 　平成 25 年における、認知件数全体に占める刑法犯の割合と検挙件数全体に占める刑法犯の割合では、前者の方が低い。

4 　五つの年次についてみると、全体の検挙率が最も低いのは、平成 25 年である。

5 　平成 15 年と平成 20 年の刑法犯の検挙率（%）の差は、10 ポイントより大きい。

→解答・解説は別冊 P.021

問題 21

表は、ある地域における 6 品目の果実の品目別卸売数量及び卸売価格を、ある年度における 3 か月ごとの推移として示したものである。これから確実にいえることとして最も妥当なのはどれか。

（単位　卸売数量：トン、卸売価格：円／ kg）

品目 ＼ 期	春期（4 ～ 6 月）		夏期（7 ～ 9 月）	
	卸売数量	卸売価格	卸売数量	卸売価格
みかん	3,295	1,112	21,211	540
りんご	47,226	468	38,424	435
日本なし	39	897	46,281	515
ぶどう	2,663	1,913	35,414	1,365
いちご	27,532	1,065	349	1,951
すいか	72,358	264	92,062	209
品目 ＼ 期	秋期（10 ～ 12 月）		冬期（1 ～ 3 月）	
	卸売数量	卸売価格	卸売数量	卸売価格
みかん	239,702	249	82,422	261
りんご	109,501	289	77,744	330
日本なし	10,199	489	264	287
ぶどう	12,670	1,517	371	1,140
いちご	11,472	2,016	45,895	1,424
すいか	1,326	288	1,880	373

1 当該年度において、卸売数量が最も大きい期と最も小さい期が連続する品目では、卸売価格が最も高い期と最も低い期も連続している。

2 各期において 6 品目の卸売価格を高い順に 1 位から 6 位まで順位を付けた場合、四つの期のうち少なくとも 1 期において、上位 3 位に入ったことがある品目は、四つである。

3 各期の「りんご」の卸売数量は、常に全 6 品目の卸売数量の 3 割以上である。

4 夏期と冬期の卸売価額（卸売数量と卸売価格の積）を比べて、大きい方の卸売価額が小さい方の卸売価額の 10 倍未満となる品目は、二つである。

5 四つの期のうち、6 品目の卸売数量の合計が 20 万トンを超える期は、2 期である。

➡解答・解説は別冊 P.023

CHAPTER

構成比の資料

SECTION1　構成比の資料の検討

この章で学ぶこと

⬤ 実数の資料と合わせて 出題頻度の高い資料の一つ

　構成比を題材にした資料も、さまざまな試験種で出題される代表的なものといえます。構成比（全体に占める割合）だけではなく、全体の実数（総数）もあわせて示される、いわゆる**「総数と構成比の資料」**になることが大半です。したがって、実際の数値も**「総数×構成比」**という計算を行えば、求めることができます。特に「総数と構成比の資料」ではこの計算を頻繁に行わないと選択肢が検討できないものもあるので、検討に時間がかかる問題が多い傾向にあります。選択肢を読んだ段階で、計算量が多いことが推測できる場合は、本試験では検討を後回しにすることも考えたほうがよいでしょう。

⬤ 「総数×構成比」の計算を いかに時間短縮できるかがカギになる

　直接実数を聞いてくる選択肢になると、基本的には「総数×構成比」の計算を実際にやってみるしかありません。そうなると、あとは概算で多少は時間短縮できる程度になってしまいます。

　しかし、増加率を聞いてくるケースや、大小比較だけで済む選択肢の場合は、実際に「総数×構成比」を計算しなくても済ませられることもあります。特におすすめなのが、**倍率で判断する**というものです。わざわざ計算しなくても、**総数の倍率と構成比の倍率をかけ算すれば実数の倍率を求めることができる**ので、これを使うと大幅に時間短縮できることがあります。一見しただけではわかりにくいので、実際の過去問を通して使い方を練習しておくとよいでしょう。

⬤ 「総数×構成比」の計算を概算する場合は、 概算のさじ加減に注意

　前述したとおり、「総数×構成比」を地道にやらなければならない選択肢も出てくることがあります。その場合は、計算の手間を省くのは概算をするぐらいしかありません。しかし、「総数×構成比」の計算においては**概算の程度に注意**しましょう。あまりに大雑把に計算しすぎると、実際の数値との誤差が大きくなりすぎることがあります。

　例えば、構成比が「47.6%」のとき、「48%」のように概算することになるのですが、総数が大きい数値だった場合、実際の数値とかなりの誤差が生まれます。「100×0.476」と「100×0.48」なら大した違いは出ないかもしれませんが、「10,000,000×0.476」と「10,000,000×0.48」ではそれなりの誤差を覚悟しなければなりません。

国家一般職

基本的には複数の資料の一部で出題されることが多いです。総数と構成比をあわせた資料になるだけでなく、構成比だけの資料も登場することがあるので、「何が読み取れるか」に注意してください。

国家専門職

総数と構成比の資料も出題されることがあります。国家一般職と出題傾向は似ているといってよいでしょう。

地方上級

実数のようなシンプルな資料が出題されることが多いので、総数と構成比の資料が出されることはそこまで多くありません。ただ、割合関連の資料や選択肢が多い傾向なので、対策しておく意味はあります。

裁判所職員

資料解釈で出題される 1 問が、総数と構成比の資料になることもあります。計算の手間がかかる可能性があるので、その点は注意しておきましょう。

東京都 I 類

本章からは基本的に 1 問出題されます。形式は総数と構成比の「帯グラフ」です。東京都が出題する資料解釈 4 問の中では、特に計算の手間がかかる問題になっていることが多いといえます。

特別区 I 類

本章からは例年 1 問程度出題されます。形式は円グラフが大半です。実際の数値を「総数×構成比」で計算するしかないケースもあるため、手間がかかりそうな選択肢を後回しにできるように、問題演習を進めておきましょう。

市役所

基本的には地方上級の出題傾向と同様です。仮に出題されたとしても、難易度はかなり低いため、基本事項の習得に力を入れましょう。

1 構成比の資料の検討

STEP 1 要点を覚えよう！

POINT 1 構成比

「**全体に占める割合**」のことを構成比という。構成比しか書かれていない資料もあるが、通常は**総数（全体の実数）**が書かれていることが多い。ある項目の実数を求めたいときは、以下のように計算すればよい。

（項目の実数）＝（総数）×（構成比）

桁数の大きなかけ算になることが多いので、概数で選択肢を判断できる場合は概算を行うとよい。ただし、細かい計算が求められることもある。

例 日本の総人口 12471 万人に対して、65 歳以上の高齢者の構成比は 29.1%である。このとき、65 歳以上の高齢者の人数は、概算で
12500×0.29＝125×29＝3625（万人）

これだけでも筆算を行うと少し時間がかかるね。他の実数と比較しなければならないときは、次の POINT2 のテクニックが活用できるよ。

POINT 2 「総数×構成比」の倍率を検討する

たとえば、総数 1,300 に対して構成比 15% の量 a があり、この総数が 1,430 に増加し、構成比も 18% に増加して量 b になった場合の増加率を考えてみる。

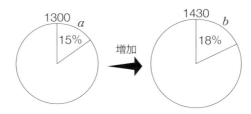

このとき，a から b への増加率は
$a＝1300×0.15＝13×15＝195$
$b＝1430×0.18＝143×1.8＝257.4$
$257.4÷195-1＝1.32-1＝0.32$　より　32%
という計算で求められるが、次のことを利用すると少し簡単になる。
（実数の倍率）＝（総数の倍率）×（構成比の倍率）

まず、基準の量に着目すると

　　1300　→　1430　で増加量は　130

これは 1300 の 0.1 に当たるから、増加率は 10%、倍率では 1.1 倍になったことがわかる。

次に、構成比については

　　15〔%〕　→　18〔%〕　で増加量は　3〔%〕

これは 15〔%〕に対しては 0.2 に当たり、増加率は 20%、倍率では 1.2 倍になっている。

したがって　　1300×0.15　→　1430×0.18

は、倍率で考えると

　　1.1×1.2＝1.32（倍）

であり、増加率は

　　1.32−1＝0.32

つまり、32% と求められる。

実際の問題では、このようなきれいな数値にはならないことが多いけど、2 つの実数を計算してそれらのわり算を行うよりはかなり楽になるわね。

POINT 3　構成比のみの資料の場合

　問題によっては構成比のみの資料が出題されることもある。実数が示されていないため、**項目の実数は求めることができない。**

　また、このような資料の場合は大小比較できないケースに注意する必要がある。割合しか書かれていない資料の場合、**実数の大小を比較することができるのは、基準が揃っている項目についてのみ**である。選択肢のひっかけとして登場することが多いので気をつけてほしい。

出題頻度は低いけど、構成比のみの資料はさまざまな試験種で出題されることがあるよ。構成比のみの資料に限らず、割合では必ず「基準が揃っているかどうか」に注意して大小比較を検討しよう。

次の図から確実にいえるのはどれか。

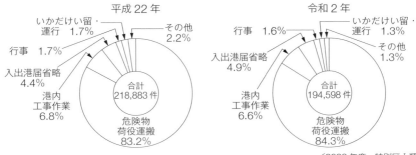

[港内交通に関する許可件数の構成比の推移]

〔2022 年度　特別区 I 類〕

1 港内交通に関する許可件数の合計の平成 22 年に対する令和 2 年の減少数に占める「危険物荷役運搬」のそれの割合は、75% を超えている。

× **概算では判断できない**　平成 22 年も令和 2 年も「危険物荷役運搬」の構成比は 75% を大きく超えているが、だからといって減少数も 75% を超えるとは限らない。実際に計算するとわかるが、概算では判断が難しい数値になるので、正確に計算するかあるいは検討を後回しにしたほうがよい選択肢である。

平成 22 年の合計から令和 2 年の合計への減少数は

$$218883 - 194598 = 24285（件）$$

そのうち「危険物荷役運搬」の減少数は

$$218883 \times 0.832 - 194598 \times 0.843 \fallingdotseq 182111 - 164046 = 18065（件）$$

$$24285 \times \mathbf{0.75} \fallingdotseq 24280 \times \frac{3}{4} = 18210 \text{ だから、75\% を超えてはいない。}$$

2 令和 2 年の「港内工事作業」の許可件数は，平成 22 年のそれの 0.85 倍を下回っている。

× **（総数の倍率）×（構成比の倍率）**　実数を計算して倍率を調べるよりも、STEP 1 の POINT 2 で説明した方法を利用するほうがよい。

まず、平成 22 年に対する令和 2 年の総数の倍率を割り算で求めると

$$194598 \div 218883 \fallingdotseq 194600 \div 218900 = 1946 \div 2189 = 0.888 \cdots \fallingdotseq \mathbf{0.89}〔倍〕 \text{である。}$$

また、平成 22 年に対する令和 2 年の構成比の倍率を割り算で求めると

$$6.6 \div 6.8 = 0.970 \cdots \fallingdotseq \mathbf{0.97}〔倍〕 \text{である。}$$

したがって、平成 22 年→令和 2 年で倍率は $0.89 \times 0.97 = \mathbf{0.8633}$〔倍〕であり、

0.85 倍を上回る。

- - -

3 平成 22 年の「行事」の許可件数を 100 としたときの令和 2 年のそれの指数は、90 を上回っている。

✕ **（総数の倍率）×（構成比の倍率）** **2** と同様に検討する。

平成 22 年に対する令和 2 年の総数の倍率は、**2** で検討したとおり **0.89 倍** である。

平成 22 年に対する令和 2 年の構成比の倍率を割り算で求めると

$1.6 \div 1.7 = 16 \div 17 = 0.941\cdots = $ **0.94**〔倍〕である。

したがって、平成 22 年→令和 2 年で倍率は $0.89 \times 0.94 = $ **0.8366**〔倍〕であり、指数 90（＝0.9 倍）を下回る。

- - -

4 図中の各区分のうち、平成 22 年に対する令和 2 年の許可件数の減少数が最も小さいのは、「行事」の許可件数である。

✕ **「減少数」を求めるには計算が必要になる** 実数を聞いているので、「総数 × 構成比」を計算するしかない。「行事」の構成比は平成 22 年→令和 2 年で 1.7%→ 1.6% と減少しているが、例えば「入出港届省略」は 4.4%→ 4.9% と増加しているので、こちらが減少数は小さそうに思われる。

「行事」についてみると、

$218883 \times 1.7\% - 194598 \times 1.6\% = 218900 \times 1.7\% - 194600 \times 1.7\%$
$= (218900 - 194600) \times 1.7\% = 24300 \times 1.7\% = $ **413.1** である。

「入出港届省略」についてみると、

$218883 \times 4.4\% - 194598 \times 4.9\% = 218900 \times 4.5\% - 194600 \times 5\%$
$= 9850.5 - 9730 = $ **120.5** である。

「行事」よりも「入出港届省略」のほうが減少数は小さい。

- - -

5 平成 22 年における「いかだけい留・運行」の許可件数に対する「港内工事作業」の許可件数の比率は、令和 2 年におけるそれを下回っている。

○ **割合どうしの比率を比較する** 構成比を比率にしてそのまま比較すればよいので、手間はほとんどかからない選択肢である。「いかだけい留・運行」をもとにする量（基準）、「港内工事作業」を比べる量として、割り算をすればよい。

平成 22 年は $6.8 \div 1.7 = 4$
令和 2 年は $6.6 \div 1.3 = 5.0\cdots$

したがって、平成 22 年は令和 2 年を下回っている。

過去問にチャレンジ！

問題1

警察官Ⅰ類（2019年度）

下の表は、標的型メール攻撃の件数とその内訳の割合を示したものである。この表からいえることとして、最も妥当なのはどれか。

	平成25年	平成26年	平成27年	平成28年	平成29年
標的型メール攻撃の件数(件)	492	1,723	3,828	4,046	6,027
ばらまき型の割合(%)	53	86	92	90	97
ばらまき型以外の割合(%)	47	14	8	10	3

1 平成27年のばらまき型以外の標的型メール攻撃の件数は平成26年のそれよりも少ない。

2 平成26年以降において、標的型メール攻撃の件数の対前年増加率が最も高いのは平成29年である。

3 平成26年以降において、ばらまき型の標的型メール攻撃の件数の対前年増加率が最も高いのは平成26年である。

4 平成26年以降において、標的型メール攻撃の件数が前年と比べて最も増加したのは平成29年である。

5 平成26年以降において、ばらまき型以外の標的型メール攻撃の件数は、いずれの年も前年と比べ増加している。

→解答・解説は別冊 P.026

問題2

下の資料は、日本の家庭部門におけるエネルギー源別消費の推移をまとめたものである。この資料から判断できることとして、最も妥当なのはどれか。

	電気	都市ガス	LPガス	灯油	石炭	太陽熱他	計
1965年 17,545 （MJ/世帯）	22.8	14.8	12.0	15.1	35.3	0.0	100.0
1973年 30,266 （MJ/世帯）	28.2	17.0	17.4	31.3	6.1	0.0	100.0
2018年 31,600 （MJ/世帯）	51.2	21.9	10.2	16.1	0.0	0.6	100.0

（単位：%）

1 世帯当たりのエネルギー源別消費の電気についてみると、2018年は1965年の5倍を上回っている。
2 1965年と1973年を比較したとき、世帯当たりのエネルギー源別消費の増加率が2番目に大きいのは都市ガスである。
3 1973年と2018年を比較したとき、都市ガスの世帯当たりのエネルギー源別消費は、2,000MJ以上増加している。
4 1965年における石炭の世帯当たりのエネルギー源別消費は、2018年における灯油の世帯当たりのエネルギー源別消費を上回っている。
5 1965年と2018年を比較したとき、灯油の世帯当たりのエネルギー源別消費の増加率は100%を上回っている。

➡解答・解説は別冊P.026

下の表は、ある国の対外輸出額とその構成比上位5か国・地域の割合についてまとめたものである。この表から判断できるア〜ウの記述の正誤の組み合わせとして、最も妥当なのはどれか。

	2000年	2010年	2018年
1位	アメリカ（29.7%）	中国（19.4%）	中国（19.5%）
2位	台湾（7.5%）	アメリカ（15.4%）	アメリカ（19.0%）
3位	韓国（6.4%）	韓国（8.1%）	韓国（7.1%）
4位	中国（6.3%）	台湾（6.8%）	台湾（5.7%）
5位	香港（5.7%）	香港（5.5%）	香港（4.7%）
輸出総額（百億円）	5,165	6,741	8,148

ア　2018年の中国への輸出額は2010年の中国への輸出額より3割以上増加している。

イ　台湾への輸出額は増加し続けている。

ウ　2018年の香港への輸出額は2000年の韓国への輸出額よりも多い。

```
　 ア　イ　ウ
1　正　正　正
2　誤　正　正
3　誤　正　誤
4　正　誤　正
5　誤　誤　正
```

➡解答・解説は別冊P.028

問題 4

下のグラフは、2006 年と 2016 年における世界全体の国内総生産（GDP）の国別の構成比をまとめたものである。このグラフから判断できることとして、次のア〜ウの正誤の組み合わせのうち、最も妥当なのはどれか。

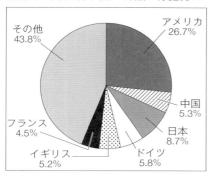

2006年　世界全体のGDPの合計　約52兆ドル

アメリカ 26.7%
中国 5.3%
日本 8.7%
ドイツ 5.8%
イギリス 5.2%
フランス 4.5%
その他 43.8%

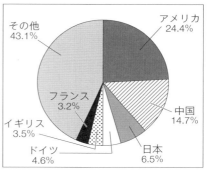

2016年　世界全体のGDPの合計　約76兆ドル

アメリカ 24.4%
中国 14.7%
日本 6.5%
ドイツ 4.6%
イギリス 3.5%
フランス 3.2%
その他 43.1%

ア　日本の 2016 年のGDPは、2006 年と比較して減少した。

イ　2006 年から 2016 年までのGDP増加額を比較すると、アメリカよりも日本、ドイツ、イギリス、フランスの 4 か国の合計の方が高い。

ウ　中国の 2016 年のGDPは、2006 年と比較して 3 倍以上増加した。

	ア	イ	ウ
1	正	誤	正
2	正	正	誤
3	誤	正	正
4	誤	正	誤
5	誤	誤	正

➡解答・解説は別冊 P.029

問題 5

下のグラフは、一般飲食店の事業所数と収入額の構成比を、産業小分類別にそれぞれまとめたものである。これらのグラフから判断できることとして、最も妥当なのはどれか。ただし、グラフ中の数値は小数点以下第2位を四捨五入しているため、合計は100%とならない場合がある。

産業小分類別事業所数の構成比（単位：%）
（業界全体の事業所数：419,663か所）

産業小分類別収入額の構成比（単位：%）
（業界全体の収入額：約14兆6千億円）

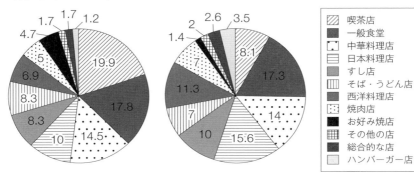

1　喫茶店の事業所数は10万軒を超えている。
2　日本料理店の収入額は2兆円を超えていない。
3　1店舗当たりの収入額を比較すると、喫茶店の方が日本料理店より大きい。
4　この中で1店舗当たりの収入額が最も大きいのは、西洋料理店である。
5　この中で1店舗当たりの収入額が最も小さいのは、お好み焼店である。

→解答・解説は別冊P.030

問題 6

下の円グラフは、野菜の需給構造についてまとめたものである。この円グラフから判断できることとして、最も妥当なのはどれか。

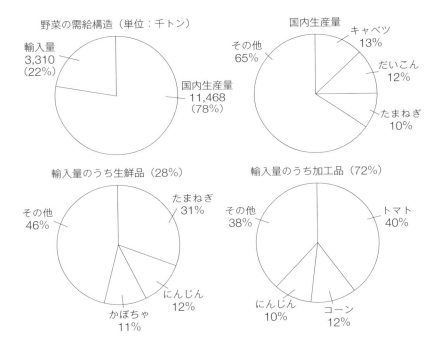

野菜の需給構造（単位：千トン）

輸入量 3,310（22%）

国内生産量 11,468（78%）

国内生産量

その他 65%

キャベツ 13%

だいこん 12%

たまねぎ 10%

輸入量のうち生鮮品（28%）

その他 46%

たまねぎ 31%

にんじん 12%

かぼちゃ 11%

輸入量のうち加工品（72%）

その他 38%

トマト 40%

にんじん 10%

コーン 12%

1 国内生産量のたまねぎと輸入量のうち生鮮品のたまねぎを足した量は、輸入量のうち加工品のトマトとその他を足した量よりも多い。

2 輸入量のうち生鮮品のにんじんとかぼちゃを足した量は、輸入量の5分の1を超えている。

3 輸入量のうち加工品のにんじんと輸入量のうち生鮮品のにんじんの量を比較すると、輸入量のうち生鮮品のにんじんの方が多い。

4 国内生産量のキャベツ、だいこん及びたまねぎを足した量は、5,000千トンを超えている。

5 国内生産量のたまねぎの量は、輸入量のうち加工品のトマトの量よりも多い。

→解答・解説は別冊 P.031

問題 7

裁判所職員（2019 年度）

下の表は、平成 23 年における大豆の生産量の上位 10 都道府県について、平成 23 年と平成 28 年の都道府県別生産割合と、全国の生産量の合計を表したものである。この表からいえることとして最も妥当なものはどれか。

大豆の生産量上位都道府県生産割合（%）

	平成 23 年	平成 28 年
北海道	27.4	35.0
佐賀	8.8	5.3
福岡	7.6	5.1
宮城	7.4	7.8
秋田	4.6	5.4
新潟	4.1	4.2
滋賀	3.7	4.3
富山	3.2	2.6
山形	3.1	3.3
青森	2.9	3.1
全国生産量(t)	218,769	235,462

（農林水産省「大豆関連データ集」『大豆生産都道府県順位』より作成）

1 平成 23 年の富山県の生産量は、平成 28 年の山形県の生産量よりも多い。

2 平成 23 年の秋田県の生産量は、平成 28 年の新潟県の生産量よりも多い。

3 平成 23 年、平成 28 年のどちらも、上位 5 県で全国の生産量の 60％を超えている。

4 平成 23 年の北海道と佐賀県を合わせた生産量は、平成 28 年の北海道の生産量よりも多い。

5 青森県の平成 23 年と平成 28 年の生産量を比べると、平成 28 年のほうが 1,000 t 以上多い。

→解答・解説は別冊 P.031

問題 8

次の図から確実にいえるのはどれか。

高齢者の消費生活相談件数の構成比の推移

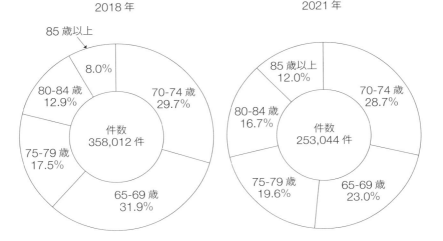

1 2018 年における「70 − 74 歳」の相談件数に対する「80 − 84 歳」の相談件数の比率は、2021 年におけるそれを上回っている。

2 図中の各区分のうち、2018 年に対する 2021 年の相談件数の減少数が最も大きいのは、「70 − 74 歳」である。

3 2021 年の「85 歳以上」の相談件数は、2018 年のそれの 1.1 倍を上回っている。

4 消費生活相談件数の合計の 2018 年に対する 2021 年の減少数に占める「65 − 69 歳」のそれの割合は、50％を超えている。

5 2018 年の「75 − 79 歳」の相談件数を 100 としたときの 2021 年のそれの指数は、80 を上回っている。

➡解答・解説は別冊 P.032

問題 9

次の図から確実にいえるのはどれか。

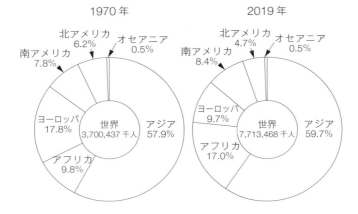

1 アフリカの人口の1970年に対する2019年の増加率は、ヨーロッパの人口のそれの18倍より大きい。

2 2019年の北アメリカの人口は、1970年のそれの1.7倍を上回っている。

3 1970年のアジアの人口を100としたときの2019年のそれの指数は、210を下回っている。

4 世界人口の合計の1970年に対する2019年の増加人数に占める南アメリカのそれの割合は、10％を超えている。

5 1970年におけるヨーロッパの人口に対するオセアニアの人口の比率は、2019年におけるそれを上回っている。

➡解答・解説は別冊 P.034

問題 10

次の図から確実にいえるのはどれか。

大学入学者数及びその学科別構成比の推移

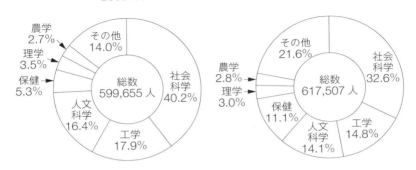

2000年度   2015年度

1 2000年度の工学の大学入学者数を100としたときの2015年度のそれの指数は、90を上回っている。

2 2015年度における理学の大学入学者数に対する社会科学の大学入学者数の比率は、2000年度におけるそれを上回っている。

3 保健の大学入学者数の2000年度に対する2015年度の増加数は、農学の大学入学者数のそれの35倍を上回っている。

4 社会科学の大学入学者数の2000年度に対する2015年度の減少率は、人文科学の大学入学者数のそれより大きい。

5 2015年度の社会科学の大学入学者数は、2000年度のそれの0.9倍を上回っている。

➡解答・解説は別冊 P.035

問題 11

消防官 I 類（2021 年度）

下のグラフは、鉱工業における従業者数と製造品出荷額等の産業別構成の変化について まとめたものである。このグラフから判断できることとして、最も妥当なのはどれか。

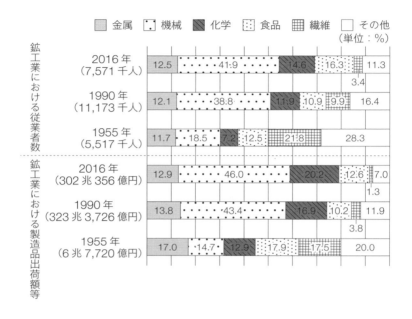

凡例：金属　機械　化学　食品　繊維　その他
（単位：%）

鉱工業における従業者数

2016 年（7,571 千人）：12.5　41.9　14.6　16.3　3.4　11.3

1990 年（11,173 千人）：12.1　38.8　11.9　10.9　9.9　16.4

1955 年（5,517 千人）：11.7　18.5　7.2　12.5　21.8　28.3

鉱工業における製造品出荷額等

2016 年（302 兆 356 億円）：12.9　46.0　20.2　12.6　1.3　7.0

1990 年（323 兆 3,726 億円）：13.8　43.4　16.9　10.2　3.8　11.9

1955 年（6 兆 7,720 億円）：17.0　14.7　12.9　17.9　17.5　20.0

1 機械の従業者数は、1955 年が最も少なく、2016 年が最も多い。

2 1990 年の機械の製造品出荷額等は、1955 年の機械の製造品出荷額等の 150 倍を 超えている。

3 従業者一人当たりの製造品出荷額等は、1990 年のその他の方が 2016 年の食品 より少ない。

4 2016 年と 1990 年を比較した場合、産業別の減少額が最も多いのは繊維である。

5 1955 年の繊維、1990 年の食品、2016 年の金属の従業者数は、いずれも 1,000 千 人を超えている。

➡解答・解説は別冊 P.037

問題12

次の表は、2018年の訪日外国人1人当たり旅行支出を示したものである。また、次のグラフは2018年の訪日外国人1人当たり旅行支出の費目別構成比を示したものである。この表とグラフからいえることとして、最も妥当なのはどれか。

2018年の訪日外国人1人当たり旅行支出　　　　（単位：円）

	韓国	中国	タイ	インド	米国
一人当たり旅行支出	78,084	224,870	124,421	161,423	191,539

2018年の訪日外国人1人当たり旅行支出の費目別構成比

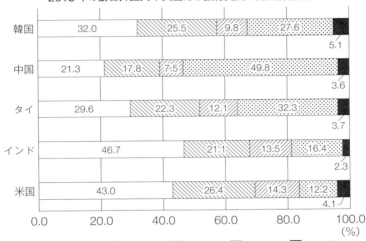

1　米国の1人当たりの「交通費」は、韓国の1人当たりの「買物代」を下回っている。

2　1人当たりの「飲食費」と1人当たりの「その他」の差額を国籍別に比べると、タイの方が中国よりも大きい。

3　インドの1人当たりの「買物代」は、韓国の1人当たりの「宿泊費」を上回っている。

4　米国の1人当たりの「宿泊費」と1人当たりの「交通費」の合計額は、中国のそれの2倍を上回っている。

5　タイの1人当たりの「飲食費」は、インドの1人当たりの「その他」の10倍を上回っている。

→解答・解説は別冊P.038

問題 13

消防官Ⅰ類（2019 年度）

下の資料は、ある国の国民の意識調査の結果をまとめたものである。下の資料から判断できることとして、最も妥当なのはどれか。ただし、資料の数値は小数点以下第二位を四捨五入しているため、総数が合わない場合がある。

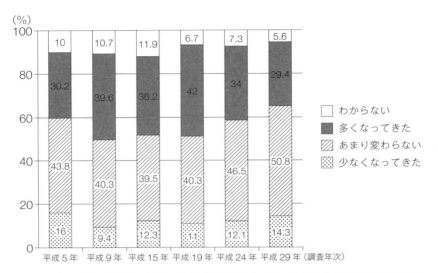

調査年次	平成 5 年	平成 9 年	平成 15 年	平成 19 年	平成 24 年	平成 29 年
調査該当者数（人）	2,274	2,148	2,059	1,766	1,864	1,758

1　平成 5 年から平成 29 年までの調査年次において、「多くなってきた」と答えた人数が最も多かったのは、平成 19 年である。

2　平成 29 年に「わからない」と答えた割合が最も小さくなっていることから、国民の意識が高くなっているといえる。

3　平成 19 年に「あまり変わらない」と答えた人数は、平成 9 年に「あまり変わらない」と答えた人数と同じである。

4　「あまり変わらない」と答えた人数は、平成 19 年から平成 29 年にかけて調査する度に増えている。

5　平成 5 年から平成 29 年までの調査年次において、「多くなってきた」、または「わからない」と答えた人数の合計が、その年の調査該当者数の半数を超えた年はない。

➡解答・解説は別冊 P.040

問題 14

東京都 I 類（2023 年度）

次の図から正しくいえるのはどれか。

日本における発生場所別食品ロス発生量の構成比の推移

（注）（ ）内の数値は、発生場所別食品ロス発生量の合計（単位：万トン）

1　2016 年度から 2019 年度までのうち、食品製造業の食品ロス発生量が最も多いのは 2018 年度であり、最も少ないのは 2017 年度である。

2　2016 年度における食品小売業の食品ロス発生量を 100 としたとき、2020 年度における食品小売業の食品ロス発生量の指数は、80 を下回っている。

3　2017 年度から 2019 年度の各年度についてみると、外食産業の食品ロス発生量は食品小売業の食品ロス発生量を、いずれの年度も 50 万トン以上、上回っている。

4　2018 年度についてみると、一般家庭からの食品ロス発生量の対前年度減少率は、外食産業の食品ロス発生量の対前年度減少率を上回っている。

5　2018 年度から 2020 年度までの 3 か年度における食品卸売業の食品ロス発生量の平均は、15 万トンを下回っている。

→解答・解説は別冊 P.040

問題 15

東京都 I 類（2022年度）

次の図から正しくいえるのはどれか。

日本における4か国からの合板輸入量の構成比の推移

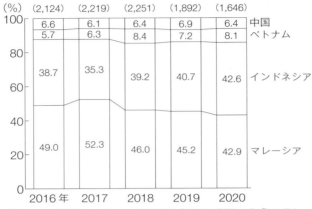

（注）（ ）内の数値は、4か国からの合板輸入量の合計（単位：千m³）を示す。

1 2016年から2019年までのうち、インドネシアからの合板輸入量が最も多いのは2018年であり、最も少ないのは2017年である。

2 2016年における中国からの合板輸入量を100としたとき、2020年における中国からの合板輸入量の指数は、70を下回っている。

3 2017年についてみると、マレーシアからの合板輸入量の対前年増加率は、ベトナムからの合板輸入量の対前年増加率を上回っている。

4 2017年から2019年までの各年についてみると、ベトナムからの合板輸入量は中国からの合板輸入量を、いずれの年も6千m³以上、上回っている。

5 2018年から2020年までの3か年におけるマレーシアからの合板輸入量の年平均は、870千m³を下回っている。

➡解答・解説は別冊P.042

問題 16

次の図から正しくいえるのはどれか。

日本における 4 か国からのナチュラルチーズ輸入量の構成比の推移

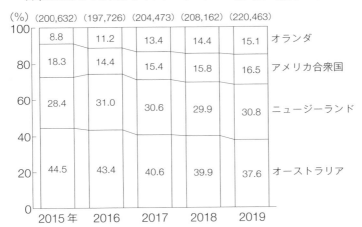

（注）（　）内の数値は、4か国からのナチュラルチーズ輸入量の合計（単位：トン）を示す。

1　2015 年についてみると、オーストラリアからのナチュラルチーズ輸入量は、アメリカ合衆国からのナチュラルチーズ輸入量を 55,000 トン以上、上回っている。

2　2015 年におけるオランダからのナチュラルチーズ輸入量を 100 としたとき、2019 年におけるオランダからのナチュラルチーズ輸入量の指数は 180 を下回っている。

3　2016 年から 2018 年までの 3 か年におけるアメリカ合衆国からのナチュラルチーズ輸入量の累計は、93,000 トンを下回っている。

4　2016 年から 2019 年までのうち、オーストラリアからのナチュラルチーズ輸入量が最も多いのは 2018 年であり、最も少ないのは 2019 年である。

5　2017 年から 2019 年までのうち、ニュージーランドからのナチュラルチーズ輸入量が前年に比べて最も増加したのは、2017 年である。

➡解答・解説は別冊 P.043

問題 17

東京都Ⅰ類（2020 年度）

次の図から正しくいえるのはどれか。

日本から 4 か国への自動車輸出額の構成比の推移

（注）（ ）内の数値は、4か国への自動車輸出額の合計（単位：億円）を示す。

1 2014 年におけるオーストラリアへの自動車輸出額を 100 としたとき、2017 年に
　おけるオーストラリアへの自動車輸出額の指数は 120 を下回っている。
2 2015 年から 2017 年までの 3 か年における中国への自動車輸出額の累計は、
　15,000 億円を下回っている。
3 2015 年から 2018 年までのうち、ロシアへの自動車輸出額が最も多いのは 2015
　年であり、最も少ないのは 2017 年である。
4 2016 年から 2018 年までのうち、カナダへの自動車輸出額が前年に比べて最も
　増加したのは、2018 年である。
5 2018 年についてみると、オーストラリアへの自動車輸出額は、中国への自動車
　輸出額を 2,500 億円以上、上回っている。

→解答・解説は別冊 P.044

問題 18

東京都 I 類（2018 年度）

次の図から正しくいえるのはどれか。

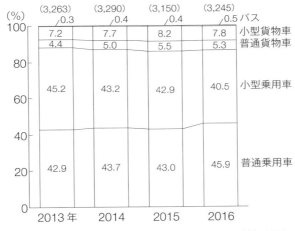

車種別の新車販売台数の構成比の推移

（注）（　）内の数値は、車種別の新車販売台数の合計（単位：千台）を示す。

1　2013 年から 2015 年までの 3 か年における普通貨物車の新車販売台数の累計は、400 千台を上回っている。

2　2013 年における小型貨物車の新車販売台数を 100 としたとき、2015 年における小型貨物車の新車販売台数の指数は 120 を上回っている。

3　2013 年から 2016 年までのうち、普通乗用車の新車販売台数が最も多いのは 2014 年であり、次に多いのは 2016 年である。

4　2013 年から 2016 年までの 4 か年におけるバスの年平均の新車販売台数は、11 千台を下回っている。

5　2014 年における小型乗用車の新車販売台数に対する 2016 年の比率は、0.9 を下回っている。

→解答・解説は別冊 P.045

問題 19

国家一般職（2022 年度）

図は、20 歳以上の人の 1 日当たりの平均睡眠時間についてのある調査結果を、性別・年齢階級別に示したものである。これから確実にいえることとして最も妥当なのはどれか。ただし、図中の（　）内の人数は、各年齢階級の人数を示している。

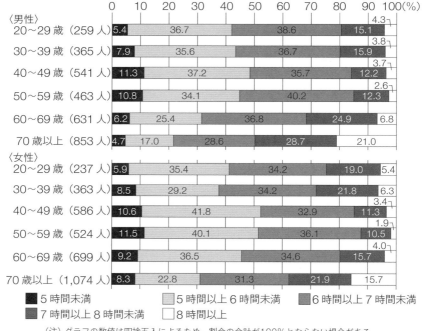

（注）グラフの数値は四捨五入によるため、割合の合計が100％とならない場合がある。

1　1 日当たりの平均睡眠時間が 6 時間未満である 20 歳以上の人の割合は、女性より男性の方が高い。

2　20 〜 59 歳の女性についてみると、1 日当たりの平均睡眠時間が 6 時間以上である人の数は、1,000 人未満である。

3　1 日当たりの平均睡眠時間が 5 時間以上 6 時間未満である人の数についてみると、70 歳以上の男性の数は、60 〜 69 歳の女性の数より多い。

4　女性についてみると、1 日当たりの平均睡眠時間が 5 時間未満である人の割合は、年齢階級が上がるほど高い。

5　1 日当たりの平均睡眠時間が 6 時間以上 7 時間未満である人の数が最も多い年齢階級は、男性、女性共に 50 〜 59 歳である。

➡解答・解説は別冊 P.047

問題 20

下のグラフは、 A ～ E 5 社の売上額、利益額、従業者数、営業店舗数、売場面積を、5 社合計に占める各社の割合でまとめたものである。このグラフから判断できることとして、最も妥当なのはどれか。ただし、グラフ中の数値は小数点以下を四捨五入しているため、合計が 100%とならない場合がある。

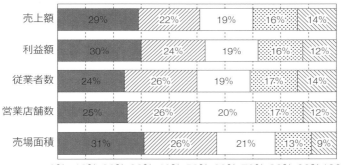

1 A ～ E 5 社の中で、従業者 1 人当たりの売上額が最も大きいのは B 社である。
2 A ～ E 5 社の中で、売上額に占める利益額の割合が最も大きいのは A 社であり、売上額に占める利益額の割合が最も小さいのは E 社である。
3 A 社の営業店舗 1 軒当たりの売場面積を 100 とすると、 E 社の営業店舗 1 軒当たりの売場面積は 58 を超えている。
4 C 社の営業店舗 1 軒当たりの利益額は、 A 社の営業店舗 1 軒当たりの利益額より約 24%大きい。
5 A ～ E 5 社の中で、売場面積当たりの売上額が最も小さいのは D 社である。

➡解答・解説は別冊 P.048

問題 21

裁判所職員（2020 年度）

下のグラフは、全国の国公立及び私立大学の学部学生約 1 万人を対象に行った 1 日の読書時間に関するアンケート調査の結果を表したものである。このグラフからいえることとして最も妥当なものはどれか。

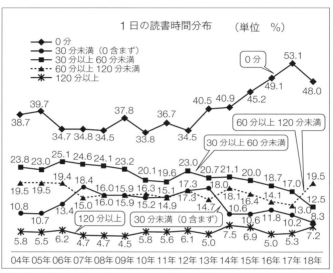

（全国大学生活協同組合連合会「第 54 回学生生活実態調査の概要報告」より引用・加工）

1　1 日の読書時間が 120 分以上の学生は 2013 年から 2018 年までの 6 年間を合計すると、4,000 人を上回っている。

2　1 日の読書時間が 0 分の学生についてみると、図中で割合が最も多い年は最も少ない年の 1.5 倍以上である。

3　2016 年は、1 日の読書時間が 30 分未満（0 含まず）の学生と 30 分以上 60 分未満の学生を合わせると 3,500 人を上回っている。

4　2010 年における 1 日の読書時間が 0 分の学生の人数を指数 100 としたとき、同年の 1 日の読書時間が 60 分以上 120 分未満の学生の人数の指数は 45 を下回っている。

5　1 日の読書時間が 60 分以上 120 分未満の学生についてみると、2007 年は対前年増減率では 44％減である。

→解答・解説は別冊 P.050

CHAPTER

増加率の資料・
その他の割合の資料

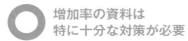
この章で学ぶこと

○ 増加率の資料は
特に十分な対策が必要

　割合にまつわる資料としては、CHAPTER2で紹介した構成比の資料もありますが、特に事前準備が必要だと思われるのが、増加率の資料です。増加率の資料は「**対前年増加率**」のように「前年と比較して何%増加したか」が示されることが多くあります。そうなると、増加率の計算、つまり小数のかけ算が非常に多くなります。「**小数のかけ算の連続をいかに処理するか**」が増加率の資料においては最大のポイントといえるでしょう。

○ 「近似法」の計算は
必須の時間短縮テクニック

　増加率の資料において必ず使えるようにしてほしいのが、「**近似法**」の計算です。簡単にいうと、増加率の計算をする際に、**いちいち小数のかけ算をせずに、%のまま足し算・引き算をしてしまう**という方法です。
　例えば、2020年が100という数値で、2021年の対前年増加率が+3%、2022年の対前年増加率が+5%の場合、2022年の数値を求めるためには、増加率をそれぞれかけ算して、$100×(1+0.03)×(1+0.05)=100×1.03×1.05$と計算しなければいけません。しかし、小数の計算が続くと面倒なので、これを100+3+5と処理してしまうのです。いわば、基準を常に100として計算し続ける方法です。特に増加率の数値が小さい場合は近似法が有効なので、使いどころを押さえて実践練習をしておきましょう。

○ 10%分・1%分の計算も使えるようにする

　前述の近似法は、増加率が大きい場合、かなりの誤差が出ることになります。したがって、なるべく増加率が小さいときに使いたいのですが、もし大きい増加率の計算が続くようであれば、**10%分・1%分の計算とあわせて使っていくとよい**でしょう。
　例えば2020年が100という数値で、2021年の対前年増加率が+13%、2022年の対前年増加率が+21%の場合、さすがに近似法だけで100+13+21と計算するのは誤差が大きすぎます。そこで、まず$100×(1+0.13)=100+13=113$と計算し、次の+21%は、20%と1%を考えて足すとよいでしょう。113の20%は、10%が11.3≒11なので、2倍して22です。1%は1.13≒1です。したがって、113+22+1=136となります。実際に計算すると136.73なので、さほど誤差は生じません。

国家一般職

増加率の資料も基本的には複数の資料の一部で出題されることが多いといえます。それ以外にも、増加率だけではなく純粋な割合の資料として出題されることもあります。割合関連の資料は出題頻度が高いので注意しておきたいです。

国家専門職

国家一般職と出題傾向は似ているといってよいでしょう。増加率の資料も出題されることがありますが、そもそも割合の資料全般の出題が考えられます。

地方上級

割合関連の資料は出題頻度が高いので、本章の学習は万全にしておきましょう。特に割合の計算の時間短縮のコツはつかんでおいてください。

裁判所職員

増加率の資料が単発で出題されることはあまりないと考えてよいでしょう。むしろ実数や構成比を題材にした資料のほうが出題されやすいといえます。

東京都Ⅰ類

本章からは基本的に1問出題されます。形式は「折れ線グラフ」です。特に選択肢に特徴があり、ほとんど計算しなくてもグラフの読み取りさえできれば正誤を判断できるような選択肢もあり、簡単な問題になることが多いといえます。

特別区Ⅰ類

本章からは1問程度出題されます。形式は数表になることが多いです。特別区は東京都と比べると、やや計算量の多い選択肢が増える傾向があるため、注意したほうがよいでしょう。

市役所

基本的には地方上級の出題傾向と同様です。増加率としての出題はあまり多くありませんが、割合を題材にした出題は定期的に見られます。

SECTION

1 増加率の資料の検討

STEP 1 要点を覚えよう！

POINT 1 増加率・減少率

増えた量・減った量の割合のことをいい、減少率とは「マイナスの増加率」を指す。両者を合わせて増減率・変化率・伸び率などということもある。「増加率＝倍率－1」、「減少率＝1－倍率」という関係になる。

増加率の資料は多くが前年と比較した増加率を表すことが多く、これを「対前年増加率」という。

例 以下の資料は、A デパートの売上の対前年増加率を示したものである。2020年の売上を 100 としたとき、2023 年の売上の指数を求めよ。

2021 年	2022 年	2023 年
＋3.5%	−2.8%	＋1.7%

2021 年は（2020 年の指数）×（1＋0.035）なので、100×1.035＝**103.5**
2022 年は（2021 年の指数）×（1−0.028）なので、103.5×0.972＝**100.602**
2023 年は（2022 年の指数）×（1＋0.017）なので、100.602×1.017≒**102.3**

対前年増加率は常に「前年と比較した増加率」が示されるので、**小数のかけ算が連続しがちなのが特徴である。**そこで、小数のかけ算の手間をいかに省略して検討できるかがポイントとなる。

POINT 2 近似法の計算

小数のかけ算の検討で必ず押さえたいのが、以下の近似法の計算である。

> ここで動きとめる！ 近似法の計算
>
> 小数のかけ算をするのではなく、増加率の%をそのまま足し算・引き算する方法である。その際は、以下の点に注意が必要である。
> ① 基準を 100 とした計算の場合に用いる。
> ② 選択肢の判断が微妙な数値になった際は、改めて細かく計算したほうがよい。
> ③ ±10%を超える増加率の場合は、近似法の計算と合わせて 10%単位の計算も併用する。

例 次の資料は、B デパートの売上の対前年増加率を示したものである。2020年の売上を 100 としたとき、2023 年の売上の指数を求めよ。

	2021年	2022年	2023年
	+19.4%	−3.7%	−12.6%

±10%を上回る増加率があるので、以下のように10%単位の計算を併用する。

① 増加率を10%単位と10%未満とに分ける。

② 10%未満の増加率を近似法で計算する。

③ 後から10%単位の計算をする。

まず、10%単位と10%未満に分けると以下のようになる。

	2021年	2022年	2023年
	+20%−0.6%	−3.7%	−10%−2.6%

+19.4%は+10%+9.4%と分けてもいいけど、10%未満はあまり大きくなると誤差が増えるので、なるべく小さく抑えるようにしよう。

先に10%未満を近似法で計算すると、100−0.6−3.7−2.6＝93.1となる。

さらに残った10%単位を計算すると、

93.1×(1+0.2)×(1−0.1)＝93.1×1.2×0.9＝93.1×1.08なので、93.1にさらに8%を足せばよい。93.1の1%は0.931≒0.9なので、8%は0.9×8＝7.2である。したがって、93.1+7.2＝**100.3**となる。正確に計算すると100.49…なので、あまり誤差が出ていないことがわかる。

POINT 3 　増加率の折れ線グラフの特徴

例えば、以下はCデパートの売上の対前年増加率を折れ線グラフで示したものである。

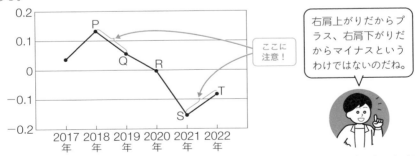

このとき、グラフの傾きや点の位置がひっかけになりやすい。**売上が最大の年が2018年（点P）、最小の年が2021年（点S）のようなケアレスミスを起こしやすい**のである。

このグラフはあくまで対前年増加率なので、前の年と比較してどうなのかが示されているにすぎない。例えば2019年（点Q）をみると、0より上に位置しているので、**2018年より2019年のほうが売上は大きい**。同様に、2022年（点T）をみると、0より下に位置しているので、**2021年より2022年のほうが売上は小さい**。特に慣れないうちはひっかかりやすいので注意してほしい。

次の図から確実にいえるのはどれか。

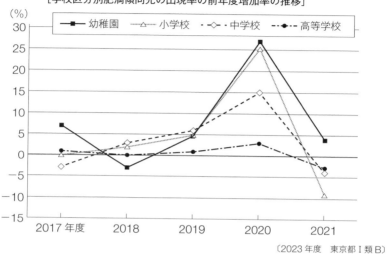

［学校区分別肥満傾向児の出現率の前年度増加率の推移］

〔2023年度　東京都Ⅰ類B〕

1 2016年度から2021年度までのうち、幼稚園の肥満傾向児の出現率が最も高いのは2020年度であり、最も低いのは2018年度である。

× **計算せずに判断できる**　2020年度は、幼稚園の肥満傾向児の出現率の対前年度増加率が最大であり、確かに2016年度から2020年度までの中では出現率が最も大きいと考えられる。しかし、2021年度は2020年度よりも**増加率が小さく**なっているものの、まだ**プラス**である。つまり、2021年度の**出現率は**2020年度より**増加**しているから、「出現率が最も高いのは2020年度であり」が誤り。

2 2017年度における中学校の肥満傾向児の出現率を100としたとき、2020年度における中学校の肥満傾向児の出現率の指数は130を上回っている。

× **近似法で計算する**　2017年度の中学校の肥満傾向児の出現率に対して、グラフから2018年は前年より＋3%、2019年は前年より＋6%と読める。10%未満なので、近似法で計算すると

$$100 \times (1+0.03) \times (1+0.06) \fallingdotseq 100+3+6=109$$

2020 年度は前年よりさらに +15% なので、

$109 \times (1+0.15) = 109 \times 1.15 = 125.35$

となり、130 を上回っていない。

3 2018 年度から 2020 年度までの各年の肥満傾向児の出現率についてみると、小学校に対する幼稚園の比率は、いずれの年度も前年度に比べて減少している。

× **分数を作って大小比較をする** 「小学校に対する幼稚園の比率」を $\dfrac{\text{幼稚園}}{\text{小学校}}$ として大小比較をすればよい。2018 年度→2019 年度をみると、小学校も幼稚園も +5% の増加であることが読み取れるので、分数は同じ値である。少なくとも減少はしていないので、この段階で本選択肢は誤りである。

また、2019 年度→2020 年度をみると、小学校は +25%、幼稚園は +27% の増加であることがわかり、分子である幼稚園のほうが増加率は大きくなるので、分数の値は増加することになる。

4 2021 年度における肥満傾向児の出現率を学校区分別にみると、肥満傾向児の出現率が 2019 年度に比べて減少しているのは、小学校と高等学校である。

× **増加率を計算する** 高等学校はわかりにくいが、小学校は 2020 年度が +25% と非常に大きく、2021 年度は減少しているが −9% 程度なので、2019 年度と比較して 2021 年度が大きくなるのではないかと当たりをつけるとよい。

2019 年度を 100 とすると、2020 年度は $100 \times (1+0.25) = 100 \times 1.25 = $ **125**、2021 年度は $125 \times (1-0.09) = 125 \times 0.91$ である。キリよく少なめに計算して $120 \times 0.9 = 108$ なので、正確に計算すると確実に 108 を上回る。したがって、2019 年に比べて 2021 年は増加している。

5 2021 年度における高等学校の肥満傾向児の出現率は、2018 年度における高等学校の肥満傾向児の出現率に比べて増加している。

○ **近似法で計算する** 2018 年度の出現率を 100 とおいて、2021 年度の指数を計算すればよい。グラフから 2019 年度は +1%、2020 年度は +3%、2021 年度は −3% であることが読み取れる。増加率は全て ±10% 未満なので、近似法で処理するとよい。

$100 + 1 + 3 - 3 = 101$

となり、2018 年度の 100 よりも 2021 年度のほうが増加していることがわかる。

STEP 3　過去問にチャレンジ！

問題 1

消防官Ⅰ類（2019年度）

下のグラフは、携帯電話とスマートフォンの販売台数の対前月比をまとめたものである。このグラフから判断できることとして、最も妥当なのはどれか。ただし、携帯電話とは、スマートフォンとスマートフォン以外の携帯電話すべての合計である。

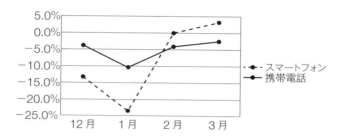

1　3月は、前月に比べて携帯電話に占めるスマートフォンの販売台数の割合が増加している。

2　2月は、前月に比べて携帯電話に占めるスマートフォン以外の携帯電話の販売台数の割合が増加している。

3　1月は、前月に比べて携帯電話に占めるスマートフォンの販売台数の割合が増加している。

4　12月は、前月に比べて携帯電話に占めるスマートフォン以外の携帯電話の販売台数の割合が減少している。

5　表中の期間において、携帯電話に占めるスマートフォンの販売台数の割合が最も低いのは12月である。

➡解答・解説は別冊P.052

問題 2

下の資料は、2010 年～ 2020 年の世界各国の人口及び人口増加率をまとめたものである。この資料から判断できることとして、最も妥当なのはどれか。ただし、資料中の 2010 年～ 2015 年の人口増加率は、2010 年の人口に対する 2015 年の人口の増加率を表し、2015 年～ 2020 年の人口増加率は、2015 年の人口に対する 2020 年の人口の増加率を表している。

	人口（百万人）	人口増加率（%）	
	2010 年	2010 年～ 2015 年	2015 年～ 2020 年
中　　　国	1,369	2.8	2.3
イ　ン　ド	1,234	6.1	5.3
ア　メ　リ　カ	309	3.8	3.2
イ　ン　ド　ネ　シ　ア	242	6.8	5.9
ブ　ラ　ジ　ル	196	4.5	4.0
パ　キ　ス　タ　ン	179	11.1	10.8
ナ　イ　ジ　ェ　リ　ア	159	14.3	13.8
バ　ン　グ　ラ　デ　シ　ュ	148	5.9	5.4
ロ　シ　ア	143	1.0	0.7
メ　キ　シ　コ	114	6.8	5.8
世　　　界	6,957	6.1	5.6

1　世界の人口は、2015 年時点で 75 億人を超え、2020 年時点では 80 億人を超えている。

2　2010 年に比べて 2020 年の世界の人口に占める中国の人口割合は、増加している。

3　2010 年に比べて 2020 年の人口が最も増えた国はインドである。

4　2015 年の世界の人口に占める中国とインドの 2 か国を合わせた人口割合は、45％を超えている。

5　2010 年のブラジルの人口を 100 としたとき、2015 年のブラジルの人口は 104.5、2020 年のブラジルの人口は 104 で、2010 年のアメリカの人口は 150 を超えていない。

→解答・解説は別冊 P.053

問題 3

東京都Ⅰ類（2022年度）

次の図から正しくいえるのはどれか。

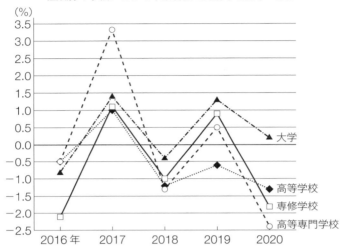

種類別 4 学校における卒業者数の対前年増加率の推移

1　2015 年から 2020 年までのうち、大学の卒業生が最も多いのは 2020 年であり、最も少ないのは 2018 年である。

2　2016 年における専修学校の卒業生を 100 としたとき、2020 年における専修学校の卒業生の指数は 95 を下回っている。

3　2017 年と 2018 年についてみると、高等学校の卒業生に対する大学の卒業生の比率は、いずれの年も前年に比べて増加している。

4　2019 年における卒業生を学校の種類別にみると、卒業生が 2016 年に比べて減少しているのは、高等学校と高等専門学校である。

5　2020 年における高等専門学校の卒業生は、2017 年における高等専門学校の卒業生に比べて増加している。

➡解答・解説は別冊 P.054

問題 4

次の図から正しくいえるのはどれか。

オリンピック競技大会（夏季大会）における
日本の参加者数の 4 年前に対する増加率の推移

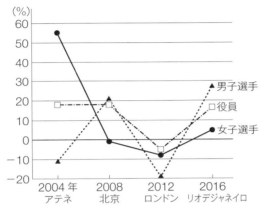

1 2000 年と 2016 年についてみると、2000 年の大会への参加者数に対する 2016 年
  の大会への参加者数の増加率が最も大きいのは、女子選手である。
2 2000 年から 2016 年までの 5 大会のうち、大会への男子選手の参加者数が最も
  多いのは 2008 年の大会であり、最も少ないのは 2004 年の大会である。
3 2004 年の大会への役員の参加者数を 100 としたとき、2016 年の大会への役員の
  参加者数の指数は 130 を上回っている。
4 2004 年から 2016 年までの 4 大会における女子選手の参加者数の平均は、2008
  年の大会への女子選手の参加者数を上回っている。
5 2008 年から 2016 年までの 3 大会についてみると、男子選手の参加者数に対す
  る役員の参加者数の比率が最も大きいのは、2016 年の大会である。

→ **解答・解説は別冊 P.055**

問題 5

東京都 I 類（2018 年度）

次の図から正しくいえるのはどれか。

建築物の用途別の着工床面積の**対前年度増加率**の推移

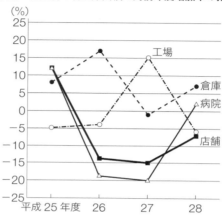

1 平成 24 年度から 28 年度までの各年度についてみると、倉庫の着工床面積に対する店舗の着工床面積の比率が最も小さいのは 26 年度である。

2 平成 24 年度における店舗の着工床面積を 100 としたとき、28 年度における店舗の着工床面積の指数は 70 を下回っている。

3 平成 25 年度から 28 年度までのうち、工場の着工床面積が最も大きいのは 27 年度であり、次に大きいのは 28 年度である。

4 平成 26 年度から 28 年度までの 3 か年度における病院の着工床面積の年度平均は、25 年度における病院の着工床面積の 80％を上回っている。

5 平成 28 年度における建築物の用途別の着工床面積をみると、着工床面積が 24 年度に比べて増加したのは、倉庫と病院である。

➡解答・解説は別冊 P.057

問題 6

次の表から確実にいえるのはどれか。

葉茎菜類の収穫量の対前年増加率の推移

（単位：%）

品目	平成 28 年	29	30	令和元年	2
こまつな	△ 1.6	△ 1.3	3.1	△ 0.6	6.1
ほうれんそう	△ 1.4	△ 7.8	0.1	△ 4.6	△ 1.8
ブロッコリー	△ 5.7	1.6	6.4	10.2	2.9
たまねぎ	△ 1.7	△ 1.2	△ 5.9	15.5	1.7
にんにく	2.9	△ 1.9	△ 2.4	3.0	1.9

（注）　△は、マイナスを示す。

1　令和 2 年において、「ほうれんそう」の収穫量及び「たまねぎ」の収穫量は、いずれも平成 28 年のそれを下回っている。
2　表中の各年のうち、「にんにく」の収穫量が最も多いのは、平成 28 年である。
3　令和 2 年において、「ほうれんそう」の収穫量は、「ブロッコリー」のそれを下回っている。
4　「たまねぎ」の収穫量の平成 30 年に対する令和 2 年の増加率は、「ブロッコリー」の収穫量のそれの 1.5 倍より大きい。
5　平成 28 年の「こまつな」の収穫量を 100 としたときの令和元年のそれの指数は、100 を上回っている。

➡ 解答・解説は別冊 P.058

問題7

特別区 I 類（2021年度）

次の表から確実にいえるのはどれか。

自動車貨物の主要品目別輸送量の対前年度増加率の推移

（単位　％）

品目	平成27年度	28	29	30	令和元年度
砂利・砂・石材	△13.2	5.5	△8.5	△6.0	△9.6
機　　　　械	33.1	△3.4	9.4	10.1	14.9
窯　業　品	△8.6	△10.2	13.1	△11.5	0.4
食料工業品	△36.3	7.8	0.2	△5.8	△6.5
日　用　品	6.7	23.3	△0.1	8.2	4.1

（注）　△は、マイナスを示す。

1　令和元年度において、「窯業品」の輸送量及び「食料工業品」の輸送量は、いずれも平成28年度のそれを下回っている。
2　表中の各年度のうち、「窯業品」の輸送量が最も少ないのは、平成30年度である。
3　平成29年度において、「食料工業品」の輸送量は、「機械」のそれを上回っている。
4　「機械」の輸送量の平成29年度に対する令和元年度の増加率は、「日用品」の輸送量のそれの2倍より小さい。
5　平成27年度の「砂利・砂・石材」の輸送量を100としたときの平成30年度のそれの指数は、90を上回っている。

➡ 解答・解説は別冊 P.060

問題8

次の表から確実にいえるのはどれか。

用途別着工建築物床面積の対前年増加率の推移

（単位　％）

用　　　　　　途	平成26年	27	28	29
居　住　専　用	△ 13.0	△ 1.2	4.3	△ 0.9
製　造　業　用	△ 2.7	14.9	△ 8.4	15.4
医　療、福　祉　用	△ 5.3	△ 29.6	1.6	△ 6.4
卸売業、小売業用	△ 8.2	△ 20.0	6.1	△ 16.8
運　輸　業　用	12.1	15.4	10.2	0.6

（注）　△は、マイナスを示す。

1 平成29年において、「居住専用」の着工建築物床面積及び「医療、福祉用」の着工建築物床面積は、いずれも平成27年のそれを上回っている。

2 平成26年の「卸売業、小売業用」の着工建築物床面積を100としたときの平成29年のそれの指数は、70を下回っている。

3 表中の各年のうち、「製造業用」の着工建築物床面積が最も少ないのは、平成28年である。

4 平成27年において、「製造業用」の着工建築物床面積の対前年増加面積は、「運輸業用」のそれの1.5倍を下回っている。

5 「医療、福祉用」の着工建築物床面積の平成26年に対する平成29年の減少率は、「卸売業、小売業用」の着工建築物床面積のそれの1.1倍より大きい。

➡解答・解説は別冊P.061

問題 9

国家一般職（2019 年度）

表は、A〜E の 5 か国の 2014 〜 2018 年における国内総生産（単位：十億ドル）および物価上昇率（前年比、単位：%）を示したものである。これから確実にいえるのはどれか。

		2014 年	2015 年	2016 年	2017 年	2018 年
A 国	国内総生産	170	180	180	190	210
	物価上昇率（前年比）	1.1	1.0	1.3	2.1	2.2
B 国	国内総生産	180	190	210	230	250
	物価上昇率（前年比）	2.3	1.8	2.0	1.6	2.2
C 国	国内総生産	40	45	50	55	60
	物価上昇率（前年比）	0.6	0.5	−0.1	0.7	1.3
D 国	国内総生産	35	35	40	40	45
	物価上昇率（前年比）	1.3	0.7	0.5	1.8	1.6
E 国	国内総生産	20	25	25	30	30
	物価上昇率（前年比）	0.6	0.6	0.7	2.7	2.7

1　各国の 2018 年の国内総生産の成長率（前年比）を比較すると、B 国の成長率が最も高い。

2　2014 年からみた 2018 年の各国の国内総生産の成長率は、E 国が最も高く、C 国が最も低い。

3　2014 年からみた 2018 年の各国の国内総生産の増加額を比較すると、B 国は、A 国より小さいが、D 国より大きい。

4　2013 年の各国の物価を 100 とした 2018 年の指数を比較すると、最も小さいのは C 国である。

5　2014 〜 2018 年の各国の物価上昇率の平均を比較すると、最も高いのは E 国であり、最も低いのは C 国である。

→解答・解説は別冊 P.062

問題 10

国家一般職（2018 年度）

表は、旅行や行楽を行った人の割合（行動者率）を調査した結果を示したものである。これから確実にいえるのはどれか。なお、行動者率とは、過去 1 年間に該当する種類の活動を行った者が調査対象者に占める割合をいう。

（単位：%）

		平成 18 年	平成 23 年	平成 28 年
旅行（1 泊 2 日以上）	全体	63.7	59.3	59.1
	男性	63.4	58.5	57.3
	女性	63.9	60.1	60.8
国内旅行	全体	62.2	57.9	58.0
	男性	62.0	57.2	56.2
	女性	62.5	58.6	59.6
観光旅行	全体	49.6	45.4	48.9
	男性	47.9	43.3	47.4
	女性	51.2	47.4	50.3
帰省・訪問などの旅行	全体	25.2	23.8	26.0
	男性	24.2	22.7	25.4
	女性	26.2	24.9	26.6
海外旅行	全体	10.1	8.9	7.2
	男性	10.2	8.5	6.3
	女性	10.0	9.2	8.1
行楽（日帰り）	全体	60.0	58.3	59.3
	男性	56.9	54.8	56.3
	女性	63.0	61.6	62.1

1 平成 18 年の調査結果についてみると、女性の行動者率は、「旅行（1 泊 2 日以上）」に含まれるいずれの活動においても男性を上回っている。

2 平成 18 年の調査結果についてみると、「国内旅行」と「海外旅行」の両方を行った者が、同年の調査対象者全体に占める割合は、10％以上である。

3 平成 23 年の調査結果についてみると、「旅行（1 泊 2 日以上）」を行ったが、「行楽（日帰り）」は行わなかった男性が、同年の調査対象の男性に占める割合は、5％未満である。

4 平成 28 年の調査結果についてみると、「行楽（日帰り）」を行った男性は、「行楽（日帰り）」を行った女性よりも多い。

5 平成 28 年の調査結果についてみると、「国内旅行」を行った者のうち、「観光旅行」と「帰省・訪問などの旅行」の両方を行った者の割合は、25％以上である。

→解答・解説は別冊 P.063

SECTION

2 その他の割合の資料の検討

STEP 1 要点を覚えよう！

POINT 1 指数の資料の検討

　指数とは**基準の値を 100** としたときの該当データの割合のことで、百分率と同じものになる。**基準の値が同じ**であれば、実数の場合と同じように大小比較ができるが、**基準の値が異なる**指数どうしは**比較できない**。

　例 次の資料は、コロナ禍前の 5 年間について、年別の訪日外国人と出国日本人の数をそれぞれ、2015 年を 100 とした指数で表したものである。

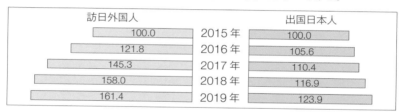

訪日外国人		出国日本人
100.0	2015 年	100.0
121.8	2016 年	105.6
145.3	2017 年	110.4
158.0	2018 年	116.9
161.4	2019 年	123.9

この資料について、次のことが確実にいえるかどうか考えてみる。

> A　2016 年において、訪日外国人数の対前年増加数は、出国日本人数の対前年増加数の 3 倍を上回っている。
> B　2019 年において、出国日本人数の対前年増加率は、訪日外国人数の対前年増加率の 2.5 倍を下回っている。

A について　2016 年の訪日外国人、出国日本人の対前年増加数は、指数ではそれぞれ 21.8、5.6 であり、訪日外国人が出国日本人の 3 倍以上になっている。ところが、基準になっている 2015 年の人数が不明なので、実数の対前年増加数については判断できない。資料だけから読み取れるかどうかを考えなければならない。

B について　2018 年に対する 2019 年の増加率の比較であり、訪日外国人、出国日本人それぞれで計算すれば求められるので、2015 年の実数がわからなくても判断できる。

与えられた指数を実数のように扱って、訪日外国人の増加率は

　　　$161.4 \div 158.0 - 1 \fallingdotseq 161 \div 158 - 1 \fallingdotseq 1.019 - 1 \fallingdotseq 0.02$

出国日本人の増加率は

　　　$123.9 \div 116.9 - 1 \fallingdotseq 124 \div 117 - 1 \fallingdotseq 1.060 - 1 \fallingdotseq 0.06$

と計算でき、2.5 倍を下回っているとはいえないことがわかる。

POINT 2 　対前年比の資料の検討

　対前年比の割合が資料として与えられることもある。増加・減少ではない「割合そのもの」であり、棒グラフや折れ線グラフなどで与えられたときは、見た目に惑わされやすいので、注意が必要である。

　例　次の折れ線グラフは、N国からX国、Y国への年間輸出額について、対前年比を示したものである。

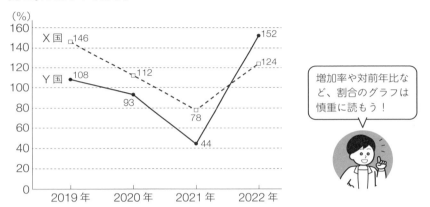

増加率や対前年比など、割合のグラフは慎重に読もう！

この資料について、次のことが確実にいえるかどうか考えてみる。

> A　X国への輸出額について、2020年と2021年の差は2019年と2020年の差にほぼ等しい。
>
> B　Y国への2022年の輸出額は、Y国への2020年の輸出額の70%を下回る。

Aについて　対前年比の数値では2020年と2021年の差が112−78＝34、2019年と2020年の差が146−112＝34で等しくなる（このことは2019年から2021年までのグラフが一直線であることからもわかる）が、輸出額の実数の差では等しくはならない。計算で確かめてみると、2018年のX国への輸出額を100として、2019年が146、2020年が146×1.12≒164、2021年が164×0.78≒128という指数になる。差は164−128＝36、146−164＝−18なので、絶対値で考えたとしても等しくはない。

Bについて　2020年のY国への輸出額を100としてみるとよい。2021年が44で、2022年は44×1.52≒67となるので、確かに70%を下回るといえる。グラフの見た目で、2020年より2022年のほうが多いと考えてはいけない。

次の表から確実にいえるのはどれか。

[地域別生乳生産量の指数の推移]

(2018 年を指数 100.0 とする)

地域	2018 年	2019 年	2020 年	2021 年	2022 年
北　海　道	100.0	102.1	104.8	107.6	108.7
東北・北陸	100.0	98.1	98.8	97.7	97.1
関東・東海	100.0	97.9	97.0	99.1	99.5
近畿・中国	100.0	99.9	104.7	106.4	105.5
四国・九州・沖縄	100.0	98.0	98.8	100.2	98.0

1 2019 年から 2022 年までのうち、北海道の生乳生産量の対前年増加率が最も大きいのは、2019 年である。

× **当たりをつけて検討する**　2019 年の対前年増加率が +2.1% であることはすぐにわかるので、他の年でさらに大きそうなところに当たりをつけて検討するとよい。一見してどれも増加率は 10% を超えていないので、近似法を用いるとよい。2020 年 → 2021 年は 104.8 → 107.6 で、近似法の考え方を使えば、増加率は 107.6−104.8 = **2.8%** である。したがって、2021 年の対前年増加率のほうが大きい。

2 2020 年の関東・東海の生乳生産量を 100 としたとき、2022 年のそれの指数は 103 を上回っている。

× **選択肢を読み替えて増加率で検討する**　選択肢を読み替えれば、「2020 年から 2022 年で増加率が 3% を上回る」ということと同じ意味である。そこで、増加率を検討すればよい。2020 年 → 2022 年で指数は 97.0 → 99.5 であり、基準となる 2020 年が 100 ではないが近い数字なので、そのまま近似法の考え方を利用すればよい。

増加数は 99.5−97.0 = 2.5 なので、増加率は 2.5% であり、2020 年を 100 とおいたときの 2022 年の指数は 102.5 となり、103 を下回る。

3 2021 年において、北海道の生乳生産量の対前年増加量は、四国・九州・沖縄のそれのほぼ 2 倍である。

× **基準の違う指数は比較できない**　「対前年増加率」ではなく、「対前年増加量」であることに着目しなければならない。北海道と四国・九州・沖縄では基準の 2018 年の量が異なるので、それが示されていない以上、実数である「対前年増加量」は比較できない。

....

4 2019 年から 2022 年までの各年のうち、近畿・中国の生乳生産量の対前年増加量が最も大きいのは 2020 年である。

○ **同じ基準の指数なので比較できる**　基準が同じ近畿・中国の各年の比較であるから、対前年増加量の大小は、指数の増加の大小と一致する。2019 年と 2022 年は対前年で減少しているので、2020 年と 2021 年についてのみ、前年からの指数の増加を比較する。
　　　2020 年は　104.7－99.9＝4.8
　　　2021 年は　106.4－104.7＝1.7
したがって、対前年増加量で最も大きいのは 2020 年である。これは 2018 年の実数がどんな値であっても変わらない。

....

5 表中の各地域のうち、2021 年における対前年増加率が最も大きいのは、関東・東海である。

× **地域ごとの対前年増加率なら比較はできる**　各地域で対前年増加率を計算して、その数値の大小を比較するだけなので、本選択肢は検討が可能である。関東・東海以外で、増加率が大きそうなところとしては北海道が考えられるので、北海道に当たりをつけて検討する。
関東・東海についてみると、2020 年度→2021 年度で 97.0 → 99.1 と増加しており、増加数は 2.1 である。基準の 97.0 が 100 に近いので、近似法の考え方でそのまま 2.1% の増加と考える。
北海道についてみると、2020 年度→2021 年度で 104.8 → 107.6 と増加しており、増加数は 2.8 である。基準の 104.8 も 100 に近いので、近似法の考え方でそのまま 2.8% の増加と考えてよいだろう。
したがって、関東・東海よりも北海道のほうが増加率は大きい。

過去問にチャレンジ！

問題11

警察官Ⅰ類（2020年度）

次の表は、我が国に在留する外国人の在留資格別の人数を示したものである。この表からいえることとして、最も妥当なのはどれか。なお、表中の「対前年」は、前年末に対する増減率のことである。

（平成30年末実績 単位：人）

国籍		計	特別永住者	中長期在留者	永住者	留学	技能実習	その他
総数		2,731,093	321,416	2,409,677	771,568	337,000	328,360	972,749
	対前年	6.6%	−2.5%	8.0%	3.0%	8.2%	19.7%	−
中国		764,720	872	763,848	260,963	132,411	77,806	292,668
	対前年	4.6%	−15.1%	4.7%	4.9%	6.5%	0.3%	−
韓国		449,634	288,737	160,897	71,094	17,056	1	72,746
	対前年	−0.2%	−2.4%	3.9%	2.5%	7.2%	−92.3%	−
ベトナム		330,835	3	330,832	16,043	81,009	164,499	69,281
	対前年	26.1%	50.0%	26.1%	7.6%	12.1%	33.1%	−
フィリピン		271,289	48	271,241	129,707	3,010	30,321	108,203
	対前年	4.1%	2.1%	4.1%	1.8%	26.7%	9.0%	−
ブラジル		201,865	29	201,836	112,934	553	7	88,342
	対前年	5.5%	3.6%	5.5%	0.1%	14.5%	−22.2%	−
ネパール		88,951	3	88,948	4,480	28,987	257	55,224
	対前年	11.1%	0.0%	11.1%	8.2%	7.0%	43.6%	−
その他		623,799	31,724	592,075	176,347	73,974	55,469	286,285
	対前年	−	−	−	−	−	−	−

1 国籍別に永住者の対前年末増加人数と留学の対前年末増加人数をそれぞれみると、対前年末増加人数が最も多いのは中国の永住者である。
2 韓国の特別永住者の前年末の人数は、ベトナムの中長期在留者の前年末の人数より少ない。
3 平成30年末の中国、韓国、ベトナムの3国の在留者数を合計しても、平成30年末の在留者の総数の半分に満たない。
4 総数において、永住者、留学、技能実習の対前年末増加人数をそれぞれ比較すると、対前年末増加人数が最も多いのは永住者である。
5 韓国とブラジルの前年末の技能実習の人数を比較すると、ブラジルの方が多い。

→解答・解説は別冊P.065

問題 12

下の資料は、全国の野生鳥獣による本年度の農作物の被害状況をまとめたものである。この資料から判断できることとして、最も妥当なのはどれか。

全国の野生鳥獣による農作物の被害状況

	被害面積 （千ha）	対前年度比	被害量 （千t）	対前年度比	被害金額 （百万円）	対前年度比
カラス	2.3	88.5%	16.9	80.5%	1,329	93.3%
カモ	0.4	80.0%	1.8	138.5%	450	116.6%
ヒヨドリ	0.8	80.0%	3.4	188.9%	602	196.6%
シカ	33.8	106.0%	360.7	92.0%	5,304	98.0%
イノシシ	5.5	91.7%	31.6	100.3%	4,619	97.6%
サル	1.0	100.0%	4.9	106.5%	860	104.5%
クマ	0.8	114.3%	20.1	100.5%	404	105.6%

1　カモの前年度の被害金額は、ヒヨドリの前年度の被害金額より小さい。

2　本年度のシカの被害量あたりの被害金額は、前年度より減少している。

3　本年度の被害面積あたりの被害金額が最も大きいのは、カモである。

4　本年度の被害量の合計は、前年度より増大している。

5　前年度の被害量あたりの被害金額は、カラスがカモを上回っている。

→解答・解説は別冊P.066

問題 13

国家一般職（2017 年度）

図は、ある企業における、各年末時点での全社員の情報通信機器の保有率を調査した結果の推移を示したものである。これから確実にいえるのはどれか。ただし、この企業の社員数は年ごとに変動があるものとする。

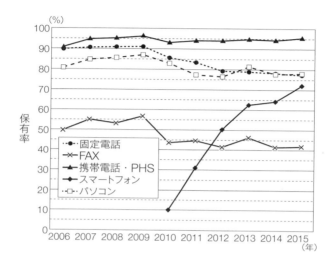

1　2006 〜 2015 年の間、いずれの年も、固定電話とパソコンを共に保有している社員が全社員に占める割合は、5 割以上である。

2　2010 〜 2014 年の間、いずれの年も、固定電話を保有している社員数は、前年より減少している。

3　2010 〜 2015 年の間におけるスマートフォンを保有している社員数の最大は、同期間における固定電話又はパソコンを保有している社員数の最小を下回っている。

4　2011 年におけるスマートフォンを保有している社員数は、前年と比べて、3 倍を超えている。

5　2012 〜 2015 年の間、いずれの年も、FAX を保有している社員のうち半数以上は、スマートフォンを保有している。

➡解答・解説は別冊 P.067

問題 14

次のグラフは、我が国の全人口に占める年少人口の割合と全人口に占める生産年齢人口の割合を 5 年ごとの推移で示したものである。このグラフからいえることとして、最も妥当なのはどれか。ただし、年少人口と生産年齢人口と老年人口をすべて合計した値が全人口であるものとする。

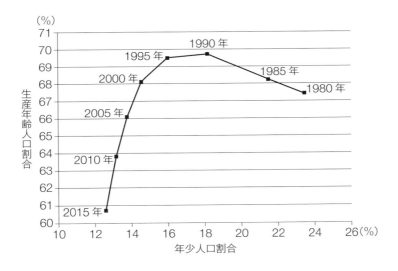

1 調査の年ごとに、年少人口数は減少している。
2 生産年齢人口数が最も多いのは、1990 年である。
3 1985 年以降において、全人口に占める老年人口の割合は、調査の年ごとに増加している。
4 年少人口に対する生産年齢人口の比率が最も高いのは、1980 年である。
5 生産年齢人口に対する老年人口の比率が最も低いのは、1995 年である。

➡解答・解説は別冊 P.068

問題 15

下のグラフは、A～D 4 社の年間販売額の推移を、対前年指数でまとめたものである。このグラフから判断できることとして、最も妥当なのはどれか。

A～D 4社の年間販売額の推移

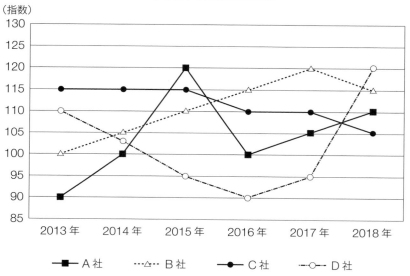

1　2012 年から 2018 年までの間で、A 社の年間販売額が最も多いのは 2015 年である。
2　2013 年から 2017 年まで、B 社の年間販売額の増加額は等しい。
3　2013 年から 2015 年まで、C 社の年間販売額は増減していない。
4　2012 年から 2018 年までの間で、D 社の年間販売額が最も少ないのは 2016 年である。
5　2013 年における A 社の年間販売額を 100 とすると、2015 年における A 社の年間販売額は 120 である。

➡解答・解説は別冊 P.069

CHAPTER

複数の資料

SECTION1 複数の資料の検討

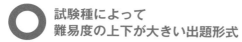
この章で学ぶこと

◯ 試験種によって
難易度の上下が大きい出題形式

　複数の資料は**資料の組み合わせ次第で難易度が大きく上下します**。複数の資料を定期的に出題する試験種は限られており、毎年のように出題しているのが**国家一般職**や**東京都**です。ただし、東京都は2023年度に複数の資料の出題がなかったため、今後の出題傾向の変化に注意してください。

　本試験で最も難易度の低い複数の資料は東京都といってよいでしょう。出題される資料の組み合わせも例年似ており、検討の仕方も同じような選択肢ばかりが繰り返し出題されます。複数の資料を学習する上で、**まずは東京都の問題を確実に解けるようにする**ことを目標にしましょう。

◯ 国家公務員試験の複数の資料は
組み合わせが多種多様なので注意

　一方で、国家一般職を中心とした国家公務員試験で出題される複数の資料は、難易度が高いことが多いです。資料どうしをどのように組み合わせれば選択肢が検討できるのか、一見してよくわからない問題などもあり、ここで解答に時間を取られていると、本試験ではどんどん試験時間が削られてしまいます。くれぐれも厄介な出題形式にじっくり取り組みすぎないことが大事です。

　ただし、**近年は複数の資料でも単純なものが多くなってきた**といえます。従来は、複数の資料を全て総合的に検討しないと判断できない選択肢ばかりでしたが、最近は一部の資料だけで判断できる選択肢も多くなり、検討の手間は比較的減ってきたといえます。

◯ 複数の資料では
資料相互の関係を正しく把握する

　複数の資料で特に難易度が上がるのは、どう組み合わせれば選択肢の正誤を判断できるのか、一見してわかりにくいケースです。特に国家公務員試験は選択肢の言い回しも独特だったりわかりにくかったりすることがあるため、なおさら資料の読み方に困ることがあると思います。ここを正しく理解するようにしてください。

　ちなみに、国家公務員試験の資料解釈で、選択肢を検討するうえで比較的出てきやすいものに「余事象」があります。要は、全体から該当しないものを引くことで、該当するものだけを残すという方法です。「余事象」の発想で解く問題は過去にも繰り返し出ているので注意しましょう。

国家一般職

　複数の資料は非常に出題頻度が高いため、必ず過去問演習をしておくべきです。年によっては出題される３問が全て複数の資料であることもあります。一見して明らかに手間がかかりそうな形式なので気をつけましょう。

国家専門職

　国家一般職ほどではありませんが、複数の資料が出題されることもあります。難易度が高い問題もあるので、覚悟して臨むようにしましょう。

地方上級

　複数の資料が出題されることはありません。ただし、複数の資料も一つひとつは単発の資料ですから、学習する意味はあります。

裁判所職員

　複数の資料はまず出題されないと考えてよいでしょう。ただし、学習することのメリットはありますから、目を通しておくべきです。

東京都Ⅰ類

　本章からは基本的に１問出題されます。過去によく出ていた形式は「実数の数表＋増加率の折れ線グラフ」ですが、他の形式になることもあります。増加率の折れ線グラフだけで選択肢の正誤が判断できるものもあり、難易度が低い場合もあるので、東京都の志望度が高い人は得点源にしておきたいところです。

特別区Ⅰ類

　本章からはまず出題されません。ただし、学習することで各資料の検討手段などの理解が深まりますから、対策しておいて無駄にはなりません。

市役所

　基本的には地方上級の出題傾向と同様です。複数の資料が出題されることはありません。ただし、複数の資料も一つひとつは単発の資料ですから、学習する意味はあります。

複数の資料の検討

STEP 1　要点を覚えよう！

POINT 1　複数の資料の検討

　複数の資料が同時に掲載される出題形式もある。資料の組み合わせはさまざまで特に決まりがあるわけではないので、事前に準備するのが難しいが、基本的には**今までに学習してきた資料の検討のコツを利用する**ことになる。そのうえで、**複数の資料相互の関係を正しく読み取って、何が求められるのかを適切に判断する**必要がある。一見すると関係性がわかりにくい資料や、わかりにくい選択肢の記述が登場することもあるので、注意してほしい。

例　ある自治体で30歳から69歳までの住民を対象に実施した老後の生活に関するアンケートの回答を、年齢階層別にまとめた。図Ⅰは、アンケート回答者の年齢階層別割合を示す。質問内容は次の①、②で、質問②は、質問①で「進めている」と回答した人すべてが回答した。表Ⅰ、Ⅱはそれぞれの回答結果である。

> 質問①：老後の生活に必要な生活費の準備を進めていますか？
> 質問②：主にどのような手段で準備を進めていますか？

これらの資料について、後のA、Bが確実にいえるかどうか考えてみる。

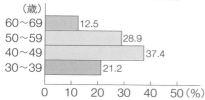

図Ⅰ　回答者の年齢階層別割合

表Ⅰ　質問①の回答結果　　　　　　　　　　　　　　　　　　　（単位　％）

回答の選択肢	30〜39歳	40〜49歳	50〜59歳	60〜69歳
進めている	38	42	48	62
あまり進めていない	45	26	29	28
まったく進めていない	17	32	23	10
計	100	100	100	100

表Ⅱ　質問②の回答結果

（単位　%）

回答の選択肢	30 ～ 39 歳	40 ～ 49 歳	50 ～ 59 歳	60 ～ 69 歳
預貯金	6	24	30	45
株・有価証券	28	26	28	16
生命保険・個人年金	51	19	39	31
その他	15	31	3	8
計	100	100	100	100

A　質問①において、「進めている」と回答した人の数は、年代が高くなるにしたがって増えていく。

B　質問②において、「株・有価証券」と回答した 40 歳代の人が、40 歳代の回答者全体に占める割合は 15% を上回っている。

A について　表Ⅰの数値は割合なので、回答者全体の人数は不明である。しかし、構成比が図Ⅰに示されているので、**全体の人数を 1000 と仮定**してみると計算が簡単になり、それぞれの世代の人数は若いほうから 212、374、289、125 と表せる。「進めている」と回答した 50 歳代よりも 60 歳代の人数が少ないのではないかと当たりをつけて、これらを概算で比較してみると、290×0.5＝145、130×0.6＝78 となり、明らかに 60 歳代のほうが少ない。

B について　質問②で「株・有価証券」と回答した 40 歳代の人の数値は、質問①で「進めている」と回答した人数をもとにした割合であることに注意する。つまり、40 ～ 49 歳の回答者全体の 42% のうちの、さらに 26% であるので、0.42×0.26＝0.1092 より **10.92%** となり、15% を下回る。

POINT 2　複数の資料で問われやすい内容

複数の資料で特に聞かれやすい要素を挙げておく。

・余事象：該当する項目の数値が不明でも、「**全体の数値－該当しない項目の数値**」という計算をすることで、求めることができる。なお、複数の資料の問題だけでなく、他の資料の問題でも聞かれることがある。

・最小値：「少なくとも何人いる」のような最小値を聞く選択肢である。国家公務員試験では特に問われることが多く、他の項目の数値を仮定して検討することが多い。**判断推理で学習する最小値の集合の考え方を使って解く**ことになるので、復習しておくとよい。

複数の資料は特に資料の関係性の読み取りに時間がかかることがあるので注意しよう。一方で、非常に単純な出題もあるよ。複数の資料なのに片方の資料だけで選択肢の正誤が判断できるようなものもあるので、そういう問題は解答の時間短縮ができるように心がけよう。

　表Ⅰは、我が国における木材需要量を、表Ⅱは、我が国における用材部門別需要量を示したものである。これらから確実にいえることとして最も妥当なのはどれか。ただし、自給率は、総需要量に占める国内生産の割合である。なお、四捨五入の関係により、合計が一致しない場合がある。　　　　　　　　　（国家専門職　2022 年度）

表Ⅰ　木材需用量（丸太換算）　　　　　　　　　　　　　　　　　　（単位：千 m³）

	2000 年	2009 年	2018 年
用材	99,263	63,210	73,184
燃料材（薪炭材）	940	1,047	9,020
しいたけ原木	803	543	274
合計	101,006	64,799	82,478

表Ⅱ　用材部門別需要量（丸太換算）　　　　　　　　　　（単位：自給率以外は千 m³）

		2000 年	2009 年	2018 年
製材用	総需要量	40,946	23,513	25,708
	国内生産	12,798	10,243	12,563
	輸入	28,148	13,270	13,145
パルプ・チップ用	総需要量	42,186	29,006	32,009
	国内生産	4,749	5,025	5,089
	輸入	37,437	23,981	26,920
合板用	総需要量	13,825	8,163	11,003
	国内生産	138	1,979	4,492
	輸入	13,687	6,184	6,511
その他用	総需要量	2,306	2,528	4,465
	国内生産	337	340	1,536
	輸入	1,969	2,188	2,930
合計	総需要量	99,263	63,210	73,184
	国内生産	18,022	17,587	23,680
	輸入	81,241	45,622	49,505
	自給率	18.2%	27.8%	32.4%

1 2000 年、2009 年、2018 年のうち、木材需要量の合計に占める用材の割合が最も低いのは 2009 年である。

✕　**分数を作って大小比較をする**　「木材需要量の合計に占める用材の割合」は、表Ⅰから読み取れる。2000 年→ 2009 年→ 2018 年の上から 4 桁目を四捨五入して分数にすると $\dfrac{99300}{101000} \to \dfrac{63200}{64800} \to \dfrac{73200}{82500}$ となる。**2000 年も 2009 年もほぼ 1 に近い数字である**一方、**2018 年は 1 よりもある程度小さい数であることが読み取れるので、最も低いのは 2018 年であるとわかる。**

2 2010 ～ 2018 年の燃料材（薪炭材）の需要量の対前年増加率の 9 年間の平均は、100％を超えている。

× **判断できない選択肢**　2009 年に対する 2018 年の増加率であれば計算できるが、それと 9 年間の対前年増加率の平均とは全く関係がないので、判断できない。

....

3 用材のうち、パルプ・チップ用とその他用を合わせた総需要量をみると、2000 年に対する 2009 年の減少率の絶対値は、2009 年に対する 2018 年の増加率の絶対値より小さい。

× **減少率はマイナスの増加率である**　表Ⅱで計算でき、概算すると 2000 年→2009 年→2018 年で 44000 → 32000 → 36000 と変化している。2000 年→2009 年は 12000 の減少であり、基準となる 44000 の 10％ は 4400、30％ は 4400×3＝13200 なので、12000 の減少は **30％ 弱の減少率**である。一方、2009 年→2018 年は 4000 の増加であり、基準となる 32000 の 10％ は 3200、20％ は 3200×2＝6400 なので、4000 の増加は **20％ 未満の増加率**である。したがって、2000 年→2009 年の減少率の絶対値のほうが大きい。

....

4 用材のうち、製材用と合板用を合わせた自給率をみると、2000 年、2009 年、2018 年の中で、4 割を超えている年がある。

○ **4 割を超えそうな年に当たりをつける**　表Ⅱより、2018 年に当たりをつける。2018 年の総需要量の合計を概算すると、25700＋11000＝36700 であり、その 4 割は 36700×0.4＝**14680** である。一方、製材用と合板用の国内生産の合計は 12600＋4500＝**17100** であり、4 割を超えていることがわかる。

....

5 2000 年と 2018 年の自給率を用材部門別にみると、四つの部門のうち、2018 年の方が自給率が低い部門がある。

× **検討する際は後回しにすべき**　部門別の自給率は **4** のように計算が必要であり、手間がかかるので、本選択肢は原則後回しがよい。

表Ⅱから $\dfrac{\text{国内生産}}{\text{総需要量}}$ に着目すると、2000 年と 2018 年の製材用は $\dfrac{12798}{40946}$ と $\dfrac{12563}{25708}$、

パルプ・チップ用は $\dfrac{4749}{42186}$ と $\dfrac{5089}{32009}$、合板用は $\dfrac{138}{13825}$ と $\dfrac{4492}{11003}$、その他用は

$\dfrac{337}{2306}$ と $\dfrac{1536}{4465}$ であり、いずれも 2018 年のほうが大きい。

STEP3 過去問にチャレンジ！

問題1

消防官Ⅰ類（2022年度）

下の資料は、ある地域における、昭和60年から平成27年までの人口及び世帯数の推移を5年ごとに調査した資料である。この資料から判断できるア〜ウの記述の正誤の組合わせとして、最も妥当なのはどれか。

人口の推移

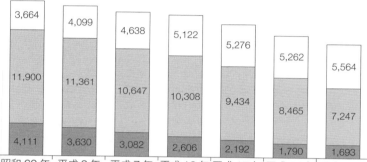

	昭和60年	平成2年	平成7年	平成12年	平成17年	平成22年	平成27年
65歳以上	3,664	4,099	4,638	5,122	5,276	5,262	5,564
15〜64歳	11,900	11,361	10,647	10,308	9,434	8,465	7,247
15歳未満	4,111	3,630	3,082	2,606	2,192	1,790	1,693

■15歳未満　■15〜64歳　□65歳以上　　（単位：人）

世帯数の推移

	昭和60年	平成2年	平成7年	平成12年	平成17年	平成22年	平成27年
世帯数	6,551	6,608	6,717	6,935	6,784	6,468	6,250

（単位：世帯）

ア　世帯人数（1世帯当たりの人数）は、平成17年以降ずっと2人を下回っている。
イ　総人口に占める65歳以上の割合は、調査年のたびに増加している。
ウ　総人口に占める15歳未満の割合は、調査年のたびに減少している。

```
　　　ア　　イ　　ウ
1　　正　　正　　誤
2　　正　　誤　　正
3　　誤　　誤　　正
4　　誤　　正　　正
5　　誤　　正　　誤
```

➡解答・解説は別冊P.072

問題2

次のグラフは、平成26年度から平成30年度の全産業（金融業、保険業を除く）の経常利益及び売上高経常利益率の推移を示したものである。このグラフからいえることとして、最も妥当なのはどれか。なお、売上高経常利益率は、売上高に対する経常利益の割合である。

（億円）／（%）

- 全産業（金融業、保険業を除く）の経常利益
- 全産業（金融業、保険業を除く）の売上高経常利益率

平成26年度 645,861 4.5
平成27年度 682,201 4.8
平成28年度 749,872 5.2
平成29年度 835,543 5.4
平成30年度 839,177 5.5

1 全産業（金融業、保険業を除く）の売上高は、どの年度も1,500兆円を上回っている。
2 平成26年度から平成30年度の全産業（金融業、保険業を除く）の経常利益の合計は、400兆円を上回っている。
3 平成27年度の全産業（金融業、保険業を除く）の経常利益は、平成26年度のそれよりも10%以上増加している。
4 平成29年度の全産業（金融業、保険業を除く）の売上高は、平成26年度のそれよりも多い。
5 平成28年度の全産業（金融業、保険業を除く）の経常利益の対前年増加率は、平成29年度のそれよりも大きい。

→解答・解説は別冊P.073

問題3

消防官Ⅰ類（2017年度）

下のグラフはサービス産業の月間売上高推移並びに対前年同月比をまとめたものである。このグラフから判断できることとして、最も妥当なのはどれか。

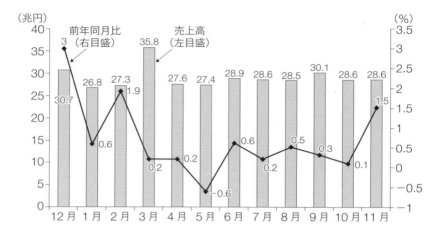

1　グラフ中の期間の平均売上高は30兆円を超えている。

2　3月における対前月売上高増加率は、本年が前年を上回っている。

3　前年の10月と11月の売上を比較すると、11月の方が大きい。

4　グラフ中の期間において、前年の売上高を月別に見たときに売上高が最も小さかったのは5月である。

5　グラフ中の期間において、前年と比べて売上高が最も増加した月は12月である。

➡解答・解説は別冊 P.074

問題 4

下の資料は、ある都市の企業に対して、テレワークの導入状況に関するアンケート調査を行った結果で、帯グラフは、企業の従業員規模別の割合をまとめたものである。この資料から判断できることとして、最も妥当なのはどれか。ただし、資料中の数値は小数点以下第 2 位を四捨五入しているため、100% とならない場合がある。

令和元年

導入している 25.1%
今後予定あり 20.5%
導入予定なし 54.4%

※回答企業数：2,068 社

令和 2 年

導入予定なし 25.8%
導入している 57.8%
今後予定あり 16.4%

※回答企業数：2,034 社

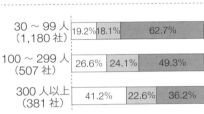

30 ～ 99 人
（1,180 社） 19.2% 18.1% 62.7%

100 ～ 299 人
（507 社） 26.6% 24.1% 49.3%

300 人以上
（381 社） 41.2% 22.6% 36.2%

□導入している ■今後予定あり ■導入予定なし

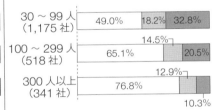

30 ～ 99 人
（1,175 社） 49.0% 18.2% 32.8%

100 ～ 299 人
（518 社） 65.1% 14.5% 20.5%

300 人以上
（341 社） 76.8% 12.9% 10.3%

□導入している ■今後予定あり ■導入予定なし

1 令和元年の 30~99 人規模のテレワークを導入している企業数は、300 人以上規模のテレワークを導入している企業数より少ない。

2 令和 2 年の 100~299 人規模の企業において、テレワークを導入していない企業数は、100 社以上 150 社未満である。

3 300 人以上規模の企業において、テレワークを導入している企業数は、令和元年から令和 2 年にかけて 150 社以上増えた。

4 令和 2 年のテレワークを導入している全体の企業数は、令和元年のテレワークを導入予定なしの全体の企業数を上回っている。

5 令和元年のテレワークを導入していない企業は 75% 未満であったが、令和 2 年のテレワークを導入していない企業は 50% 未満であり、企業の従業員規模別に見ても 50% 未満である。

➡解答・解説は別冊 P.075

問題 5

消防官Ⅰ類（2022年度）

下の資料は、消防団員数及び女性消防団員の割合の推移と消防団員の年齢構成比率の推移をまとめたものである。この資料から判断できることとして、最も妥当なのはどれか。ただし、資料中の数値は小数点以下第2位を四捨五入しているため、100%とならない場合がある。

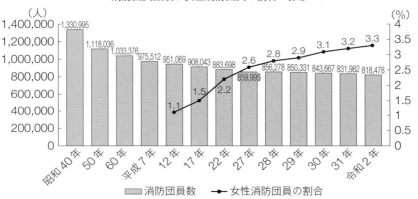

消防団員数及び女性消防団員の割合の推移

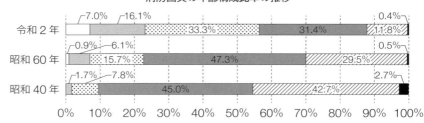

消防団員の年齢構成比率の推移

1 消防団員数は年々減り続け、令和2年は昭和40年の半分以下の人数になった。
2 女性消防団員数は年々増え続け、令和2年は平成12年より20,000人以上増えた。
3 昭和40年に比べて昭和60年の消防団員数が最も減った年齢は20～29歳であり、昭和60年と令和2年を比べても消防団員数が最も減った年齢は同じである。
4 令和2年の30～49歳の女性消防団員数は、15,000人を超えている。
5 令和2年の29歳以下の消防団員数は、昭和40年の29歳以下の消防団員数に比べると450,000人以上減った。

→解答・解説は別冊 P.076

問題 6

次の図表から正しくいえるのはどれか。

貯蓄の種類別貯蓄現在高（二人以上の世帯）

貯蓄の種類別貯蓄現在高（2016 年）　　（単位：万円）

通貨性預貯金	定期性預貯金	有価証券	生命保険など
412	727	265	378

貯蓄の種類別貯蓄現在高の**対前年増加率**の推移

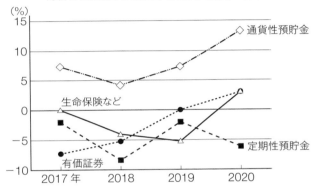

1　2016 年における有価証券の貯蓄現在高を 100 としたとき、2018 年における有価証券の貯蓄現在高の指数は 85 を下回っている。

2　2017 年における生命保険などの貯蓄現在高と定期性預貯金の貯蓄現在高との差は、350 万円を上回っている。

3　2017 年から 2019 年までの 3 か年における定期性預貯金の貯蓄現在高の累計は、2,000 万円を下回っている。

4　2018 年から 2020 年までの 3 か年における通貨性預貯金の貯蓄現在高の年平均は、2017 年における有価証券の貯蓄現在高を下回っている。

5　2020 年についてみると、通貨性預貯金の貯蓄現在高に対する生命保険などの貯蓄現在高の比率は、0.6 を上回っている。

➡解答・解説は別冊 P.077

問題7

東京都Ⅰ類（2021 年度）

次の図から正しくいえるのはどれか。

富士山登山者数の状況

全登山者数の対前年増加率の推移

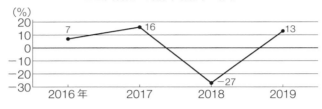

登山道別登山者数の構成比の推移

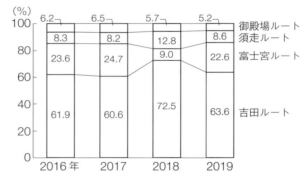

1 2015 年から 2018 年までの各年についてみると、富士山登山者の全登山者数が最も少ないのは 2015 年である。

2 2016 年から 2018 年までの各年についてみると、吉田ルートの登山者数に対する御殿場ルートの登山者数の比率は、いずれの年も 0.1 を上回っている。

3 富士宮ルートについてみると、2016 年から 2018 年までの 3 か年の登山者数の年平均は、2019 年の登山者数を下回っている。

4 須走ルートについてみると、2017 年の登山者数は、2019 年の登山者数を下回っている。

5 吉田ルートについてみると、2017 年の登山者数を 100 としたとき、2019 年の登山者数の指数は、95 を上回っている。

→解答・解説は別冊 P.078

問題 8

次の図から正しくいえるのはどれか。

東京都における献血状況

献血者総数の**対前年度増加率**の推移

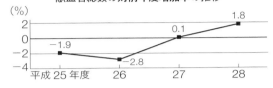

献血方法別の献血者数の構成比の推移

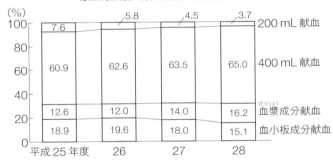

1　平成 24 年度から 27 年度までの各年度についてみると、献血者総数が最も少ないのは 27 年度である。

2　平成 25 年度から 27 年度までの各年度についてみると、400mL 献血の献血者数に対する血漿成分献血の献血者数の比率は、いずれの年度も 0.2 を下回っている。

3　血小板成分献血についてみると、平成 26 年度から 28 年度までの 3 か年度の献血者数の年度平均は、25 年度の献血者数を上回っている。

4　400mL 献血についてみると、平成 27 年度の献血者数は、25 年度の献血者数を上回っている。

5　200mL 献血についてみると、平成 26 年度の献血者数を 100 としたとき、27 年度の献血者数の指数は 70 を下回っている。

➡解答・解説は別冊 P.080

問題 9

国家一般職（2021 年度）

表Ⅰは、余暇の過ごし方について、現状一番多くしていること（「現状一番目」）・将来したいこと（「将来」）を、若年層、中年層、高年層の三つの年層別に、1973 年と 2018 年で比較したものであり、表Ⅱはその回答者数である。これらからいえることとして最も妥当なのはどれか。

表Ⅰ　年層別余暇の過ごし方（現状一番目・将来）　　　　　（%）

質問項目	若年層(16 ～ 29 歳)			中年層(30 ～ 59 歳)			高年層（60 歳以上）		
	現状一番目		将来	現状一番目		将来	現状一番目		将来
	1973年	2018年	2018年	1973年	2018年	2018年	1973年	2018年	2018年
好きなことをして楽しむ	54	56	42	38	43	43	39	47	45
友人や家族との結びつきを深める	13	18	20	12	23	21	9	12	17
体をやすめて、あすに備える	15	15	6	31	22	6	31	17	8
知識を身につけたり、心を豊かにする	9	3	17	11	6	15	9	9	13
運動をして、体をきたえる	7	7	11	4	6	7	4	12	7
世の中のためになる活動をする	1	0	3	2	1	6	3	2	7

（注）　四捨五入等の関係により、割合の合計が 100%にならない場合がある。

表Ⅱ　回答者数　　　（単位：人）

	若年層	中年層	高年層
1973 年	1,244	2,392	607
2018 年	270	1,185	1,296

1　若年層で、1973 年に現状一番多くしていることを「知識を身につけたり、心を豊かにする」と答えた者の数は、高年層で、2018 年に将来したいことを「知識を身につけたり、心を豊かにする」と答えた者の数より多い。

2　高年層で、1973 年に現状一番多くしていることを「体をやすめて、あすに備える」と答えた者の数は、高年層で、2018 年に将来したいことを「体をやすめて、あすに備える」と答えた者の数より少ない。

3　1973 年に現状一番多くしていることと、2018 年に現状一番多くしていることを比較した際に、全ての年層で 5%ポイント以上の差がある質問項目は、「友人や家族との結びつきを深める」である。

4　2018 年に、現状一番多くしていることを「好きなことをして楽しむ」と答えた者の数は、2018 年の全回答者の 5 割を超えている。

5　中年層で、1973 年に現状一番多くしていることと、2018 年に将来したいことを、質問項目別に比較した際に、両者の人数の差が最も大きいのは、「体をやすめて、あすに備える」である。

➡解答・解説は別冊 P.081

問題 10

図は、ある国における高齢化の推移と将来推計を示したものである。これから確実にいえるのはどれか。

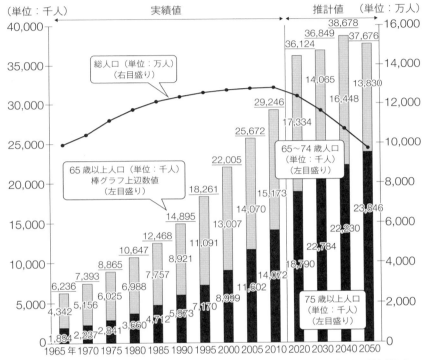

（注）四捨五入のため、65～74歳人口と75歳以上人口の合計が65歳以上人口と一致しない場合がある。

1　総人口に占める 65 歳以上人口の割合は、2040 年までは増加を続けるが、2050 年以降には減少に転じると推計されている。

2　1965 年における総人口に占める 75 歳以上人口の割合は、1 割を上回っている。

3　1995 年、2000 年、2005 年のいずれの年も、65 ～ 74 歳人口は 75 歳以上人口の 1.3 倍を上回っている。

4　2010 年における 65 歳以上人口の 2005 年からの増加率は、1985 年における 65 歳以上人口の 1980 年からの増加率より大きい。

5　2010 年と比較して、2050 年における 65 歳以上人口は 1.2 倍以上に増加し、75 歳以上人口は 1.6 倍以上に増加すると推計されている。

→解答・解説は別冊 P.082

問題 11

国家専門職（2021 年度）

図は、ある年のある集団において、5 ～ 17 歳の各年齢別にむし歯の状況を示したものである。これからいえることとして最も妥当なのはどれか。ただし、この集団の各年齢の人数は同じであるものとする。

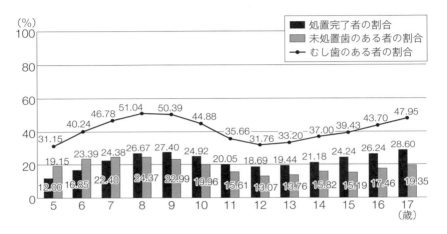

1 6 ～ 17 歳において、1 歳下の年齢と比較してむし歯のある者の割合が大きい年齢では、未処置歯のある者の割合も同様に大きい。

2 むし歯のある者の割合について、1 歳下の年齢と比較した場合の変化率をみると、16 歳における変化率と 17 歳における変化率は等しい。

3 5 ～ 17 歳の各年齢におけるむし歯のある者の割合について、それらの平均をとると 40％を上回る。

4 歯磨きを最も頻繁に行っている年齢は 12 歳で、最も行っていない年齢は 8 歳である。

5 12 歳で未処置歯のある者の割合は、およそ 4％である。

➡解答・解説は別冊 P.083

問題 12

国家一般職（2018 年度）

図は、ある国の国営銀行・民間銀行の債権総額と不良債権率の推移を示したものである。これから確実にいえるのはどれか。なお、不良債権率とは、不良債権額が債権総額に占める割合をいう。

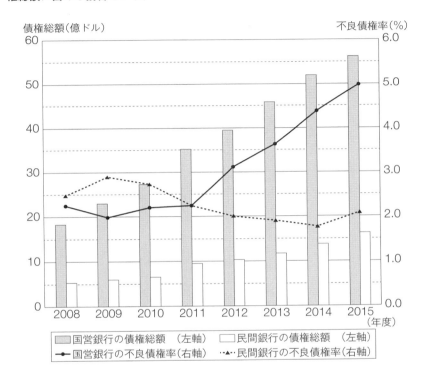

1 2008 ～ 2011 年度の間、いずれの年度も、民間銀行の不良債権額は、国営銀行の不良債権額を上回っている。

2 2008 ～ 2015 年度のうち、民間銀行の不良債権額が最大なのは 2009 年度である。

3 2010 ～ 2015 年度の間、いずれの年度も、国営銀行において、債権総額の対前年度増加率は、不良債権額の対前年度増加率を上回っている。

4 国営銀行と民間銀行とを合わせると、2012 年度の不良債権額が債権総額に占める割合は、2011 年度のそれを上回っている。

5 国営銀行と民間銀行とを合わせると、2012 年度の不良債権額は、2013 年度のそれを上回っている。

➡解答・解説は別冊 P.084

問題 13

国家一般職（2019年度）

図は、漁港背後集落の人口と高齢化率（漁港背後集落及び全国）の推移を、表は、2017年における漁港背後集落の状況を示したものである。これらから確実にいえるのはどれか。

図　漁港背後集落の人口と高齢化率の推移

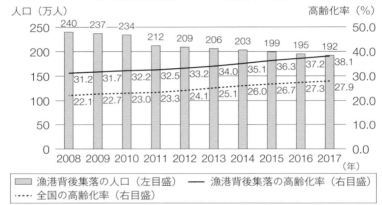

表 漁港背後集落の状況（2017年）

漁港背後集落総数	離島地域・半島地域・過疎地域のいずれかに指定されている地域			
		うち離島地域	うち半島地域	うち過疎地域
4,130	3,177	786	1,421	2,802

1 2017年の漁港背後集落の人口は、2008年と比べて25%以上減少している。

2 2013年からみた2017年の漁港背後集落の高齢者の増加数は、1.8万人以下である。

3 2008〜2017年の各年について、漁港背後集落と全国の高齢化率（%）の差は、一貫して9ポイント以上であるが、2016年に初めて10ポイントを超えた。

4 2017年の漁港背後集落のうち、離島地域、半島地域、過疎地域のいずれか一つのみに指定されている集落数の合計は1,300以上である。

5 2017年の漁港背後集落のうち、離島地域には36万人が、半島地域には66万人が居住している。

→解答・解説は別冊 P.086

問題 14

図は、1996〜2016年のオリンピック競技大会における、男女別の我が国のメダル獲得数及び男女それぞれの獲得したメダルに占める金メダルの割合を示したものであり、表は、これらの大会における我が国のメダル獲得数を種類別に示したものである。これらから確実にいえるのはどれか。なお、これらの大会において、男女混合種目ではメダルを獲得していない。

図　男女別メダル獲得数及び獲得したメダルに占める金メダルの割合

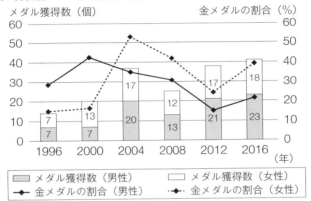

表 種類別メダル獲得数　　　　　　　　　　　　　　　　　（単位：個）

	1996年	2000年	2004年	2008年	2012年	2016年
金メダル	3	5	16	9	7	12
銀メダル	6	8	9	8	14	8
銅メダル	5	7	12	8	17	21

1　1996〜2016年について金メダルの獲得数を男女別に比較すると、1996年は男性の方が多かったが、2000年以降は一貫して女性の方が多かった。

2　1996〜2016年についてみると、獲得したメダルに占める銀メダルの割合が最も低かったのは1996年で、最も高かったのは2012年である。

3　1996〜2016年について金メダルの獲得数を男女別にみると、最も多かったのは男性も女性も2016年である。

4　2000年の女性のメダル獲得数についてみると、銀メダルと銅メダルをそれぞれ少なくとも3個以上獲得している。

5　2012年の男性のメダル獲得数についてみると、銀メダルと銅メダルをそれぞれ少なくとも5個以上獲得している。

→解答・解説は別冊P.087

問題 15

国家一般職（2022年度）

図Ⅰ、図Ⅱ、図Ⅲは、ある地域における音楽コンサート（以下「音楽」という。）と舞台パフォーマンス（以下「舞台」という。）の公演回数の推移、音楽と舞台の市場規模の推移、音楽と舞台のジャンル別市場規模構成比をそれぞれ示したものである。これらから確実にいえることとして最も妥当なのはどれか。

図Ⅰ 音楽と舞台の公演回数の推移（2012 ～ 2019 年）

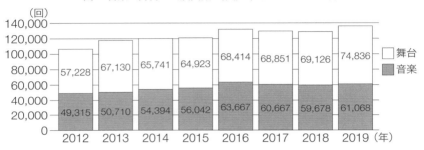

図Ⅱ 音楽と舞台の市場規模の推移（2012 ～ 2019 年）

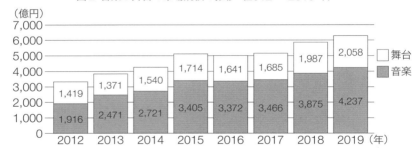

図Ⅲ 音楽と舞台のジャンル別市場規模構成比（2019 年）

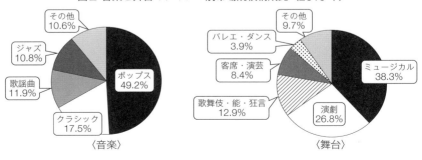

1 2013 ～ 2019 年の「音楽」と「舞台」の合計をみると、公演回数が前年より増加している年では、市場規模も前年より増加している。
2 2013 ～ 2019 年の「舞台」の公演回数のうち、対前年増加率が5%を超える年は、1 年のみである。
3 2012 年に対する 2019 年の市場規模の増加率は、「音楽」の方が「舞台」よりも大きい。
4 2019 年についてみると、「ポップス」の市場規模は「ミュージカル」の市場規模の 4 倍よりも多い。
5 2019 年の「音楽」におけるジャンル別市場規模をみると、「クラシック」の方が「歌謡曲」よりも 300 億円以上多い。

➡解答・解説は別冊 P.088

問題 16

図Ⅰ、Ⅱは、1986 年を 1 とした場合の、A国における男性の家事及び育児に従事した者の割合の推移とA国における男性の家事及び育児の総平均従事時間（1 日当たり）の推移を、図Ⅲは、A国の 2011 年における男性 1 人当たりの家事の行動の種類別総平均時間（1 日当たり）を示したものである。これらから確実にいえるのはどれか。

図Ⅰ　男性の家事及び育児に従事した者の割合の推移

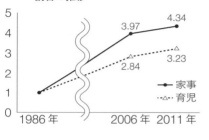

図Ⅱ　男性の家事及び育児の総平均従事時間の推移

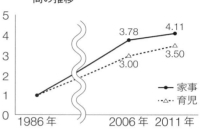

図Ⅲ　2011 年における男性の家事の行動の種類別総平均時間

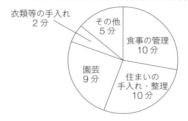

1　1986 年における男性の家事の総平均従事時間は、10 分以下である。

2　2006 年における男性の育児の総平均従事時間は、10 分以上である。

3　2011 年に男性が「食事の管理」に従事した総平均時間は、1986 年のそれの 4 倍以上である。

4　2011 年に育児に従事した男性の割合は、1986 年に家事に従事した男性の割合よりも高い。

5　家事に従事した男性に限ると、2011 年の家事の平均従事時間は、1986 年のそれの 4 倍以上である。

→解答・解説は別冊 P.089

問題 17

国家専門職（2018 年度）

図Ⅰは児童相談所における児童虐待に関する相談対応件数の推移を、図Ⅱはその相談種別構成割合の推移を示したものである。これらから確実にいえるのはどれか。

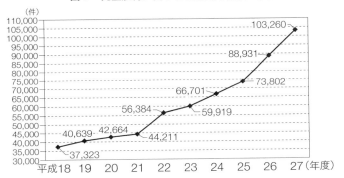

図Ⅰ　児童虐待に関する相談対応件数の推移

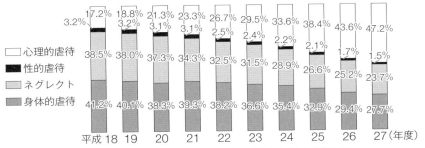

図Ⅱ　児童虐待に関する相談種別構成割合

（注）四捨五入の関係により構成割合の合計が100％にならない場合がある。

1　平成 19 ～ 27 年度における相談対応件数は、いずれの年度においても前年度と比べて 1.2 倍未満である。
2　平成 19 年度のネグレクトの相談対応件数は、平成 23 年度のそれより少ない。
3　平成 22 年度の身体的虐待の相談対応件数の対前年度増加率は、平成 23 年度のそれより小さい。
4　平成 27 年度の性的虐待の相談対応件数は、平成 20 年度のそれの 1.5 倍を上回っている。
5　平成 27 年度の心理的虐待の相談対応件数は、平成 24 年度のそれに比べ、3 万件以上増加している。

→解答・解説は別冊 P.090

問題 18

国家一般職（2019年度）

図Ⅰ、Ⅱは、ある地域における防災に関する意識調査の結果を示したものである。これらから確実にいえるのはどれか。

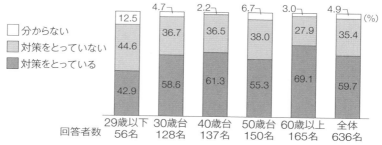

図Ⅰ　災害対策について

凡例：
- □ 分からない
- 対策をとっていない
- 対策をとっている

	29歳以下 56名	30歳台 128名	40歳台 137名	50歳台 150名	60歳以上 165名	全体 636名
分からない	12.5	4.7	2.2	6.7	3.0	4.9
対策をとっていない	44.6	36.7	36.5	38.0	27.9	35.4
対策をとっている	42.9	58.6	61.3	55.3	69.1	59.7

回答者数（単位：%）

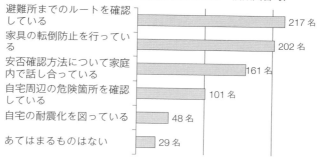

図Ⅱ　具体的な対策内容
（「対策をとっている」と回答した者のみ・複数回答可）

避難所までのルートを確認している	217名
家具の転倒防止を行っている	202名
安否確認方法について家庭内で話し合っている	161名
自宅周辺の危険箇所を確認している	101名
自宅の耐震化を図っている	48名
あてはまるものはない	29名

1 「対策をとっていない」と回答した者のうち、39歳以下が占める割合は、50%を超えている。

2 29歳以下で「対策をとっている」と回答した者は、50歳台で「分からない」と回答した者より少ない。

3 調査に回答した者全体のうち、「避難所までのルートを確認している」と回答した者が占める割合は、30%より少ない。

4 「対策をとっている」と回答した者のうち、「あてはまるものはない」と回答した者以外は全員複数回答をしている。

5 「対策をとっている」と回答した者のうち半数以上は、「家具の転倒防止を行っている」と回答した。

→解答・解説は別冊 P.091

問題 19

図Ⅰ、Ⅱは、職業ごとの従事者数及び男女比、職業ごとの従事者に占める未婚者の割合（男女別）についての調査の結果を示したものである。これらから確実にいえるのはどれか。ただし、複数の職業に従事している者はいないものとする。なお、既婚とは未婚ではないことを指す。

図Ⅰ　従事者数及び男女比

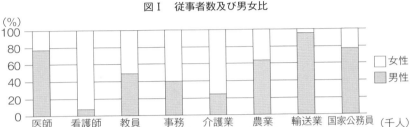

図Ⅱ　従事者に占める未婚者の割合（男女別）

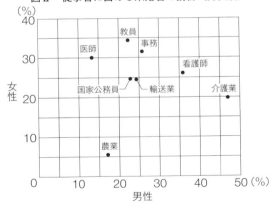

1　未婚の男性の教員の人数は、既婚の女性の農業の人数よりも多い。
2　既婚の女性の医師の人数は、未婚の男性の医師と未婚の男性の看護師を合わせた人数よりも多い。
3　八つの職業についてみると、未婚の男性の人数が最も多いのは、輸送業である。
4　男女を合わせた未婚率についてみると、医師は介護業よりも低い。
5　八つの職業についてみると、男女を合わせた未婚率が最も高いのは、国家公務員である。

➡解答・解説は別冊 P.092

問題 20

国家専門職（2020 年度）

図は、2014 ～ 2018 年におけるある国を訪れた旅行者数（左軸、棒グラフ）及び
その旅行者による旅行消費総額（右軸、線グラフ）を示したものであり、表は、
2014、2016、2018 年における旅行消費額を国別・費目別に示したものである。
これらから確実にいえるのはどれか。

図　旅行者数及び旅行消費総額

（注）四捨五入のため、旅行者数の各項目の合計が全体の合計と一致しない場合がある。

表 旅行者の費目別旅行消費額 (億円)

国	年	旅行消費総額	宿泊費	飲食費	買物代	その他
A国	2014	2,090	684	528	555	323
	2016	3,577	1,124	908	996	549
	2018	5,881	1,880	1,502	1,626	873
B国	2014	5,583	1,076	951	3,070	486
	2016	14,754	2,812	2,482	7,832	1,628
	2018	15,450	3,100	2,619	8,110	1,621
C国	2014	3,544	1,048	715	1,316	465
	2016	5,245	1,402	1,109	1,964	770
	2018	5,817	1,585	1,275	2,115	842
D国	2014	1,370	425	294	478	173
	2016	2,947	763	636	1,147	401
	2018	3,358	988	801	1,096	473
その他	2014	7,691	2,866	1,823	1,727	1,275
	2016	10,953	4,039	2,439	2,322	2,153
	2018	14,683	5,659	3,586	2,816	2,622

(注) 四捨五入のため、図の旅行消費総額が表の旅行消費総額の合計と一致しない場合がある。

1 2014年のA国、B国、C国、D国からの旅行者の旅行消費総額に占める宿泊費の割合は、いずれも30%を超えている。

2 2014年の旅行者1人当たりの飲食費は、A国からの旅行者の方がB国からの旅行者より多い。

3 2018年のA国、B国、C国、D国からの旅行者の買物代の合計は、それぞれの旅行消費総額の合計の50%以上を占めている。

4 2014、2016、2018年のうち、旅行消費総額の合計におけるB国の占める割合が最も高いのは、2016年である。

5 2015〜2018年における、A国からの旅行者数の対前年増加率は、2017年が最も高い。

→解答・解説は別冊P.094

問題 21

国家一般職（2021 年度）

図Ⅰ、Ⅱ、Ⅲは、我が国における外国人労働者数及び国籍別割合の推移、外国人労働者数の産業別割合、外国人労働者数の産業別・国籍別割合をそれぞれ示したものである。これらからいえることとして最も妥当なのはどれか。ただし、国籍別割合で示されている「その他」に含まれる国の国籍については、考えないものとする。また、図において、四捨五入の関係により、割合の合計が 100％にならない場合がある。

図Ⅰ　外国人労働者数及び国籍別割合の推移

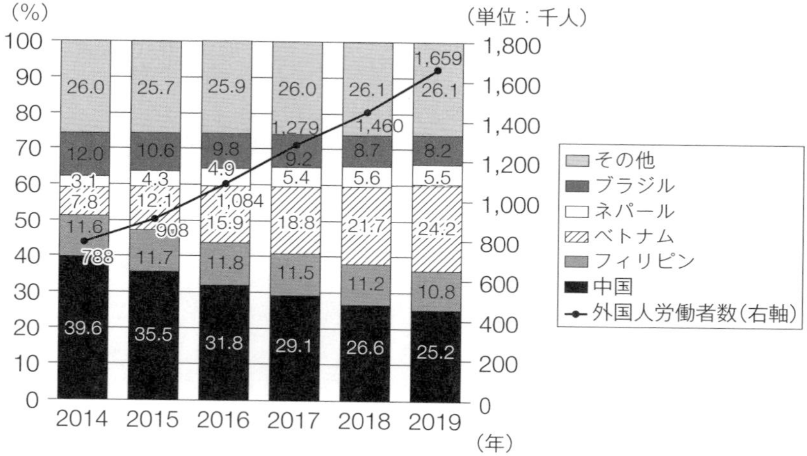

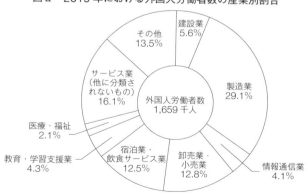

図Ⅱ　2019 年における外国人労働者数の産業別割合

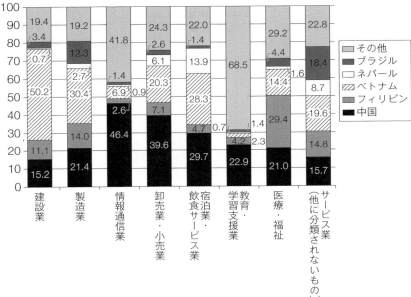

図Ⅲ　2019年における外国人労働者数の産業別・国籍別割合

1　2015年から2019年にかけて、外国人労働者数に占める中国国籍の労働者数の割合は低下し続けており、中国国籍の労働者数は全ての年で前年を下回った。

2　国籍別の外国人労働者数について、各年の上位3国籍の労働者数の合計をみると、2019年は2014年の5倍以上である。

3　2014年と2018年を比較して国籍別の外国人労働者数の増加率をみると、ベトナム国籍の労働者数の増加率はネパール国籍の労働者数の増加率の5倍以上である。

4　2019年における医療・福祉に従事するフィリピン国籍の労働者数は、同年の卸売業・小売業に従事するブラジル国籍の労働者数の半分より少ない。

5　2019年において、建設業ではベトナム国籍の労働者数が占める割合が最も高いが、ベトナム国籍の労働者数のうち建設業に従事する労働者数の割合は2割に満たない。

→解答・解説は別冊P.095

問題 22

国家専門職（2020年度）

図Ⅰ、Ⅱ、Ⅲは、ある国の1年間の食品廃棄物及び食品ロス等の状況を示したものである。これらから**確実に**いえるのはどれか。

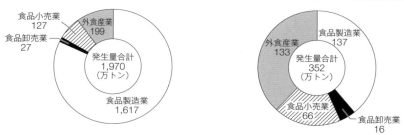

図Ⅰ　食品廃棄物等の発生状況等

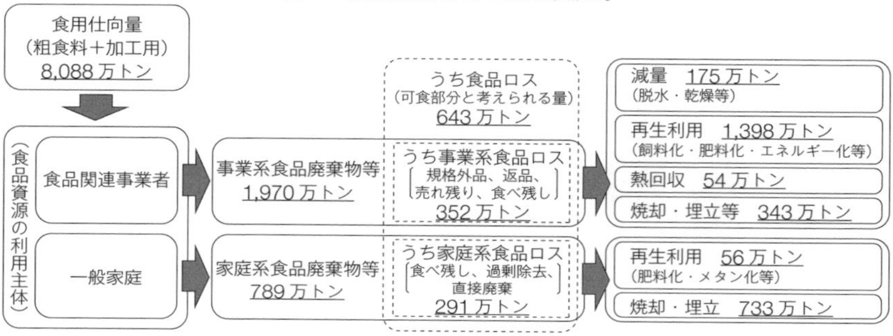

図Ⅱ　事業系食品廃棄物等の業種別内訳　　図Ⅲ　事業系食品ロスの業種別内訳

1　家庭系食品廃棄物等に占める食品ロスの割合は、事業系食品廃棄物等に占める食品ロスの割合の3倍を超えている。

2　事業系食品ロスと家庭系食品ロスの合計は、国民1人1日当たり約30グラムである。

3　食品製造業と外食産業から発生する食品ロスは、家庭系食品ロスより多い。

4　事業系食品廃棄物等と家庭系食品廃棄物等の合計は、食用仕向量の3割を超え、また、5割以上が再生利用されている。

5　事業系食品廃棄物等に占める食品ロスの割合を業種別にみると、食品卸売業が最も低い。

➡解答・解説は別冊 P.097

CHAPTER

さまざまな資料

SECTION1 　さまざまな資料の検討

この章で学ぶこと

⬤ 単位量あたりの資料は国家公務員試験中心に対策すべし

　単位量あたりの資料は、資料の項目の一部に「人口１人あたりの医師数」のような数値が示されたものです。地方公務員試験ではほとんど出てくることはありませんが、国家公務員試験では資料として登場することもあります。この手の資料が出てくると、通常は**分数を作って式変形をする**流れになることが多いので、定番の検討方法として覚えておくとよいでしょう。

　ちなみに、単位量あたりの話は、選択肢の記述であれば国家・地方を問わず出題されることがあるので注意してください。

⬤ 三角グラフは特に国家公務員試験の志望度が高い受験生は準備すべし

　一見、見慣れないグラフが登場することもあります。その顕著な例として、**三角グラフ（三角図表）**が挙げられるでしょう。正三角形のグラフに点が打たれたもので、初見の場合はそもそも読み取り方がわからないというケースが多いと思われます。逆にいえば、読み取り方さえわかっていれば、選択肢自体は非常に単純で、あっさり解けるケースが多いです。資料の読み取りやすさ・読み取りにくさと選択肢の検討しやすさ・検討しにくさは反比例することが多いので注意しておくとよいでしょう。

　他にもさまざまなグラフが登場しますが、特殊な形態のグラフを出題するのはだいたいが国家公務員試験なので、国家公務員の志望度が高い場合は、対策しておいたほうがいいでしょう。

⬤ フローチャートやレーダーチャートも国家公務員試験では出題されることがある

　本書では全てを紹介することができませんが、資料解釈で登場する資料の形態は多数存在します。例えば矢印で数量の移動を表した**フローチャート**、放射状のグラフに多角形を作って各項目の数値を表した**レーダーチャート**なども国家公務員試験では出題されたことがあります。これらは間違えやすいポイントがあるため、過去問演習で登場した場合は、注意するとよいでしょう。前述のとおり、見慣れない資料であるほど、選択肢があっけなく検討できることも多いので、毛嫌いせずに検討してみましょう。

国家一般職

　単位量あたりの資料や、さまざまな形態の資料は一定の頻度で出題されています。問題自体の難易度はそこまで高くないこともあるので、可能な限り準備しておいて、仮に出題された場合は、単純な問題であれば解けるようにしておきましょう。

国家専門職

　国家一般職と同様の傾向です。特に三角グラフなどは数年に一度のペースで定期的に出題されています。読み取りさえできれば選択肢は非常に単純なので、事前準備をしっかりしておきましょう。

地方上級

　本章の内容はまず出題されることがないので、基本的に気にする必要はないでしょう。ただし、単位量あたりの資料だけは、学習しておくと選択肢を検討する際に役に立つことがあります。

裁判所職員

　国家公務員試験ではありますが、本章の内容はまず出題されません。ただし、単位量あたりの資料だけは学習しておくとよいでしょう。

東京都Ⅰ類

　本章の内容はまず出題されることがないので、基本的に気にする必要はないでしょう。ただし、単位量あたりの資料だけは、学習しておくと選択肢を検討する際に役に立つことがあります。

特別区Ⅰ類

　昔をさかのぼると、三角グラフが出ていたこともありますが、近年は全く出題されていません。他の試験種と同様、単位量あたりの資料だけは学習しておくと役に立つでしょう。

市役所

　本章の内容はまず出題されることがないので、基本的に気にする必要はないでしょう。ただし、単位量あたりの資料だけは、学習しておくと選択肢を検討する際に役に立つことがあります。

1 さまざまな資料の検討

STEP 1 要点を覚えよう！

POINT 1 単位量あたりの資料

「人口1万人あたりの病院数」のような**単位量あたりの割合**が数値で示された資料である。選択肢の記述として問われることも多いが、直接数値として資料に掲載されることもある。

CHAPTER1・SECTION1でも学習したように、単位量あたりの数値も割合なので、**分数を作る**ことが必要である。「あたりの」の直前に書かれた項目がもとにする量（基準）なので、例えば「**人口1万人あたりの病院数**」は $\dfrac{病院数}{人口}$ という分数に変えて、その後は**式を変形しながら選択肢を検討する**のが検討の流れの定番である。

> 原則として聞かれるのは大小比較なので、人口1万人でも何人でも $\dfrac{病院数}{人口}$ にして大丈夫。でも、数値を直接聞くような選択肢が出てきた場合は、単位もふまえて $\dfrac{病院数}{人口〔万人〕}$ で検討しないといけないから注意しよう。

例 以下はある商店の1日の売上と来客数を示している。

売上〔千円〕	来客数〔人〕
1,400	70

A 来客数1人あたりの売上はいくらか。
B 売上1千円あたりの来客数はいくらか。
C 売上1万円あたりの来客数はいくらか。

A について 分数にすると $\dfrac{売上}{来客数〔人〕}$ なので、$\dfrac{1400}{70}=20$〔千円〕となる。

B について 分数にすると $\dfrac{来客数〔人〕}{売上〔千円〕}$ なので、$\dfrac{70}{1400}=\dfrac{1}{20}$〔人〕、小数にすると0.05人となる。

C について 分数にすると $\dfrac{来客数〔人〕}{売上〔万円〕}$ なので、1400〔千円〕＝140〔万円〕であり、$\dfrac{70}{140}=\dfrac{1}{2}$〔人〕、小数にすると0.5人となる。

例　以下はある商店の1日の売上をまとめたものである。

従業員1人あたりの売上〔万円〕	売上1万円あたりの来客数〔人〕
3	6

このとき、従業員1人あたりの来客数は何人か。

「従業員1人あたりの来客数」は直接資料に書かれていないが、式変形することで求められる。資料の項目を分数にすると、「従業員1人あたりの売上〔万円〕」は $\dfrac{売上〔万円〕}{従業員数〔人〕}$、「売上1万円あたりの来客数〔人〕」は $\dfrac{来客数〔人〕}{売上〔万円〕}$ となる。これをかけ算すれば $\dfrac{売上〔万円〕}{従業員数〔人〕}×\dfrac{来客数〔人〕}{売上〔万円〕}=\dfrac{来客数〔人〕}{従業員数〔人〕}$ となるので、「従業員1人あたりの来客数」は $3×6=18$〔人〕となる。

POINT 2　さまざまな形態の資料

(1) 三角グラフ（三角図表）

正三角形の中に点が打たれていて、正三角形の3辺で3つの項目の構成比を表すグラフである。読み取り方さえ押さえておけば、計算はほとんど不要な選択肢も多く、短時間で得点しやすい。ただし、出題頻度はそこまで高くなく、定期的に出題されるのは主に国家専門職である。

【三角グラフの読み取り方】

①三角形の3辺と平行な矢印3本を0から100に向かって引く

②読み取りたい点から、①の矢印3本と平行な線を矢印の向きに引き、辺にぶつかった数字を読み取る

(2) フローチャート

矢印を使って人やモノの流れや移り変わりなどを表した図である。これもややこしそうに見えるだけで、実際には単純な問題も多い。ただし、国家公務員試験で難易度が高くなることがあり、数量の移動が非常にわかりにくいものもある。

(3) レーダーチャート

中心から放射状に伸びたグラフ上に点が打たれており、それらを結んで多角形に表したものである。構成比の資料などで使われることが多く、各項目のバランスを読み取りやすくした資料である。これも出題されるとすれば国家公務員試験が大半である。

例

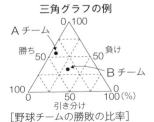

三角グラフの例

[野球チームの勝敗の比率]

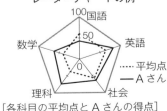

レーダーチャートの例

[各科目の平均点とAさんの得点]

表は、ある年の A～F 国の降水量等を示したものである。これから確実にいえるのはどれか。

（国家専門職　2014 年度）

国名	年平均降水量 （mm/年）	年降水総量 （面積×年平均降水量） （km³/年）	水資源量 （km³/年）	1 人当たりの水資源量 （m³/人・年）
A	1,780	15,200	8,200	42,900
B	460	7,870	4,500	31,900
C	530	4,130	490	23,350
D	2,700	5,150	2,020	8,880
E	1,670	630	430	3,380
F	650	6,200	2,840	2,110

解説の便宜上、左の項目から順に①「年平均降水量」、②「年降水総量（面積×年平均降水量）」、③「水資源量」、④「1 人当たりの水資源量」とナンバリングする。

1 A～F 国のうち、人口が最も多いのは B 国である。

× **分数を作って式変形する**　人口が含まれた項目として④「1 人当たりの水資源量」があるので、これを使って検討すればよい。

「1 人当たりの水資源量」は $\dfrac{水資源量}{人口}$ であり、③「水資源量」は直接資料に書かれているので、これを式変形して、③「水資源量」÷④「1 人当たりの水資源量」と計算する。水資源量÷$\dfrac{水資源量}{人口}$＝水資源量×$\dfrac{人口}{水資源量}$＝人口となる。

B 国は 4500÷31900 で明らかに **1 未満**であるが、F 国をみると 2840÷2110 で **1 以上**になるため、人口が最も多いのは B 国ではない。

⋯⋯⋯⋯⋯⋯⋯⋯⋯⋯⋯⋯⋯⋯⋯⋯⋯⋯⋯⋯⋯⋯⋯⋯⋯⋯⋯⋯⋯⋯⋯⋯

2 D 国の人口密度（人口／面積）は、E 国の人口密度の約 3 倍である。

× **「約」「およそ」の記述は正解になりにくい**　この手の記述は、受験生によって判断が分かれてしまうため、正解になりにくいことを押さえておきたい。

本選択肢は「人口／面積」を確認するものであるが、人口は **1** のとおり、③「水資源量」÷④「1 人当たりの水資源量」で求められる。また、面積は②「年降水総量」の項目に「（面積×年平均降水量）」の記述があるので、これを用いればよい。②「年降水総量」÷①「年平均降水量」で面積を求めることができる。

以上より、人口／面積＝$\dfrac{人口}{面積}$＝$\dfrac{③÷④}{②÷①}$＝$\dfrac{\frac{③}{④}}{\frac{②}{①}}$＝$\dfrac{③}{④}÷\dfrac{②}{①}$＝$\dfrac{③}{④}×\dfrac{①}{②}$ で確認できる。

D国をみると $\dfrac{③}{④}\times\dfrac{①}{②}=\dfrac{\cancel{2,020}^{2}}{\cancel{8,860}_{9}}\times\dfrac{\cancel{2,700}^{1}}{\cancel{5,150}_{2}}≒\dfrac{1}{9}$ くらいである一方、

E国は $\dfrac{③}{④}\times\dfrac{①}{②}=\dfrac{\cancel{430}^{1}}{\cancel{3,360}_{8}}\times\dfrac{\cancel{1,670}^{8}}{\cancel{630}_{3}}≒\dfrac{1}{3}$ くらいであり、E国の3倍は1になってしまうので、D国はE国の約3倍とはいえない。

---

3 B、E、F国のうち、面積が最も大きい国はB国である。

○ **式変形をして検討する** 面積は**2**のとおり、②「年降水総量」÷①「年平均降水量」で求めることができる。
B国は $7,870÷460＞10$、E国は $630÷1,670＜1$、F国は $6,200÷650＜10$ であることがわかるので、B国が最も大きいといえる。

---

4 C国の1人当たりの年降水総量は、A国の1人当たりの年降水総量の約2分の1である。

× **分数を作って式変形する** **2**と同様に、正解になりにくいと考えられる。
「1人当たりの年降水総量」は $\dfrac{年降水総量}{人口}$ であり、人口は**1**のとおり、③「水資源量」÷④「1人当たりの水資源量」で求められる。
$\dfrac{年降水総量}{人口}=\dfrac{②}{③÷④}=\dfrac{②}{\frac{③}{④}}=②÷\dfrac{③}{④}=②\times\dfrac{④}{③}$ で確認できる。

C国をみると $②\times\dfrac{④}{③}=4,130\times\dfrac{23,350}{\cancel{490}_{1}}^{40\,以上}$ なので 4130×40 以上、A国をみると

$②\times\dfrac{④}{③}=15,200\times\dfrac{\cancel{42,900}^{5}}{\cancel{8,200}_{1}}$ なので 15200×5 くらいである。明らかにA国のほうが小さく、C国がA国の約2分の1ということはない。

---

5 A〜F国についてみると、1人当たりの水資源量が多い国ほど、年降水総量に占める水資源量の割合が大きい。

× **分数を作って検討する** ④「1人当たりの水資源量」は資料に直接書かれておりF国→A国の順番に大きくなっている。そこで、F国→A国の順に「年降水総量に占める水資源量」も大きくなるのかを調べればよい。②「年降水総量」も③「水資源量」も資料に直接書かれているので、$\dfrac{③}{②}$ を確認すると、C国は $\dfrac{490}{4,130}≒\dfrac{1}{8}$ である一方、④の小さいE国は $\dfrac{430}{630}≒\dfrac{1}{2}$ 以上になってしまう。

過去問にチャレンジ！

問題 1

警察官Ⅰ類（2022年度）

次の表は、研究主体別に活動の状況を示したものである。この表からいえることとして、最も妥当なのはどれか。

	研究関係従業者数（人）	研究関係従業者数に対する研究者の割合（%）	総支出に対する内部使用研究費比率(%)	研究者一人当たり内部使用研究費（100万円）
大学等	410,735	72.3	40.0	12.52
国立	195,881	68.9	46.7	10.80
公立	30,273	70.3	34.2	11.01
私立	184,581	76.3	36.9	14.40

1　私立の総支出は、大学等の総支出の 50％ を超えていない。

2　内部使用研究費について、私立は公立の 10 倍を超えている。

3　内部使用研究費は、国立よりも私立の方が多い。

4　大学等の研究者数は、公立の研究者数の 15 倍を上回っている。

5　国立の総支出は、公立の総支出の 6 倍を超えている。

→解答・解説は別冊 P.098

問題 2

国家一般職（2017 年度）

表は、全国およびA県における医療施設数、病床数の推移を示したものである。これから確実にいえるのはどれか。

（単位：施設、床）

区分				平成 24 年	平成 25 年	平成 26 年
全国	医療施設数			177,191	177,769	177,546
	病床数			1,703,853	1,695,114	1,680,625
A県	医療施設数	総数		2,802	2,821	2,822
		病院		142	142	142
		一般診療所		1,616	1,627	1,626
			有床診療所	161	156	147
			無床診療所	1,455	1,471	1,479
		歯科診療所		1,044	1,052	1,054
	病床数	総数		27,637	27,501	27,210
		病院		25,500	25,473	25,265
		一般診療所(有床診療所)		2,137	2,028	1,945
	人口 10 万人あたり	病院数		6.1	6.1	6.1
		一般診療所数		69.5	69.9	69.8
		病院病床数		1,096.8	1,094.2	1,085.3
		一般診療所(有床診療所)病床数		91.9	87.1	83.5

（注）　病床数は歯科診療所を除く。

1　平成 25、26 年のいずれの年も、全国の病床数に占めるA県のそれの割合は、前年に比べ増加している。

2　平成 26 年における全国の医療施設数に占めるA県のそれの割合は、2％以上である。

3　平成 26 年におけるA県の病床数の対前年減少率は、一般診療所（有床診療所）より病院の方が大きい。

4　平成 26 年におけるA県の病院 1 施設あたりの病床数は、一般診療所（有床診療所）のそれの 10 倍以上である。

5　平成 24 〜 26 年の間、いずれの年も、A県の人口は 250 万人以上である。

→解答・解説は別冊 P.100

問題3

国家専門職（2019年度）

三角グラフは、三つの構成要素の比率を表すのに用いられる。例えば、ある年のあるサッカーチームの試合結果の比率は、勝ち30%、負け40%、引き分け30%であり、図Iの三角グラフを用いると、黒点の位置に示される。図IIは、A、B、Cの三つのサッカーチームについて、2016年から2018年までの各年における試合結果の比率を示したものである。これから確実にいえるものはどれか。

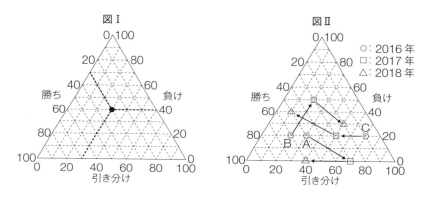

1　2016年から2018年にかけて、勝ちと引き分けを合わせた比率が、3チームで等しくなる年がある。
2　2016年から2018年にかけて、3チームの順位の入れ替えは生じていない。
3　2016年から2018年にかけて、負けの比率が毎年増加しているチームがある。
4　2017年から2018年にかけて、勝ちの比率が変わっていないチームがある。
5　2017年において、Bチームの勝ちの比率は、他の2チームのそれより低い。

➡解答・解説は別冊P.101

問題 4

図は、2009 年度及び 2019 年度における、我が国の魚介類の生産・消費構造の変化を示したものである。これから確実にいえることとして最も妥当なのはどれか。なお、四捨五入の関係により、合計が一致しない場合がある。

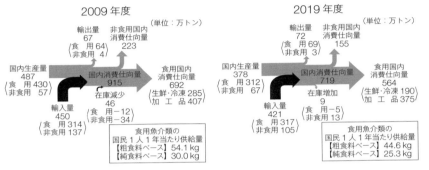

1 2009 年度についてみると、国内消費仕向量に占める食用国内消費仕向量の割合は、80％を超えており、2019 年度のそれより 10 ポイント以上高い。

2 2019 年度についてみると、食用国内消費仕向量に占める加工品の割合は、50％を超えており、2009 年度のそれより 5 ポイント以上高い。

3 2009 年度に対する 2019 年度の食用魚介類の国民 1 人 1 年当たり供給量の減少率をみると、純食料ベースの方が粗食料ベースより大きいが、減少率は共に20％台（20％以上 30％未満）である。

4 2009 年度と 2019 年度とを比較すると、国内生産量に占める非食用の割合は、2009 年度の方が大きいが、国内消費仕向量に占める非食用の割合は、2019 年度の方が大きい。

5 2009 年度と 2019 年度とを比較すると、国内生産量、輸入量、在庫の量はいずれも 2019 年度の方が少なく、また、2019 年度の輸入量のうち 80％以上を食用が占めている。

→解答・解説は別冊 P.102

問題5

図は、ある年における、A〜D県の人口100万人当たりの社会教育施設数（ただし、全国におけるそれを100とする。）を示したものである。また、表は、同年のA〜D県の全国総人口に占める人口割合を示したものである。これらから確実にいえるものはどれか。

図　人口100万人当たりの社会教育施設数

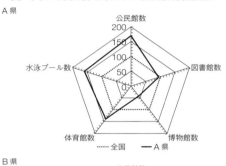

A県

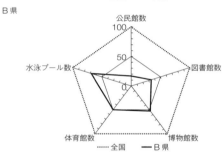

B県

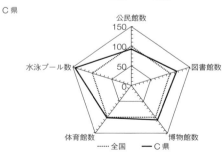

C県

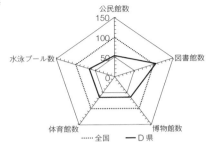

D県

表 全国総人口に占める人口割合

（単位：%）

A県	1.07
B県	7.09
C県	2.23
D県	1.10
全国	100.00

1 A県の体育館数は、B県のそれの2倍以上である。

2 全国の水泳プール数に占めるC県のそれの割合は、5%以上である。

3 C県では、博物館数が公民館数を上回っている。

4 公民館数、図書館数、博物館数の合計が最も少ないのは、D県である。

5 D県の図書館数は、A県のそれを上回っている。

→解答・解説は別冊P.103

きめる！公務員試験　資料解釈

カバーデザイン	野条友史（BALCOLONY.）
本文デザイン	宮嶋章文
本文イラスト	ハザマチヒロ
編集協力	コンデックス株式会社
校正	株式会社シー・キューブ、城貴大、工藤竜暉、遠藤理恵
印刷所	TOPPAN株式会社
編集担当	佐々木萌

DA

Gakken

きめる！ KIMERU SERIES

［別冊］

資料解釈
Data Analysis

解答解説集

STEP **3**

書きめる！ 公務員試験

資料解釈

解答解説

1 ┃ 1 ┃ 資料解釈の基本・実数の資料の検討

問題1 特別区Ⅰ類（2022年度）··· 本冊 P.024

正解：3

1 × 「あかまつ・くろまつ」について、平成28 → 29年と平成30 →令和元年の減少率を比較すればよい。

平成28 → 29年は678 → 641で37の減少量である。基準となる678の1%は6.78≒7、5%は7×5＝35なので、37の減少量は減少率でいうと**5%以上**である。一方、平成30 →令和元年は628 → 601で27の減少である。基準となる628の1%は6.28≒6、5%は6×5＝30なので、27の減少量は減少率でいうと**5%未満**である。

2 × 平成27 →令和元年は11226 → 12736で、概数で11200 → 12700とすれば増加量は1500である。基準となる11200の10%は1120、1%は112で、3%で112×3＝336となるので、1500の増加量は増加率でいうと**13%程度**、指数でいえば**113程度**になる。

3 ○ 「ひのき」の5年平均が2650を上回るということは、5年合計が2650×5＝13250を上回るということである。そこで、5年合計を計算すればよい。

5年を全て足すと、
2364＋2460＋2762＋2771＋2966≒2360＋2460＋2760＋2770＋2970
＝**13320** となるので、13250を上回る。

4 × 「各年とも…上回っている」とあるので、1年でも下回っている年があれば本選択肢は誤りとなる。そこで、下回っていそうな怪しい1年をピックアップして検討するのがよい。なるべく「からまつ」が小さく、「えぞまつ・とどまつ」が大きい年を探すと、令和元年に当たりをつけられる。

令和元年の「からまつ」は**2217**、「えぞまつ・とどまつ」の1.9倍は
1188×1.9≒1190×1.9＝**2261** となるので、「からまつ」は下回っている。

5 × 「えぞまつ・とどまつ」について、平成28 → 29年と平成30 →令和元年の増加量を比較すればよい。

平成28 → 29年は1013 → 1090で、増加量は**77**である。平成30 →令和元年は1114 → 1188で、増加量は**74**である。

問題2 特別区Ⅰ類（2023年度）··· 本冊 P.025

正解：3

1 × 日本の3年平均が1兆2500億米ドルを下回るということは、3年合計が3兆7500億米ドルを下回るということである。そこで、3年合計を計算すればよい。本問の資料の単位は「100万米ドル」なので、3兆7500億米ドルの

単位を「100万米ドル」にすると、3750000〔100万米ドル〕となる。

3年を全て足すと、

1233470＋1240133＋1286164≒1230000＋1240000＋1290000

＝**3760000**　となるので、3750000を上回る。

2　×　インドについて、2015→2016年の20％と2018→2019年の増加額を比較すればよい。しかし、本問の資料には2015年の数値が載っておらず、2015→2016年の増加額は判断できないため、下回っているかは不明。

3　○　韓国について、2016→2017年と2019→2020年の増加率を比較すればよい。

2016→2017年は366466→384620で、概数で366000→385000とすれば、増加量は19000である。基準となる366000の1％は3660、6％は6倍で3660×6＝21960なので、19000の増加量は増加率でいうと**6％未満**である。

2019→2020年は403867→437282で、概数で404000→437000とすれば、増加量は33000である。基準となる404000の1％は4040、8％は8倍で4040×8＝32320なので、33000の増加量は増加率でいうと**8％以上**である。

4　×　「各年とも…上回っている」とあるので、1年でも下回っている年があれば本選択肢は誤りとなる。そこで、下回っていそうな怪しい1年をピックアップして検討するのがよい。なるべくタイが小さく、日本が大きい年を探すと、タイが極端に小さい2016年に当たりをつけられる。

2016年のタイは**166388**、日本の15％は1189484×0.15≒1190000×0.15である。1190000の10％は119000、5％はその半分で59500なので、15％は119000＋59500＝**178500**となる。

5　×　2019→2020年の中国と日本の増加率を比較すればよい。

中国は3130526→3241940で、概数で3130000→3240000とすると、増加量は110000である。基準となる3130000の1％は31300、4％は4倍で31300×4＝125200なので、110000の増加量は増加率でいうと**4％未満**である。

日本は1286164→1345523で、概数で1290000→1350000とすると、増加量は60000である。基準となる1290000の1％は12900、4％は4倍で12900×4＝51600なので、60000の増加量は増加率でいうと**4％以上**である。

問題3　特別区Ⅰ類（2021年度）……………………………………………………… 本冊 P.026

正解：4

1　×　「のり類（生重量）」について、平成27→28年と平成28→29年の増加量を比較すればよい。本問はかなり僅差になるので、それなりに正確に計算し

たほうがよい。特別区ではこのような選択肢が多いので注意したい。

平成 27 → 28 年は 297370 → 300683 で、上から 5 桁目を四捨五入して 297400 → 300700 とすれば、増加量は **3300** である。平成 28 → 29 年は 300683 → 304308 で、概数で 300700 → 304300 とすれば、増加量は **3600** である。

2 × 言い換えると、「かき類（殻付き）」について、「平成 26 → 29 年の減少率は 5％を下回っている（＝5％も減っていない）」ということである。

平成 26 → 29 年は 183685 → 173900 で、上から 5 桁目を四捨五入して 183700 → 173900 とすれば、減少量は 9800 である。基準となる 183700 の 1％は 1837、5％は 5 倍で 9185 なので、9800 の減少量は減少率でいうと **5％以上**である。

3 × 「ほたてがい」の 4 年平均が 192000 を下回るということは、4 年合計が 192000×4＝768000 を下回るということである。そこで、4 年合計を計算すればよい。

4 年を全て足すと、248209＋214571＋135090＋173959 ≒248200＋214600＋135100＋174000＝**771900** となるので、768000 を上回る。

4 ○ 「各年とも…上回っている」とあるので、1 年でも下回っている年があれば本選択肢は誤りとなる。そこで、下回っていそうな怪しい 1 年をピックアップして検討するのがよい。なるべく「ぶり類」が小さく、「まだい」が大きい年を探すと、「まだい」が他よりかなり大きい平成 28 年に当たりをつけられる。ただ、極端にわかりやすい年はないので、細かい計算が必要になると思われる。

平成 28 年の「ぶり類」は **140868**、「まだい」の 2.1 倍は 66965×2.1 ≒66970×2.1＝**140637** なので、上回っている。その他に例えば「ぶり類」が他より特に小さい平成 26 年でみると、「ぶり類」は **134608**、「まだい」の 2.1 倍は 61702×2.1≒61700×2.1＝**129570** であり、上回っている。

5 × 「まだい」について、平成 26 → 27 年と平成 27 → 28 年の増加率を比較すればよい。

平成 26 → 27 年は 61702 → 63605 で、上から 5 桁目を四捨五入して 61700 → 63610 とすれば、増加量は 1910 である。基準となる 61700 の 1％は 617、4％は 4 倍して 617×4＝2468 なので、1910 の増加量は増加率でいうと **4％未満**である。

平成 27 → 28 年は 63605 → 66965 で、上から 5 桁目を四捨五入して 63610 → 66970 とすれば、増加量は 3360 である。基準となる 63610 の 1％は 636.1≒636、5％は 5 倍して 636×5＝3180 なので、3360 の増加量は増加率でいうと **5％以上**である。

問題 4 消防官Ⅰ類（2019 年度） ·· 本冊 P.027

正解： 3

ア × 1990 → 2000 年の中国についてみると、だいたい 7000000 → 15000000 で、下 6 桁を切り捨てて 7 → 15 と考えれば、倍率で 2 倍強、増加率でいうと **100%強**である。しかし、もっと増加率が大きいところを探すと、1960 → 1970 年のペルーに当たりがつけられる。これはだいたい 3500000 → 12300000 で、下 5 桁を切り捨てて 35 → 123 と考えれば、35×3＝105 なので、倍率は 確実に 3 倍以上、増加率でいうと **200%以上**になっている。

イ ○ 明らかに大きく減っているのは日本の 1990 → 2000 年か、ペルーの 1970 → 1980 年および 2000 年→ 2010 年しかない。この 3 つを比較する。 日本の 1990 → 2000 年はだいたい 9800000 → 5000000 で、下 5 桁を切り 捨てて 98 → 50 と考えれば、減少量は 48 である。基準となる 98 の 50%が 98÷2＝49 なので、48 の減少量は減少率でいうと **50%未満**である。 ペルーの 1970 → 1980 年はだいたい 12500000 → 2600000 で、下 5 桁を 切り捨てて 125 → 26 と考えれば、減少量は 97 である。基準となる 125 の 10%が 12.5、80%は 8 倍して 12.5×8＝100 なので、99 の減少量は減少率 でいうと**約 80%**である。 ペルーの 2000 年→ 2010 年はだいたい 10800000 → 4200000 で、下 5 桁 を切り捨てて 108 → 42 と考えれば、減少量は 66 である。基準となる 108 の 10%が 10.8≒11、60%は 6 倍して 11×6＝66 なので、66 の減少量は減少 率でいうと**約 66%**である。

ウ × この資料には日本、中国、アメリカ、ペルーの漁獲高しか示されておらず、 「全世界」の漁獲高は示されていないので、割合の判断ができない。 よって、**ア誤　イ正　ウ誤**なので、正解は 3 である。

問題 5 消防官Ⅰ類（2021 年度） ·· 本冊 P.028

正解： 3

ア × $\dfrac{製造品出荷額}{事業所数}$ の分数を作って、大小比較をすればよい。2005 年の金属製

家具製造業が最多とあるので、$\dfrac{477753}{974}$ よりも大きいところを探すと、分母の

事業所数がかなり小さく、製造品出荷額がそれなりに大きい 2015 年の金属製

家具製造業に当たりをつけることができる。分数にすると $\dfrac{472395}{717}$ となるの

で、「2015 年の金属製家具製造業→ 2005 年の金属製家具製造業」という形で

$\dfrac{472395}{717}$ → $\dfrac{477753}{974}$ の大小を比較するとよい。

分子は概数で 472000 → 478000 であり、増加量は 6000 である。基準となる 472000 の 1%は 4720、2%は 2 倍で 4720×2＝9440 なので、6000 の増加量は増加率でいうと **2%未満**である。

分母は 717 → 974 で、増加量は 257 である。717 の 10%は 71.7≒72、30%は 3 倍で 72×3＝216 であり、増加量 257 は増加率でいうと **30%以上**である。明らかに分子より分母のほうが増加率は大きいので、分数全体の値としては小さくなる。つまり、$\dfrac{472395}{717} > \dfrac{477753}{974}$ であることがわかるので、2005 年よりも 2015 年の金属製家具製造業のほうが大きい。

イ　○　$\dfrac{従業者数}{事業所数}$ の分数を作って、大小比較をすればよい。2010 年の木製家具製造業が最少とあるので、$\dfrac{57402}{7868}$ よりも小さいところを探すと、分母の事業所数が大きく、従業者数がそれなりに小さい 2005 年や 2015 年の木製家具製造業に当たりをつけることができる。その際は、アと同様に分数を作って比較してもよいが、途中まで割り算で計算して検討するのもよい。

2005 年は 64781÷8030≒64800÷8030≒**8.06**…、
2010 年は 57402÷7868≒57400÷7870≒**7.29**…、
2015 年は 52291÷6528≒52300÷6530≒**8.00**…　となるので、2010 年がやはり最少である。

ウ　×　イで検討したとおり、木製家具製造業の「事業所一件当たりの従業者数」はだいたい 8 なので、これが 4 倍以上になるということは、8×4＝32 以上になるということである。そこで、金属製家具製造業の「事業所一件当たりの従業者数」がなるべく小さくなるところに当たりをつけて検討するとよい。そうすると、例えば 2015 年の金属製家具製造業は 18157÷717≒18200÷720≒**25.2**…となって、32 以上にはならないことがわかる。

よって、**ア誤　イ正　ウ誤**なので、正解は 3 である。

問題 6　消防官Ⅰ類（2020 年度）⋯⋯⋯⋯⋯⋯⋯⋯⋯⋯⋯⋯⋯⋯⋯⋯⋯⋯⋯⋯⋯　**本冊 P.029**

正解：1

1　○　「いずれの年においても…超えている」とあるので、1 年でも下回っている年があれば本選択肢は誤りとなる。そこで、下回っていそうな怪しい 1 年をピックアップして検討するのがよい。なるべく全産業が大きく、情報通信産業が小さい年を探すと、例えば全産業の大きい 2017 年に当たりをつけられる。ただし、どの年もあまり違いはないので、不安であれば他の年も検討したほうがよいだろう。

2017 年の情報通信産業は**399.0**、全産業の 5%は 6918.3×0.05≒6920×0.05＝346 となるので、超えていることがわかる。

2　×　2014 → 2015 年の増加率を確認する。対事業所サービスは 625.5 → 637.2 であり、これよりも増加率の大きそうなところを探すと、例えば医療・福祉は 705.7 → 731.2 なので、これと比較するとよい。

対事業所サービスは 625.5 → 637.2 で、小数点以下を四捨五入すると 626 → 637 となり、増加量は 11 である。基準となる 626 の 1% は 6.26≒6.3、2% は 2 倍で 6.3×2＝12.6 である。したがって、11 の増加量は増加率でいうと **2%未満**である。

医療・福祉は 705.7 → 731.2 で、小数点以下を四捨五入すると 706 → 731 となり、増加量は 25 である。基準となる 706 の 1% は 7.06≒7.1 で、3% は 3 倍で 7.1×3＝21.3 である。したがって、25 の増加量は増加率でいうと **3%以上**である。

3　×　「約」という記述なので、記述の形式としては正解になりにくい。

2017 年の対個人サービス、医療・福祉、対事業所サービス、建設を合計すると、784.2＋761.8＋674.4＋606.3≒784＋762＋674＋606＝**2826** である。一方、2017 年の全産業の 32% は 6918.3×0.32≒6920×0.32＝**2214.4** なので、約 32% とは大きな隔たりがある。

4　×　2012 → 2017 年の増加率を確認する。商業は 1141.0 → 1191.0 であり、これよりも増加率の大きそうなところを探すと、例えば不動産は 85.0 → 96.5 なので、これと比較するとよい。

商業は 1141.0 → 1191.0 で、増加量は 50 である。基準となる 1141.0 の 10% は 114.1 なので、50 の増加量は増加率でいうと **10%未満**である。

不動産は 85.0 → 96.5 で、増加量は 11.5 である。基準となる 85.0 の 10% は 8.5 なので、11.5 の増加量は増加率でいうと、**10%以上**である。

5　×　輸送機械と不動産の差をとればよい。実際には不動産の値に 18 を足して、それより輸送機械の値が大きい年があるかを探すのがよいだろう。そうすると、どの年も不動産の値に 18 を足して、それを輸送機械の値が超えている年がないので、誤りである。

問題7　消防官Ⅰ類（2022 年度）······························ 本冊 P.030

正解：1

1　○　言い換えれば、「可処分所得をもとにする量（基準）とした金融資産純増の割合が、2013 年は 2014 年より小さい」ということである。したがって、$\dfrac{金融資産純増}{可処分所得}$ という分数を作って大小比較をすればよい。

2013 → 2014 年で $\dfrac{74.8}{426.1} \to \dfrac{78.1}{423.5}$ となるが、分子は増加、分母は減少しているので、分数全体の値は確実に増加する。したがって、$\dfrac{74.8}{426.1} < \dfrac{78.1}{423.5}$ であることがわかる。

2 ✕ 「世帯一人当たりの可処分所得」は $\dfrac{可処分所得}{世帯人員}$ であり、可処分所得÷世帯人員で求められる。14万円を上回るかを確認したいので、単位に注意してほしい。資料の単位は「千円」なので、2018年の可処分所得を455.1〔千円〕＝**45.51〔万円〕** として計算するとよい。

　そうすると、可処分所得÷世帯人員は45.51÷3.3＝**13.7**…〔万円〕となるので、14万円を下回る。

3 ✕ 可処分所得と消費支出の差が小さい年を探すとよい。2017年の差は**434.4−313.1**なので、これより小さい年を探すと、例えば2013年に当たりがつけられる。2013年の差は**426.1−319.2**であり、計算しなくても2017年より差が小さいことがわかる。

4 ✕ 2013年から2018年の6年平均が9万円を下回るということは、6年合計が9×6＝54〔万円〕を下回るということである。そこで、6年の合計を計算すればよい。その際、資料の単位は「千円」なので、小数点を左に1つずらすことを忘れないようにする。

　6年の合計は

　7.48＋7.81＋8.51＋9.24＋9.79＋12.30≒7.5＋7.8＋8.5＋9.2＋9.8＋12.3＝**55.1**〔万円〕　となるので、54万円を上回っている。

5 ✕ 「毎年増加している」とあるので、前年より「実収入−可処分所得」の差が小さくなる年を見つければよい。例えば2013→2014年に当たりをつけることができる。

　2013年は523.6−426.1≒524−426＝**98**となるが、

　2014年は519.8−423.5≒520−424＝**96**となり、差が小さくなっている。

問題8 消防官Ⅰ類（2022年度）……………………………………………… **本冊 P.031**

正解： 2

1 ✕ 総出火件数が令和元年→2年で10%以上の減少率になっているかを確認すればよい。

　令和元年→2年で37683→34691であり、概数で37700→34700とすると、減少量は3000である。基準となる37700の10%は3770なので、3000の減少量は減少率でいうと**10%未満**であることがわかる。

2 ○ 「建物火災における住宅火災の割合」が50%を超えるということは、「住宅火災の値を2倍すると建物火災の値を超える」と言い換えられる。

　令和元年の住宅火災は10784≒10800で、2倍すると**21600**なので、建物火災の21003を超えている。

　令和2年の住宅火災は10564≒10600で、2倍すると**21200**なので、建物火災の19365を超えている。

3 ✕ 林野火災と車両火災の令和元年→2年の減少率を確認すればよい。

林野火災は 1391 → 1239 で、概数で 1390 → 1240 とすると、減少量は 150 である。基準となる 1390 の 10%は 139 なので、150 の減少量は減少率でいうと **10%以上**である。

車両火災は 3585 → 3466 で、概数で 3590 → 3470 とすると、減少量は 120 である。基準となる 3590 の 10%は 359 なので、120 の減少量は減少率でいうと **10%未満**である。

4 × 放火疑いと放火の令和元年→ 2 年の減少率を確認すればよい。

放火疑いは 1810 → 1555 で、概数で 1810 → 1560 とすると、減少量は 250 である。基準となる 1810 の 10% は 181 なので、250 の減少量は減少率でいうと **10%以上**である。

放火は 2757 → 2497 で、概数で 2760 → 2500 とすると、減少量は 260 である。基準となる 2760 の 10%は 276 なので、260 の減少量は減少率でいうと **10%未満**である。

5 × たばこ、たき火及びこんろの令和元年→ 2 年の減少率を確認すればよい。

こんろは 2918 → 2792 で 100 ちょっとしか減っていないので、減少量の大きいたばこのほうが減少率は大きいのではないかと当たりをつける。

こんろは 2918 → 2792 で、概数で 2920 → 2790 とすると、減少量は 130 である。基準となる 2920 の 1%は 29.2≒30 で、5%は 5 倍で 30×5＝150 なので、130 の減少量は減少率でいうと **5%未満**である。

たばこは 3581 → 3104 で、概数で 3580 → 3100 とすると、減少量は 480 である。基準となる 3580 の 10%は 358 なので、480 の減少量は減少率でいうと **10%以上**である。

問題9 消防官Ⅰ類（2021 年度）……………………………………………… 本冊 P.032

正解：5

1 × 「超えた年度はない」とあるので、1 年でも超えた年度があれば、本選択肢は誤りとなる。そこで、エネルギーと情報通信の合計が環境を超えそうな年度を探してみると、例えば平成 19 年度に当たりがつけられる。

だいたいの値を読み取ると、平成 19 年度のエネルギーは 2500、情報通信は 1800、環境は 4000 となる。2500＋1800＝**4300** となるので、環境を超えていることがわかる。

2 × 平成 19 年度は選択肢1で検討したとおり、3つの合計が 2500＋1800＋4000 ＝8300 である。この 1 割は 830 なので、4 割は 830×4＝3320 であり、平成 28 年度が 8300＋3320＝11620 を超えているかを調べればよい。

だいたいを読み取ると、平成 28 年度の環境は 5300、エネルギーは 3200、情報通信は 2000 なので、3つの合計は 5300＋3200＋2000＝**10500** であり、11620 を下回る。

3 × 前半部分の「環境の研究費がエネルギーの研究費の 2 倍を超えた年度はあ

るが」に着目する。棒グラフを見て、エネルギーの 2 倍を環境が上回っている年度を探すと、どの年度も 2 倍を下回っていて存在しないことがわかる。例えば平成 21 年度なども、エネルギーは 2000 程度なので 2 倍して **4000** であるが、環境は 3700 程度なので 2 倍を上回っていない。

4 ✕ 例えば 3 つの項目が全て大きい平成 28 年度に着目するとよい。棒グラフを見る限り、環境は 5000 以上、エネルギーは 3000 以上、情報通信は 2000 ちょうどである。5000＋3000＋2000＝**10000**〔億円〕＝**1**〔兆円〕なので、実際に細かく計算すれば確実に 1 兆円を超える。

5 ◯ 環境の年度が最も少ないのは平成 21 年度の約 3600、最も多いのは平成 26 年度の約 5400 である。そこで、増加率を確認する。
3600 → 5400 で増加量は 1800 である。基準となる 3600 の 50％は半分で 1800 なので、1800 の増加量は増加率でいうと 50％、つまり **5 割**である。

問題 10 特別区 I 類（2023 年度）…………………………………………………………… 本冊 P.033

正解：3

1 ✕ 4 年の平均が 5300 を下回るということは、4 年の合計が 5300×4＝21200 を下回るということである。そこで、「自然科学」の 4 年の合計を計算すればよい。
「自然科学」の 4 年を合計すると、
5757＋5325＋5066＋5117≒5760＋5330＋5070＋5120＝**21280** となるので、21200 を上回っている。
したがって、4 年の平均は 5300 を上回る。80 の差しかなく微妙な数値であるが、四捨五入での誤差は 1 年あたり最大でも 5 に過ぎないので、4 年でも 20 以下であり問題はない。

2 ✕ 「社会科学」の平成 29 →令和 2 年の減少率を確認すればよい。
平成 29 →令和 2 年は 15422 → 14068 で、概数で 15400 → 14100 とすると、減少量は 1300 である。基準となる 15400 の 1％は 154 で、8％は 8 倍で 154×8＝1232 なので、1300 の減少量は減少率でいうと **8％**を上回っている。
したがって、減少率は 8％を下回っていない。

3 ◯ 「芸術・生活」と「文学」の平成 29 → 30 年の減少量を確認すればよい。
「芸術・生活」は 12676 → 11856 で、概数で 12700 → 11900 とすると、減少量は **800** である。
「文学」は 13327 → 13048 で、概数で 13300 → 13000 とすると、減少量は 300 である。その 2.5 倍は 300×2.5＝**750** となる。
したがって、「芸術・生活」は「文学」の 2.5 倍を上回っている。

4 ✕ 言い換えれば、「平成 30 →令和 2 年の「文学」の減少率は 5％を下回っている」ということである。そこで、減少率を確認すればよい。

平成 30 →令和 2 年は 13048 → 12104 で、概数で 13000 → 12100 とすると、減少量は 900 である。基準となる 13000 の 1% は 130、5% は 5 倍で 130×5＝650 なので、900 の減少量は減少率でいうと **5%以上**である。平成 30 年を 100 とすると、5%以上減るので令和 2 年の指数は 95 未満となる。

5 × 令和元年の合計の 30% と「芸術・生活」を比較すればよい。
令和元年の合計は
15482＋12979＋12383＋5066≒15500＋13000＋12400＋5100
＝46000 であり、その 30% は 4600×3＝**13800** である。一方、「芸術・生活」は 12383 なので、合計の 30% を下回っている。

問題 11 特別区 I 類（2022 年度）‥‥‥‥‥‥‥‥‥‥‥‥‥‥‥‥‥‥‥‥ 本冊 P.034

正解：4

1 × 「農産食品、農産加工食品」の対前年度増加量が大きい可能性があるのは、増加している平成 28 → 29 年度か平成 29 → 30 年度のどちらかである。
平成 28 → 29 年度は 21689868 → 22347933 で、概数で 21700000 → 22300000、下 5 桁をカットして 217 → 223 となり、増加量は **6** である。
平成 29 → 30 年度は 22347933 → 22687345 で、概数で 22300000 → 22700000、下 5 桁をカットして 223 → 227 となり、増加量は **4** である。

2 × 言い換えれば、「平成 29 →令和 2 年度で「農産食品、農産加工食品」の減少率は 10% 以上である（10% よりもっと減っている）」ということである。そこで、減少率を確認すればよい。
平成 29 →令和 2 年度で 22347933 → 20306037 で、概数で 22300000 → 20300000、下 5 桁をカットして 223 → 203 となり、減少量は 20 である。基準となる 223 の 10% は 22.3 なので、20 の減少量は減少率でいうと 10% を下回り、**10%までは減っていない**ことになる。令和 2 年度の指数は 90 までは減らないので、90 より大きい。

3 × 「飲料」の令和元 → 2 年度の減少率を確認すればよい。
令和元 → 2 年度で 1407462 → 1293522 で、概数で 1410000 → 1290000、下 4 桁をカットして 141 → 129 となり、減少量は 12 である。基準となる 141 の 1% は 1.41≒1.4、8% は 8 倍で 1.4×8＝11.2 なので、12 の減少量は減少率でいうと **8%以上**である。

4 ○ 「畜産食品、畜産加工食品」と「水産食品、水産加工食品」の差が開いているところを、令和元年度以外に探せばよい。平成 28 ～ 30 年度は「畜産食品、畜産加工食品」が令和元年度より小さく、「水産食品、水産加工食品」が令和元年度より大きいため、計算しなくてもその差は令和元年度より小さくなることがわかる。そこで、令和元年度と令和 2 年度の差を比較するとよい。
令和元年度の差は 3790378－2110469≒3790000－2110000 で、下 4 桁をカットして 379－211＝**168** である。

令和2年度の差は 3536152−1986307≒3540000−1990000 で、下4桁をカットして 354−199＝**155** である。

5　×　「水産食品、水産加工食品」の5年平均が 210 万トンを下回るとは、5年合計が 210×5＝1050〔万トン〕を下回るということである。

5年を合計すると、

2138752＋2208048＋2155143＋2110469＋1986307
≒2140000＋2210000＋2160000＋2110000＋1990000＝10610000
＝**1061〔万トン〕**

となるので、1050〔万トン〕を上回る。

問題12 東京都Ⅰ類（2023 年度）・・・ 本冊 P.035

正解： 3

1　×　言い換えれば、「2016 年のタイと比較して、2018 〜 2020 年のタイはいずれの年も5分の1よりは大きい（＝2018 〜 2020 年を5倍すると、いずれも 2016 年を超える）」ということである。特に 2020 年のタイは小さいので、2020 年だけ比較すればよい。

2020 年のタイは 53 であり、5倍すると 53×5＝**265** となる。2016 年のタイは **275** なので、2020 年の5倍は 2016 年を超えていないことがわかる。

2　×　割合の5年平均が 33％を下回るということは、割合の5年合計が 33×5＝165〔％〕を下回るということである。それぞれを計算するのはそれなりに手間がかかるので、実際に本試験で検討する際は後回しにしたほうがよい選択肢だろう。なお、本問は積み上げ棒グラフなので、合計は一つひとつ計算しなくても左端の目盛りからある程度は読み取れる。

2016 年の合計は約 1320、台湾は 426 なので、その割合は
426÷1320≒0.322…より 32％である。
2017 年の合計は約 1350、台湾は 383 なので、その割合は
383÷1350≒0.283…より 28％である。
2018 年の合計は約 1140、台湾は 437 なので、その割合は
437÷1140≒0.383…より 38％である。
2019 年の合計は約 1250、台湾は 444 なので、その割合は
444÷1250≒0.355…より 36％である。
2020 年の合計は約 1020、台湾は 394 なので、その割合は
394÷1020≒0.386…より 39％である。
5年の合計は 32＋28＋38＋36＋39＝**173〔％〕**となるので、165％を上回っている。

3　○　「いずれの年も…下回っている」とあるので、上回ってしまいそうな1年をピックアップして検討するのがよい。合計は選択肢2のとおり左端の目盛りから読み取れるので、なるべく合計が小さく、マレーシアが大きい年に当たり

をつけて検討するとよい。

例えば、特に合計が小さい 2018 年に着目する。2018 年の合計は約 1140 で、10% は 114、5% は 10% の半分で 114÷2＝57 なので、15% は 114＋57＝**171** となる。マレーシアは 150 なので、15% は下回っている。

4　×　3 年平均を聞いているので、3 年合計で検討すればよい。中国は確かに 2019 年が特に大きく、2018 年も僅差で台湾より少ないだけなので、合計は最も多いと考えられる。そこで、最も少ないのが韓国かどうかを検討すればよい。それより少ない国としてはタイに当たりがつけられる。

韓国の 3 年合計は 65＋71＋74＝**210**、タイの 3 年合計は 60＋72＋53＝**185** なので、タイのほうが合計は少ない。

5　×　2018 → 2019 年で中国、タイ、韓国の増加率がいずれも 0.15（＝15%）を上回っているかを聞いているので、どれか 1 つでも下回っていれば、本選択肢は誤りである。そこで、増加率の小さそうな国に当たりをつけて検討するとよい。例えば韓国が 65 → 71 と増加量が小さそうなので、韓国に着目する。

韓国は 65 → 71 で増加量は 6 である。基準となる 65 の 10% は 6.5、5% はその半分で 6.5÷2＝3.25≒3.3 なので、15% は 6.5＋3.3＝9.8 である。ということは、6 の増加量は増加率でいうと **15% 未満**である。

問題 13　東京都 I 類（2022 年度）‥‥‥‥‥‥‥‥‥‥‥‥‥‥‥‥‥‥ 本冊 P.036

正解： 3

1　×　言い換えれば、「2015 年の原付第一種と原付第二種の合計を 2 倍すると、2018 年の原付第一種と原付第二種の合計を上回る（＝2015 年の合計の 2 倍のほうが大きい）」ということである。

2015 年の合計は 66.4＋30.9＝97.3、2 倍すると 97.3×2＝**194.6** である。一方、2018 年の合計は 140.9＋59.5＝**200.4** なので、2015 年の合計の 2 倍を上回っている。

2　×　「いずれの年も…上回っている」とあるので、1 年でも下回る年があれば、本選択肢は誤りである。そこで、下回りそうな最も怪しい 1 年をピックアップして検討すればよい。合計が大きく、小型二輪車が小さい年に当たりをつけるとよい。そうすると、例えば合計がそこそこ大きいが小型二輪車の値が小さい 2019 年に着目できる。なお、全ての合計は左端の目盛りからだいたい読み取ることができるので、これを利用する。

2019 年の合計は約 560、60% は 56×6＝**336** で、小型二輪車は **333.7** なので、合計の 60% を下回る。

なお、本選択肢は判断が微妙な値になるので、迷う場合は後回しにして細かく計算したほうがよいだろう。

3　○　軽二輪車が増加しているのは 2016 → 2017 年しかないので、対前年増加率が最も大きいのは 2017 年で確実である。そこで、対前年増加率が最も小さ

い（＝対前年減少率が最も大きい）のが 2018 年かどうかを検討する。値が大きく減少しているのは 2017 → 2018 年の 79.0 → 61.7 で、それに匹敵すると思われる候補は 2018 → 2019 年の 61.7 → 54.7 くらいである。

2017 → 2018 年は 79.0 → 61.7 で、減少量は 17.3 である。基準となる 79.0 の 10%は 7.9、20%は 2 倍で 7.9×2＝15.8 なので、17.3 の減少量は減少率でいうと **20%以上**である。

2018 → 2019 年は 61.7 → 54.7 で、減少量は 7 である。基準となる 61.7 の 10%は 6.17≒6.2、20%は 2 倍で 6.2×2＝12.4 なので、7 の減少量は減少率でいうと **20%未満**である。

4 ×　言い換えれば、「原付第二種について、2017 ～ 2019 年の 3 年平均と比較すると、2019 年のほうが小さい」ということである。ここでは 2017 ～ 2019 年の 3 年平均を求めて、2019 年と比較する。

2017 ～ 2019 年の 3 年平均は (33.7＋59.5＋47.9)÷3＝141.1÷3＝**47.03** …であり、2019 年は **47.9** である。2017 ～ 2019 年の 3 年平均よりも 2019 年のほうが大きいことになる。

5 ×　2018 → 2019 年で小型二輪車も原付第一種も減少しているが、対前年増加率はマイナスになるので、そのうえでどちらの対前年増加率が大きいかを確認すればよい。

小型二輪車は 389.9 → 333.7 で、概数で 390 → 334 とすると、減少量は 56 である。基準となる 390 の 10%が 39、5%が半分で 39÷2＝19.5≒20 なので、15%は 59 となる。56 の減少量は減少率でいうと 15%未満、増加率でいえば**−15%程度**である。

原付第一種は 140.9 → 131.0 で、概数で 141 → 131 とすると、減少量は 10 である。基準となる 141 の 10%が 14.1≒14 なので、10 の減少量は減少率でいえば 10%未満、増加率でいえば**−10%よりも**少し大きくなるので、対前年増加率で小型二輪車は原付第一種を下回る。

問題 14　東京都 I 類（2021 年度）･･ 本冊 P.037

正解：5

1 ×　「いずれの年も…上回っている」とあるので、1 年でも下回っている年があれば本選択肢は誤りである。そこで、下回っていそうな怪しい 1 年をピックアップして検討するのがよい。なるべく合計が大きく、美山錦が小さい年に当たりをつけると、例えば平成 27 年が挙げられる。

平成 27 年の合計は、左端の目盛りから読み取ると 79000 程度、その 10%は 7900 である。一方、美山錦は 7838 なので、合計の 10%を下回っている。なお、合計の値が微妙な判断になるので、不安なら細かく計算したほうがよい。2408＋2886＋7838＋27078＋39549＝**79759**　となるので、やはり合計は 79000 を超えている。

2 × 言い換えれば、「山田錦は平成25→29年で増加率が50%を下回っている」ということである。そこで、増加率を検討すればよい。

平成25→29年で23081→38431で、概数で23100→38400とすると、増加量は15300である。基準となる23100の10%は2310、50%は5倍で2310×5＝11550なので、15300の増加量は増加率でいうと**50%以上**である。

3 × 言い換えれば、「平成26〜29年の全ての年で、秋田酒こまちの値の10倍は五百万石の値を超えない」ということである。そこで、秋田酒こまちの値の下1桁の0を付けて、五百万石の値と比較すればよい。

例えば、平成28年は秋田酒こまちの値が2672なので、10倍すると**26720**である。一方で、五百万石の値は**26030**なので、秋田酒こまちの10倍は五百万石を超えている。

4 × 3年平均が2800トンを上回るということは、3年合計が2800×3＝8400〔トン〕を上回るということである。そこで、雄町の平成27〜29年を合計すればよい。

合計すると、2886＋2481＋2873≒2890＋2480＋2870＝**8240**となるので、8400を下回っている。

5 ○ 平成28→29年の増加率が小さいのは、やはり減少している項目である。五百万石は26030→20564でかなり大きく減少しているので、これが最も減少率が大きい（＝最も増加率が小さい）。そこで、次に小さいのが秋田酒こまちであるかどうかを検討する。他に匹敵するような項目としては、減少している美山錦だろうと当たりがつけられるので、両者の減少率を確認する。

秋田酒こまちは2672→2417で、概数で2670→2420とすると、減少量は250である。基準となる2670の10%は267、1%は26.7≒27なので、9%は267－27＝240である。250の減少率は9〜10%程度、増加率でいえば**－9〜10%程度**である。

美山錦は7513→7018で、概数で7510→7020とすると、減少量は490である。基準となる7510の1%は75.1≒75、7%は7倍で75×7＝525なので、490の減少量は減少率でいうと7%未満、増加率でいうと**－7%程度**である。

問題15 東京都Ⅰ類（2023年度） ……………………………… 本冊 P.038

正解： 4

1 × 言い換えれば、「2016年のかつお類に対する2016〜2020年のたら類の減少率は、全ての年で20%を超えている（20%よりも減っている）」ということである。ということは、1年でも20%を下回る（20%も減っていない）ところがあれば、本選択肢は誤りになる。そこで、最も値の大きい2020年のたら類に着目するとよいだろう。

2016年のかつお類→2020年のたら類は240051→216631は、概数で240000→217000とすると、減少量は23000である。基準となる240000の10%は24000なので、23000の減少量は減少率でいうと**10%未満**である。つまり、指数でいうと90よりも小さくならないことになる。

2　×　選択肢1と同様、「いずれの年も…上回っている」とあるので、下回りそうな年をピックアップして検討すればよい。なるべく合計が大きく、さけ類が小さい年を探すと、例えば2020年に当たりがつけられる。

2020年の合計は、左端の目盛りから読み取ると、明らかに600000を超える。600000の10%は**60000**であるが、さけ類は**55995**なので、合計の10%を下回っている。

3　×　選択肢1や2と同様、下回りそうな年をピックアップして検討すればよい。なるべくかつお類が小さく、さけ類が大きい年を探すと、例えば2016年に当たりがつけられる。

2016年のさけ類は96360≒96400で、3倍は96400×3＝**289200**である。かつお類は**240051**なので、さけ類の3倍を上回っていない。

4　○　ただ足し算をするだけだが、計算量が多いので注意したい選択肢である。
2016年〜2020年のあじ類とさんまを合計すると、
152524＋113828＋164731＋83803＋135142＋128929＋113870＋45778＋110558＋29675
≒153000＋114000＋165000＋84000＋135000＋129000＋114000＋46000＋111000＋30000＝**1081000**
2016年〜2020年のかつお類を合計すると、
240051＋226865＋259833＋237434＋195900
≒240000＋227000＋260000＋237000＋196000＝**1160000**

5　×　2017→2018年の増加率をみると、確かにさんまは83803→128929でほぼ1.5倍になっており、最大であると考えられる。そこで、最小がたら類かどうかを確認する。

2017→2018年のたら類は173539→178161であり、増加しているのは確実である。しかし、あじ類は164731→135142と減少しており、**増加率は確実にマイナス**になるため、たら類よりも小さくなるといえる。

問題16　警察官Ⅰ類（2018年度）……………………………………………… 本冊 P.039

正解： 1

1　○　20歳代と30歳代が50％以上を占めるということは、20歳代と30歳代の合計を2倍したら全体の合計を超える、ということである。そこで、各年の20歳代と30歳代の合計を2倍したら全体の合計を超えるかどうかを確認する。なお、合計を計算するのは大変なので、左端の目盛りを使うとよい。また、本選択肢は「いずれの年においても」なので、50％を下回るような怪しい1年

をピックアップしたいが、見た目で当たりをつけるのは難しい。あえて挙げるなら 2015 年、2016 年あたりが怪しいので、ここを検討する。

2015 年の 20 歳代と 30 歳代の合計は 2726＋1771≒2730＋1770＝4500 であり、2 倍すると **9000** である。また、全体の合計は左端の目盛りより 9000 未満であることは間違いないので、20 歳代と 30 歳代の合計は **50%以上**と考えられる。

2016 年の 20 歳代と 30 歳代の合計は 3662＋2144≒3660＋2140＝5800 であり、2 倍すると **11600** である。また、全体の合計は左端の目盛りより 11000 程度なので、20 歳代と 30 歳代の合計は **50%以上**と考えられる。

2 ×　どこか 1 か所でも減少しているところさえ見つけられれば、それで誤りだと判断できる。

例えば、2015 → 2016 年の 70 歳以上をみると、**191 → 175** と減少していることがわかる。

3 ×　左端の目盛りから 2015 → 2016 年をみると、8300 → 11000 である。増加量は 2700 であり、基準となる 8300 の 10％は 830、40％は 4 倍で 830×4＝3320 なので、2700 の増加量は増加率でいうと **40%未満**である。これより増加率が大きそうなところを探すと、例えば 2013 → 2014 年に当たりがつけられる。

2013 → 2014 年は左端の目盛りより 4500 → 6500 である。増加量は 2000 であり、基準となる 4500 の 10％は 450、40％は 4 倍で 450×4＝1800 なので、2000 の増加量は増加率でいうと **40%以上**である。

4 ×　100％以上の増加、つまり 2 倍以上になっているものを探すと、70 歳以上が **26 → 54** になっている 2012 → 2013 年の 1 つだけである。

5 ×　2012 → 2016 年で増加率を確認すると、30 歳代は 1205 → 2144 で 2 倍未満であり、他の年齢階層は全て 2 倍以上になっているので、最も小さいのは 30 歳代で正しい。そこで、その次が 20 歳代かどうかを確認する。20 歳代は 1604 → 3662 で 2 倍ちょっとであるが、それと匹敵するくらいなのが、20 歳未満の 391 → 826 である。400 → 800 で 2 倍なので、やはり 2 倍ちょっとだと考えられる。

20 歳代は 3662÷1604≒3660÷1600≒2.28…≒**2.3〔倍〕**
20 歳未満は 826÷391≒2.11…≒**2.1〔倍〕**

問題 17　警察官Ⅰ類（2021 年度）･･････････････････････････････････････ 本冊 P.040

正解：1

1 ○　国内総生産に対する「プロモーションメディア」の比率が低下するということは、国内総生産が大きく、「プロモーションメディア」が小さくなっていればよい。

平成 28 年は国内総生産×1.17％＝**62880**、

平成 29 年は国内総生産×1.17％＝**63907** であるが、どちらも国内総生産に対する総広告費の比率は同じなので、平成 28 → 29 年で国内総生産が大きくなっていることはわかる。

一方で、「プロモーションメディア」は **21184 → 20875** で小さくなっていることもわかる。

2　×　平成 30 年の「新聞・雑誌」と「その他」の合計は 6625＋2553 である。これよりももっと多いところがあれば、本選択肢は誤りである。そこで、多そうなところを探すと、例えば平成 29 年に当たりがつけられる。

平成 29 年は「新聞・雑誌」も「その他」も平成 30 年より多くなっているので、計算しなくても合計が多いのは明らかである。

3　×　5 年平均が 1 兆 4 千億円を超えるということは、5 年合計が 1 兆 4 千億円×5＝7 兆円を超えるということである。

単位を 7 兆円＝70000〔億円〕として、インターネットの合計を計算すればよい。

合計すると

10519＋11594＋13100＋15094＋17589

≒10500＋11600＋13100＋15100＋17600＝**67900**〔**億円**〕、つまり **6 兆7900 億円**となるので、7 兆円は超えない。

4　×　「国内総生産×総広告費の比率＝総広告費の実数」が求められるので、それをふまえて検討する。平成 27 年は国内総生産×1.16％＝61710 なので、国内総生産＝**61710÷1.16％**で求められる。これに匹敵する程度に小さい年を考えると、総広告費の実数が小さい平成 26 年が考えられる。平成 26 年は国内総生産×1.20％＝61522 なので、国内総生産＝**61522÷1.20％**で求められる。両者を比較すると、平成 26 年のほうが割る数（1.20％）が大きく、割られる数（61522）が小さいので、実際に計算すると平成 26 年のほうが値は小さくなるといえる。

5　×　$\dfrac{\text{「地上波テレビ」による広告費}}{\text{総広告費}}$ を平成 26 年と平成 28 年で大小比較すればよい。

平成 26 年は $\dfrac{18347}{61522}$、平成 28 年は $\dfrac{18374}{62880}$ となるので、平成 26 → 28 年で

$\dfrac{18347}{61522}$ → $\dfrac{18374}{62880}$ の大小を比較する。

分子は 18347 → 18374 で、概数で 18300 → 18400 とすると、増加量は 100 である。基準となる 18300 の 0.1％が 18.3≒18、0.6％は 6 倍で 18×6＝108 なので、100 の増加量は増加率でいうと **0.6％未満**である。

分母は 61522 → 62880 で、概数で 61500 → 62900 とすると、増加量は 1400 である。基準となる 61500 の 1％は 615 なので、1400 の増加量は増加率でいうと明らかに **1％以上**である。

分子より分母の増加率のほうが大きいので、分数全体の値は減少し、

$$\frac{18347}{61522} > \frac{18374}{62880}$$ となる。

問題 18 裁判所職員（2022 年度）……………………………………………… 本冊 P.041

正解： 4

1 × 「教員 1 人当たりの生徒数（児童数）」は $\frac{生徒数（児童数）}{教員数}$ と表すことがで

き、2020 年の高等学校は $\frac{3092}{229}$ と表せる。そこで、これより少ないものを探

せばよい。分子の生徒数（児童数）がなるべく少なく、分母の教員数がなるべ

く多いものを探すと、2020 年の高等学校と似たような傾向として 2020 年の

中学校が考えられる。$\frac{3211}{247}$ と表せるので、これを大小比較すればよい。

「2020 年の高等学校→2020 年の中学校」として $\frac{3092}{229} \to \frac{3211}{247}$ で考える。

分子は 3092 → 3211 で、概数より 3090 → 3210 とすると、増加量は 120 で

ある。基準となる 3090 の 1％は 30.9≒31、4％は 4 倍で 31×4＝124 なの

で、120 の増加量は増加率でいうと **4％未満**である。分母は 229 → 247 で、

増加量は 18 である。基準となる 229 の 1％は 2.29≒2.3 で、7％は 7 倍で

2.3×7＝16.1 なので、18 の増加量は増加率でいうと **7％以上**である。分母の

ほうが増加率が大きいので、分数全体の値は小さくなり、$\frac{3092}{229} > \frac{3211}{247}$ であ

る。

2 × 小学校の学校数について、2020 年と 1980 年の 7 割を比較すればよい。
2020 年は **19525**、1980 年は 24945≒24900 で、その 7 割は 24900×0.7
＝2490×7＝**17430** である。

3 × 言い換えれば、「2000 年の中学校の学校数に対する 2010 年の中学校の学
校数の減少率が 8％である」ということである。そこで、減少率を確認する。
ただし、本選択肢は 8％ちょうどの減少率であるという記述なので、本来は厳
密な計算が必要である。面倒であれば後回しにすべき選択肢であろう。
2000 年 の 中 学 校 → 2010 年 の 中 学 校 は 11209 → 10815 で、概 数 で
11200 → 10800 とすると、減少量は 400 である。基準となる 11200 の 1％
は 112、4％は 4 倍で 112×4＝448 となるので、400 の減少量は減少率でい
うと **4％未満**である。2010 年の中学校の学校数は **96 程度**である。

4 ○ 小学校の「教員 1 人当たりの児童数」は $\frac{児童数}{教員数}$ と表すことができる。「25

人」を超えているかを聞いているので、単位を揃える必要があるが、本問の資
料は教員数も児童数も単位が「千人」で揃っているので、そのまま分数にすれ
ばよい。

1980 年は $\dfrac{11827}{468}$ であり、468×25＝11700 なので $\dfrac{11700}{468}$＝25 である。

したがって、$\dfrac{11827}{468}$ は **25 以上**である。このように、「**教員数×25**」を児童数が超えるかどうかを確認すれば、25 人を超えるかどうかはわかる。このとき、1990 ～ 2020 年は全て教員数が 400 以上、全て児童数が 10000 以下である。400×25＝10000 なので、実際の 1990 ～ 2020 年の「教員数×25」は、全て 10000 以上になるはずである。つまり、1990 ～ 2020 年は全て「教員数×25」を児童数が超えないことがわかる。

5 ✕ 「中学校 1 校当たりの生徒数」、「小学校 1 校当たりの児童数」はそれぞれ、$\dfrac{\text{生徒数}}{\text{中学校の学校数}}$、$\dfrac{\text{児童数}}{\text{小学校の学校数}}$ と表すことができる。生徒数・児童数の単位は「千人」なので、「人」にすると 1990 年はそれぞれ、$\dfrac{5369000}{11275}$、$\dfrac{9373000}{24827}$ となる。この差が 10 人未満かどうかを調べればよい。

中学校は

$\dfrac{5369000}{11275}$＝5369000÷11275≒5370000÷11300≒475.2…≒**475〔人〕**

である。

小学校は

$\dfrac{9373000}{24827}$＝9373000÷24827≒9370000÷24800≒377.8…≒**378〔人〕**

であり、差は明らかに 10 人未満ではない。

問題 19 裁判所職員（2021 年度）………………………………………………… **本冊 P.042**

正解：3

1 ✕ 言い換えれば、「各発信端末の 2010 年をもとにする量（基準）としたときに、割合が最も小さくなるのが 2016 年の移動系である」ということである。したがって、2010 年と比較してなるべく小さくなっていればよく（＝減少率が大きければよく）、そうすると移動系以上に小さくなっていると考えられるのは 2016 年の固定系である。

2010 → 2016 年で移動系は 608.7 → 503.9 で、概数で 609 → 504 とすると、減少量は 105 である。同様に、固定系は 385.4 → 194.6 で、概数で 385 → 195 とすると、減少量は 190 である。このとき、固定系のほうがもとにする量（基準）が小さく、減少量は大きいので、減少率は明らかに固定系のほうが大きくなる。

2 ✕ 「全体を通じて…2 割以上」とあるので、1 年でも 2 割未満になっていれば、本選択肢は誤りである。そこで、2 割未満になっていそうな怪しい 1 年をピックアップして検討するのがよい。特に怪しいのは、総回数が多い一方で IP

電話が少ない 2010 年である。

2010 年の総回数は 1106.5≒1107 で、その 2 割は 1107×0.2＝**221.4** である。IP 電話は **112.4** しかないので、2 割未満になっている。

3　○　「指数の対前年減少値」とあるが、指数と実数は連動しているので、本選択肢は対前年減少数が最も大きい年を確認すればよい。

選択肢のいう 2013 → 2014 年の総回数は 990.4 → 932.0 であり、概数で 990 → 932 とすると、減少数は **58** である。他の年で大きく減っていそうなところとして、例えば 2011 → 2012 年があるが、ここも概数で 1080 → 1040 とすると、減少数は **40** であり 2013 → 2014 年には及ばない。

4　×　言い換えれば、「各発信端末の 2010 年に対する 2015 年の増加率で 30% を超えているものはない」ということである。したがって、増加率を確認すればよい。増加率が大きくなりそうなのは、唯一増加している IP 電話である。

IP 電話は 2010 → 2015 年で 112.4 → 149.1 で、概数で 112 → 149 とすると、増加量は 37 である。基準となる 112 の 10% は 11.2≒11、30% は 11×3 ＝33 なので、37 の増加量は増加率でいうと **30%以上** である。

5　×　「固定系の値の総回数に占める割合」は $\dfrac{\text{固定系の値}}{\text{総回数}}$ で確認でき、2011 年

は $\dfrac{350.9}{1083.9}≒\dfrac{351}{1084}$ である。これより割合が大きいものを探すと、例えば 2010 年が考えられる。

2010 年は $\dfrac{385.4}{1106.5}≒\dfrac{385}{1107}$ であり、「2011 年→ 2010 年」とみると、

$\dfrac{351}{1084} → \dfrac{385}{1107}$ である。このとき、分子の増加量は 34、分母の増加量は 23 になる。分子のほうがもとにする量（基準）が小さく、しかし増加量は大きいので、増加率は分子のほうが大きくなることが確実にいえる。つまり、分数全体の値は大きくなるので $\dfrac{351}{1084}＜\dfrac{385}{1107}$ である。

問題20　国家専門職（2019 年度）　········· 本冊 P.043

正解： 2

1　×　「刑法犯の検挙件数に占める窃盗の割合が 70% を上回る」とは、刑法犯×0.7 を窃盗が上回るということである。平成 10 年は刑法犯が 772 で、70% は 772×0.7≒77×7＝**539** となる。窃盗は **597** なので、確かに上回っている。このような年次が他にないか探すと、平成 15 年以降はかなり窃盗が減るので、平成 5 年に当たりをつけることができる。

平成 5 年は刑法犯が **723** で、70% は 723×0.7≒72×7＝**504** となる。窃盗は 553 なので、ここも上回っているといえる。

2　○　「認知件数全体に占める過失運転致死傷等の割合が 30% を下回る」とは、

認知件数全体×0.3 を過失運転致死傷等が下回るということである。ここで、平成20年は平成10年よりも認知件数全体が小さく、過失運転致死傷等が大きいため、もしかすると 30％を上回るのではないかと考えられる。そこで、平成20年に絞って検討するとよい。平成20年も下回っているなら、平成10年は確実に下回るはずである。

平成20年は認知件数全体が 2541 で、30％は 2541×0.3≒2540×0.3＝254×3＝**762** である。過失運転致死傷等は **714** なので、確かに下回っている。

3 × 「認知件数全体に占める刑法犯の割合」は $\dfrac{刑法犯の認知件数}{認知件数全体}$、「検挙件数全体に占める刑法犯の割合」は $\dfrac{刑法犯の検挙件数}{検挙件数全体}$ で確認できる。

平成25年の「認知件数全体に占める刑法犯の割合」は $\dfrac{1314}{1917}$、「検挙件数全体に占める刑法犯の割合」は $\dfrac{394}{997}$ であり、これを大小比較すればよい。これは一見して大小が判断できる。$\dfrac{1314}{1917}$ について、1917 の半分は 1000 を超えないので、$\dfrac{1314}{1917}$ は $\dfrac{1}{2}$ **より大きい数**である。一方、$\dfrac{394}{997}$ について、997 の半分は約 500 であり、$\dfrac{394}{997}$ は $\dfrac{1}{2}$ **より小さい数**であることがわかる。したがって、$\dfrac{\mathbf{1314}}{\mathbf{1917}} > \dfrac{\mathbf{394}}{\mathbf{997}}$ である。

4 × 「全体の検挙率」は $\dfrac{検挙件数全体}{認知件数全体}$ で表せる。平成25年は $\dfrac{997}{1917}$ となるので、これより低い年次がないかを探せばよい。ここで、平成25年の分子 997 を2倍すると 2000 近くになるので、$\dfrac{997}{1917}$ は $\dfrac{1}{2}$ **よりやや大きい数**だという当たりがつく。そこで、$\dfrac{1}{2}$ を下回りそうな年次として、例えば平成15年が挙げられる。

平成15年は $\dfrac{1504}{3646}$ であり、分子 1504 を2倍すると 3000 程度である。分母は 3646 でさらに大きい数なので、$\dfrac{1504}{3646}$ は $\dfrac{1}{2}$ **より小さい数**であることがわかる。

5 × 「刑法犯の検挙率」は $\dfrac{刑法犯の検挙件数}{刑法犯の認知件数}$ で表せる。そこで、平成15年と平成20年を確認する。
平成15年は 648÷2790≒0.232…より **約23%**である。

平成20年は573÷1826≒0.313…より**約31%**である。

問題21 国家一般職（2022年度）……………………………………………… 本冊 P.044

正解：4

1　×　「卸売数量が最も大きい期と最も小さい期が連続する品目」を探すと、りんごの秋期と夏期、日本なしの夏期と春期、すいかの夏期と秋期の3か所がある。そこで、これらについて「卸売価格が最も高い期と最も低い期も連続している」かどうかを確認する。
例えばりんごについて卸売価格をみると、りんごの秋期は**289**、夏期は**435**であるが、夏期の**435**よりも春期の**468**のほうが卸売価格が高い。

2　×　卸売価格の順番をつけると、以下のようになる。
春期：①ぶどう、②みかん、③いちご、④日本なし、⑤りんご、⑥すいか
夏期：①いちご、②ぶどう、③みかん、④日本なし、⑤りんご、⑥すいか
秋期：①いちご、②ぶどう、③日本なし、④りんご、⑤すいか、⑥みかん
冬期：①いちご、②ぶどう、③すいか、④りんご、⑤日本なし、⑥みかん
四つの期のうち少なくとも1期において、上位3位に入ったことがある品目はぶどう、みかん、いちご、日本なし、すいかの**五つ**である。

3　×　「常に…3割以上」とあるので、3割未満になっている期がないかを探すとよい。りんごが少なく、他の品目が多い期を探すと、例えば夏期に当たりがつけられる。
夏期の卸売数量の合計は
21211＋38424＋46281＋35414＋349＋92062
≒21200＋38400＋46300＋35400＋300＋92100＝233700　である。その3割は233700×0.3≒234000×0.3＝23400×3＝**70200**であり、りんごの卸売数量は**38424**なので、下回っている。

4　○　今後の構成比の資料でも学習する「総数×構成比」の倍率の考え方を使うとよい。×の記号の前後の倍率で判断ができる、というものである。
例えば、2×3 → 4×9 を考えると、×の前の数値は 2 → 4 で2倍、×の後の数値は 3 → 9 で3倍なので、かけ算の答えは 2×3＝6 倍になる。実際に計算すると、2×3＝6 → 4×9＝36 で、確かに 6 → 36 で6倍になっていることがわかる。
「小さいほう→大きいほう」で考えていくと、例えばみかんは「夏期の 21211 ×540 →冬期 82422×261」となっており、×の前が約4倍、×の後が約$\frac{1}{2}$

倍なので、トータルで $4×\frac{1}{2}＝$**2倍**くらいだと考えられる。
りんごは「夏期の 38424×435 →冬期 77744×330」となっており、×の前は約2倍であるが、×の後は減っているので、トータルで**2倍未満**だと考えら

れる。

日本なしは「冬期の 264×287 →夏期の 46281×515」で、×の前は明らか
に 10 倍以上、×の後も増加しているので、トータルで明らかに **10 倍を超え
る**。

ぶどうは「冬期の 371×1140 →夏期の 35414×1365」で、×の前が明らか
に 10 倍以上、×の後も増加しているので、トータルで明らかに **10 倍を超え
る**。

いちごは「夏期の 349×1951 →冬期の 45895×1424」で、×の前は 100 倍
以上、×の後は 0.7 倍程度なので、トータルで明らかに 10 倍を超える。

すいかは「冬期の 1880×373 →夏期の 92062×209」で、×の前が明らかに
45 倍以上、×の後は 0.6 倍程度なので、明らかに 10 倍を超える。

5 × 　卸売数量をみると、秋期はみかんだけでも 239702 トンで 20 万トンを超
えている。また、夏期もざっと 6 品目を足すと 200000 トンを超えると考えら
れる。春期は一見して超えないと思われるが、冬期だけはすぐに判断できない
ので、冬期の 6 品目を足してみる。

冬期の卸売数量の合計は

82422＋77744＋264＋371＋45895＋1880

≒82400＋77700＋300＋400＋45900＋1900＝**208600〔トン〕**　となるの
で、冬期も超える。

2 1 構成比の資料の検討

問題1 警察官Ⅰ類（2019年度）··· 本冊 P.052

正解：3

1 ×　ばらまき型以外の標的型メール攻撃は、平成27年が3828×8%、平成26年が1723×14%である。キリのいい数値で計算すればよい。
例えば、平成27年を少なめに計算すると3800×8%＝38×8＝**304**、平成26年を多めに計算すると1800×15%＝18×15＝**270**となる。平成27年を少なく、平成26年を多く計算しても平成27年のほうが大きくなってしまうので、実際に計算すれば平成27年のほうが確実に大きくなる。

2 ×　平成29年の対前年増加率が最も高いということは、平成28→29年の増加率が最大ということである。4046→6027なので、概数で4000→6000とすれば、**約1.5倍**（＝増加率**50%**）になっていることが読み取れる。しかし、平成26年の対前年増加率をみると、平成25→26年で492→1723であり、これは明らかに**3倍以上**（＝増加率**200%以上**）である。

3 ○　ばらまき型の標的型メール攻撃の件数は、平成25→26年で492×53%→1723×86%になっている。「総数×構成比」の倍率で考えると、総数は492→1723で3倍以上、構成比は53%→86%で1.5倍以上なので、トータルで3×1.5＝**4.5倍以上**（＝増加率**350%以上**）である。これに匹敵するくらいの高い倍率は、平成26〜29年では存在しない。

4 ×　標的型メール攻撃の件数は平成28→29年で4046→6027であり、増加量は**2000未満**である。他にもっと増えているところを探すと、例えば平成26→27年に当たりがつけられる。平成26→27年は1723→3828であり、増加量は明らかに**2000以上**である。

5 ×　ばらまき型以外の標的型メール攻撃の件数が減っていそうなところを探すと、例えば平成28→29年に当たりがつけられる。平成28→29年は4046×10%→6027×3%であり、平成28年を少なめに、平成29年を多めにして4000×10%→7000×5%だとしても、**400→350**と減少していることがわかる。ということは、正確に計算すれば減っていることは確実である。

問題2 消防官Ⅰ類（2022年度）··· 本冊 P.053

正解：4

1 ×　1965→2018年で、世帯あたりのエネルギー消費全体は表の左端にあるとおり17545→31600である（単位が「MJ/世帯」と書かれている点から判断できる）。したがって、世帯あたりのエネルギー源別消費の電気は17545×22.8%→31600×51.2%となっていることがわかる。そこで、「総

数×構成比」の倍率から検討するとよい。

総数は 17545 → 31600 で 2 倍未満である。構成比は 22.8% → 51.2% で、仮に 22% を 2.5 倍しても 55% なので、2.5 倍未満である。ということは、トータルの倍率は 2 倍未満×2.5 倍未満 ＝**5 倍未満**であることが確実である。

2　×　世帯当たりのエネルギー源別消費を調べるにあたっては、選択肢 1 のとおり、「総数×構成比」という式を立てることになるが、本選択肢は全て 1965 → 1973 年の確認なので、総数はどのエネルギー源でも 17545 → 30266 で変わらない。したがって、総数は無視して、構成比だけで増加率の大小比較が可能である。最も大きいのは 15.1% → 31.3% になっている灯油なのは間違いない。そこで、2 番目に大きいものが都市ガスでいいかどうかを検討する。都市ガスは 14.8% → 17.0%、増加量は 2.2% であるが、もっと増加率が大きそうなエネルギー源として例えば LP ガスに当たりがつけられる。LP ガスは 12.0% → 17.4%、増加量は 5.4% である。LP ガスのほうがもとにする量（基準）が 12.0% と小さいにも関わらず、増加量が 5.4% と大きいので、都市ガスよりも増加率は大きくなることが判断できる。

3　×　本選択肢は直接数値の増加量を聞いているので、都市ガスの「総数×構成比」を計算するしかない。

1973 年は 30266×17.0%≒30300×17%＝303×17＝**5151** である。
2018 年は 31600×21.9%≒31600×22%＝316×22＝**6952** である。

4　○　1965 年の石炭は 17545×35.3%、2018 年の灯油は 31600×16.1% である。そのまま計算してもよいが、ここでは 17545×35.3% → 31600×16.1% と考えて、「総数×構成比」の倍率で検討する。

総数は 17545 → 31600、概数で 17500 → 31600 とすれば、増加量は 14100 である。基準となる 17500 の 10% は 1750、80% は 8 倍で 1750×8＝14000 なので、14100 の増加量は増加率でいうと約 80%、倍率でいうと約 1.8 倍である。

構成比は 35.3〔%〕→ 16.1〔%〕、減少量は 19.2〔%〕である。基準となる 35.3〔%〕の 10% は 3.53〔%〕≒3.5〔%〕、60% は 6 倍で 3.5×6＝21〔%〕なので、19.2〔%〕の減少量は減少率でいうと 60% 未満、倍率でいうと約 0.4 倍である。

ということは、トータルで倍率は 1.8×0.4＝**0.72〔倍〕**であり、「1965 年の石炭→ 2018 年の灯油」で 0.72 倍に減少していることがわかるので、大小関係は「1965 年の石炭＞2018 年の灯油」である。

5　×　1965 年の灯油→ 2018 年の灯油で 17545×15.1% → 31600×16.1% となっており、これが増加率 100%（倍率でいうと 2 倍）になっているかどうかを確認すればよい。そのまま計算してもよいが、ここでは「総数×構成比」の倍率で検討する。

総数は 17545 → 31600、概数で 17500 → 31600 とすれば、増加量は 14100 である。すでに選択肢 4 で検討済みであり、倍率でいうと約 1.8 倍である。
構成比は 15.1〔%〕→ 16.1〔%〕、増加量は 1.0〔%〕である。基準となる

CHAPTER 2 構成比の資料

027

15.1〔％〕の 1％ は 0.151〔％〕≒0.15〔％〕、7％ は 7 倍で 0.15×7＝1.05〔％〕なので、1.0〔％〕の増加量は増加率でいうと 7％ 程度、倍率でいうと約 1.07 倍である。

ということは、トータルで倍率は 1.8×1.07＝**1.926〔倍〕**であり、2 倍にまでは達していないことになる。

問題3 消防官Ⅰ類（2021 年度）··· 本冊 P.054

正解：5

ア　×　2010 年の中国→2018 年の中国は、6741×19.4％ → 8148×19.5％ であり、この増加率が 3 割（30％）以上になっているかを検討すればよい。ここでは「総数×構成比」の倍率で確認して、これが 1.3 倍以上となるかどうかを検討する。

総数は 6741 → 8148、概数で 6740 → 8150 となり、増加量は 1410 である。基準となる 6740 の 10％ は 674、20％ は 2 倍で 674×2＝1348、1％ は 67.4≒67 なので、1410 の増加量は 21％ 程度、倍率でいうと 1.21 倍である。構成比は 19.4〔％〕→ 19.5〔％〕で、増加量は 0.1〔％〕である。ほぼ同じなので、ここでは増加率 0％、倍率でいうと 1 倍とみなすことにする。

ということは、トータルで倍率は 1.21×1＝**1.21〔倍〕**であり、1.3 倍（増加率 30％）には達していないことになる。

イ　×　一見すると、総数は増加、構成比は減少しているので、細かく計算しなければ判断できないように思われるが、そもそも本選択肢は「増加し続けている」とあり、資料には 2000 年、2010 年、2018 年の 3 年のデータしか挙げられていない。したがって、データにない年で減少している可能性もあるため、「増加し続けている」かどうかについては不明である。

ウ　○　2000 年の韓国→2018 年の香港は 5165×6.4％ → 8148×4.7％ であり、これが増加しているかを確認すればよい。ここでも「総数×構成比」の倍率で確認して、これが 1 倍を超えるかどうかを検討する。

総数は 5165 → 8148 で、概数 5170 → 8150 とすれば、増加量は 2980 である。基準となる 5170 の 10％ は 517、50％ は 5 倍で 517×5＝2585 なので、2980 の増加量は増加率でいうと 50％ 以上、倍率でいうと 1.5 倍以上である。

構成比は 6.4〔％〕→ 4.7〔％〕、減少量は 1.7〔％〕である。基準となる 6.4〔％〕の 10％ は 0.64≒0.6〔％〕、30％ は 3 倍で 0.6×3＝1.8〔％〕なので、1.7 の減少量は減少率でいうと 30％ 未満、倍率でいうと 0.7 倍以上である。

ということは、トータルで倍率は 1.5×0.7＝**1.05〔倍〕**であり、「2000 年の韓国×1.05＝2018 年の香港」がいえるので、2018 年の香港は 2000 年の韓国より多い。

よって、ア誤　イ誤　ウ正　なので正解は 5 である。

正解：5

ア × 日本のGDPは2006年→2016年で52×8.7%→76×6.5%と変化しており、これが減少しているかを確認すればよい。数値が小さいので、実際に計算したほうが早いと思われる。
$52×0.087≒52×0.09=$**4.68**、$76×0.065≒76×0.07=$**5.32**となる。

イ × 本記述は増加額の比較なので、「総数×構成比」をそれなりに計算することが求められる。2006→2016年でアメリカは52×26.7%→76×24.4%と変化している。一方、日本、ドイツ、イギリス、フランスの4か国合計は
$52×(8.7%+5.8%+5.2%+4.5%)=52×24.2%→$
$76×(6.5%+4.6%+3.5%+3.2%)=76×17.8%$と変化している。
以上より、アメリカの増加額は76×24.4%−52×26.7%、4か国合計は76×17.8%−52×24.2%となる。アメリカと4か国合計の大小を比較したいので、例えば「アメリカ−4か国合計」で計算すると計算の手間が省ける。
$76×24.4%−52×26.7%−(76×17.8%−52×24.2%)$
$=76×24.4%−52×26.7%−76×17.8%+52×24.2%$
$=$**76×6.6%−52×2.5%**
この時点で、76と52では76のほうが大きく、6.6%と2.5%でも6.6%のほうが大きいので、76×6.6%−52×2.5%は確実にプラスになり、アメリカのほうが値は大きいことがわかる。

ウ ○ 中国のGDPは2006年→2016年で52×5.3%→76×14.7%である。これが3倍以上増加した（増加率が200%以上になった）かどうかを確認すればよい。ここでは「総数×構成比」の倍率で検討する。
総数は、52→76で増加量は24である。基準となる52の10%は5.2、40%は4倍で5.2×4=20.8なので、24の増加量は増加率でいうと40%以上、倍率でいうと1.4倍以上である。
構成比は、5.3〔%〕→14.7〔%〕で、増加量は9.4〔%〕である。基準となる5.3〔%〕の10%は0.53≒0.5〔%〕、80%は8倍で0.5×8≒4〔%〕なので、9.4〔%〕の増加量は100%+80%くらいで約180%の増加率であり、倍率でいうと2.8倍となる（そこまでややこしい計算でもないので、割り算で14.7÷5.3≒2.8〔倍〕と求めてよい）。
ということは、トータルの倍率は1.4×2.8=**3.92〔倍〕**となる。
よってア誤　イ誤　ウ正　なので正解は5である。

正解：5

1　×　喫茶店の事業所数は 419663×19.9% で求めることができる。わかりやすい数値で考えると、500000×20%＝100000 となるので、それより小さい 419663×19.9% では確実に 100000 を切ることになる。

2　×　収入額の合計は 14 兆 6 千億円であり、これを 14.6 兆円として計算すると、日本料理店の収入額は 14.6×15.6% と考えられる。14.6 の 10% は 1.46〔兆円〕、5% はその半分で 0.73〔兆円〕であり、これで 15% は 1.46＋0.73＝**2.19〔兆円〕**である。つまり、14.6×15% は 2 兆円は超えていることになる。

3　×　「1 店舗当たりの収入額」は $\dfrac{\text{収入額}}{\text{店舗数}}$ で表すことができ、喫茶店は $\dfrac{14.6×8.1\%}{419663×19.9\%}$、日本料理店は $\dfrac{14.6×15.6\%}{419663×10\%}$ となる。ここで分子や分母の 14.6、419663 は共通しているので無視して、$\dfrac{8.1\%}{19.9\%}$ と $\dfrac{15.6\%}{10\%}$ で大小比較をすればよい。

「喫茶店→日本料理店」とすると $\dfrac{8.1\%}{19.9\%} → \dfrac{15.6\%}{10\%}$ で、分子は増加、分母は減少していることから、分数全体は明らかに増加していることがわかり、$\dfrac{8.1\%}{19.9\%} < \dfrac{15.6\%}{10\%}$ となる。

4　×　選択肢 3 同様に、「1 店舗当たりの収入額」は構成比だけで分数を作れば大小比較はできるので、それをふまえて検討する。西洋料理店は $\dfrac{11.3\%}{6.9\%}$ となるので、これより大きいところがないかを探すと、例えばハンバーガー店に当たりをつけることができる。ハンバーガー店は $\dfrac{3.5\%}{1.2\%}$ で **2 以上の数値**となり、西洋料理店の $\dfrac{11.3\%}{6.9\%}$ は **2 未満の数値**である。

5　○　選択肢 3 同様に、「1 店舗当たりの収入額」は構成比だけで分数を作れば大小比較はできるので、それをふまえて検討する。お好み焼店は $\dfrac{1.4\%}{4.7\%}$ となるので、これより小さいところがないかを探せばよい。例えば喫茶店も $\dfrac{8.1\%}{19.9\%}$ でかなり小さいが、$\dfrac{8.1\%}{24.3\%}＝\dfrac{1}{3}$ なので、$\dfrac{8.1\%}{19.9\%}$ は $\dfrac{1}{3}$ **より大きい**。一方、お好み焼店は $\dfrac{1.4\%}{4.7\%}$ であり、$\dfrac{1.4\%}{4.2\%}＝\dfrac{1}{3}$ なので、$\dfrac{1.4\%}{4.7\%}$ は $\dfrac{1}{3}$ **よりも小さい**。

問題6 消防官Ⅰ類（2021年度）･････････････････････････････ 本冊 P.057

正解： 5

1　×　輸入量の中でも生鮮品と加工品に分かれているので、先に計算しておくとよい。輸入量のうち生鮮品は3310×28%≒33×28＝**924**、加工品は3310×72%≒33×72＝**2376** である。
これをふまえて、国内生産量のたまねぎと輸入量のうち生鮮品のたまねぎを足した量は、11468×10%＋924×31% と表せる。また、輸入量のうち加工品のトマトとその他を足した量は、2376×（40%＋38%）＝2376×78% と表せる。これのどちらが大きいかを確認すればよい。これは総数がバラバラなので、それなりに計算したほうがよいだろう。
11468×10%＋924×31%≒11500×10%＋920×30%＝1150＋276
　　　　　　　　　　　　　　　　　　　　　　　　　　　　＝**1426**

2376×78%≒2380×80%＝**1904**

2　×　輸入量のうち生鮮品のにんじんとかぼちゃを足した量は、
924×（12%＋11%）＝924×23% である。また、輸入量の5分の1は3310÷5である。
924×23%≒920×25%＝920÷4＝**230**
3310÷5≒3300÷5＝**660**

3　×　輸入量のうち加工品のにんじんは 2376×10%、輸入量のうち生鮮品のにんじんは 924×12% である。これは計算式を見た段階で、明らかに加工品のほうが多いことがわかる。

4　×　国内生産量のキャベツ、だいこん及びたまねぎを足した量は、
11468×（13%＋12%＋10%） で求めることができる。
11468×（13%＋12%＋10%）＝11468×35%≒11500×35%＝115×35
　　　　　　　　　　　　　　　　　　　　　　　　　　　　＝**4025**

5　○　国内生産量のたまねぎの量は11468×10%≒11500×10%＝**1150** である。
輸入量のうち加工品のトマトの量は2376×40%≒2380×40%＝238×4＝**952** である。

問題7 裁判所職員（2019年度）･････････････････････････････ 本冊 P.058

正解： 2

1　×　平成23年の富山県は218769×3.2%、平成28年の山形県は235462×3.3% で求められる。このとき、総数と構成比に着目すると、どちらも「平成23年の富山県＜平成28年の山形県」となっており、計算しなくても生産量は「平成23年の富山県＜平成28年の山形県」であるとわかる。

2　○　平成23年の秋田県は218769×4.6%、平成28年の新潟県は235462×4.2%

で求められる。選択肢1と異なり、総数と構成比の値だけでは判別できないので、計算したほうがよい。本選択肢は「平成23年の秋田は平成28年の新潟より多い」という記述なので、平成23年の秋田の総数を少なめ、平成28年の新潟の総数を多めに計算して、それでも平成23年の秋田が多くなれば、この選択肢は確実に正解だと判断できる。

平成23年の秋田県は
218769×4.6%≒218000×0.046＝218×46＝**10028**、

平成28年の新潟県は
235462×4.2%≒236000×0.042＝236×42＝**9912**　となる。

3　×　上位5県の構成比をそのまま足せば判断ができる。
平成23年を足すと、27.4＋8.8＋7.6＋7.4＋4.6であり、キリよく多めに計算すると、28＋9＋8＋8＋5＝**58〔％〕**となり、多めに計算しても60％未満となる。

4　×　平成23年の北海道と佐賀県の合計は218769×（27.4％＋8.8％）＝218769×36.2％、平成28年の北海道は235462×35.0％で求められる。倍率で検討してもよいが、ここでは概算で検討する。
平成23年の北海道と佐賀県の合計は
218769×36.2％≒219000×36％＝2190×36＝**78840**、

平成28年の北海道は
235462×35.0％≒235000×35.0％＝2350×35＝**82250**　となる。

5　×　青森県について、平成23年は218769×2.9％、平成28年は235462×3.1％で求められる。それぞれ概算して、1000以上多いかどうかを検討する。
平成23年は218769×2.9％≒219000×2.9％＝2190×2.9＝**6351**、平成28年は235462×3.1％≒235000×3.1％＝2350×3.1＝**7285**となるので、平成28年のほうが7285－6351＝**934〔t〕**多い。

問題8　**特別区Ⅰ類（2023年度）**　⋯⋯⋯⋯⋯⋯⋯⋯⋯⋯⋯⋯⋯⋯⋯⋯⋯⋯⋯　**本冊 P.059**

正解：4

1　×　「「70－74歳」の相談件数に対する「80－84歳」の相談件数の比率」は $\dfrac{\text{「80－84歳」の相談件数}}{\text{「70－74歳」の相談件数}}$ で表すことができる。2018年は $\dfrac{358012×12.9\%}{358012×29.7\%}$、2021年は $\dfrac{253044×16.7\%}{253044×28.7\%}$ となる。このとき、それぞれの分母と分子で共通する358012、253044は約分して消えるので、構成比だけに着目して、$\dfrac{12.9\%}{29.7\%}$ と $\dfrac{16.7\%}{28.7\%}$ の大小を比較すればよい。

「2018→2021年」で $\dfrac{12.9\%}{29.7\%} \rightarrow \dfrac{16.7\%}{28.7\%}$ であり、分子は増加、分母は減少し

ているので、分数全体の値は増加する。つまり、$\dfrac{12.9\%}{29.7\%} < \dfrac{16.7\%}{28.7\%}$ である。

2 × 「70−74歳」は2018→2021年で358012×29.7%→253044×28.7%に変化しており、総数も構成比も減少している。このように構成比も減少している年齢階級を探すと、「65−69歳」しかない。しかも、358012×31.9%→253044×23.0%と構成比の減少量も8.9%と非常に大きい。そこで、実際に「総数×構成比」を計算しなくても、「65−69歳」のほうが減少数は大きいと判断できる。

3 × 「85歳以上」の相談件数は2018→2021年で358012×8.0%→253044×12.0%と変化している。この変化が1.1倍を上回るかを調べるために、ここでは「総数×構成比」の倍率で検討する。

総数は358012→253044で、概数で358000→253000とすると、減少量は105000である。基準となる358000の10%は35800であり、30%は3倍で35800×3＝107400なので、105000の減少量は、減少率でいうと30%いかない程度、倍率でいうと**約0.7倍**である。

構成比は8.0〔％〕→12.0〔％〕で、増加量は4.0〔％〕である。基準となる8.0〔％〕の50%は半分で4.0〔％〕なので、4.0〔％〕の増加量は、増加率でいうと50%、倍率でいうと**1.5倍**である。

ということは、トータルで倍率は0.7×1.5＝**1.05〔倍〕**である。

4 ○ 2018→2021年の合計の減少数の50%を計算して、それと2018→2021年の「65−69歳」の減少数を比較すればよい。

合計の減少数は358012−253044≒358000−253000＝105000であり、その50%は105000÷2＝**52500**となる。

一方、「65−69歳」は2018年が
358012×31.9%≒358000×32%＝3580×32＝114560、
2021年が253044×23.0%≒253000×23%＝2530×23＝58190である。
減少数は114560−58190＝**56370**となる。

5 × 言い換えると、「「75−79歳」は2018→2021年で減少率が20%を下回っている（20%までは減っていない）」ということである。2018年は358012×17.5%、2021年は253044×19.6%なので、減少率を調べればよい。ここでは「総数×構成比」の倍率で検討する。

総数は358012→253044で、概数で358000→253000とすると、減少量は105000である。選択肢3で検討したとおり、倍率は**約0.7倍**である。

構成比は17.5〔％〕→19.6〔％〕で、増加量は2.1〔％〕である。基準となる17.5〔％〕の10%は1.75〔％〕、1%は0.175≒0.18〔％〕、2%は2倍で0.18×2＝0.36〔％〕なので、2.1〔％〕の増加量は増加率でいうと12%程度、倍率でいうと**1.12倍**である。

ということは、トータルの倍率は0.7×1.12＝**0.784〔倍〕**となるので、減少率は1−0.784＝0.216、つまり21.6%である。

正解：1

1 ○ 1970 → 2019 年のアフリカの増加率と、ヨーロッパの増加率の 18 倍を比較すればよい。ここでは「総数×構成比」の倍率で検討する。

アフリカは 3700437×9.8% → 7713468×17.0% である。総数は 3700437 → 7713468 で、概数で 3700000 → 7710000、下 4 桁をカットすると 370 → 771 で増加量は 401 である。基準となる 370 の 10% は 37 なので、401 の増加量は増加率でいうと 110% 程度、倍率でいうと **2.1 倍程度**である。一方、構成比は 9.8〔%〕→ 17.0〔%〕で、増加量は 7.2〔%〕である。基準となる 9.8〔%〕の 10% は 0.98≒1〔%〕で、70% は 7 倍で 1×7＝7〔%〕なので、7.2〔%〕の増加量は増加率でいうと 70% 程度、倍率でいうと **1.7 倍程度**である。つまり、トータルの倍率は 2.1×1.7＝**3.57〔倍〕**なので、増加率でいうと 3.57－1＝2.57、つまり **257%** となる。

ヨーロッパは 3700437×17.8% → 7713468×9.7% である。総数の倍率は前述で検討したとおり、**2.1 倍**である。一方、構成比は 17.8〔%〕→ 9.7〔%〕で、減少量は 8.1〔%〕である。基準となる 17.8〔%〕の 10% は 1.78≒1.8〔%〕で、50% は 5 倍で 1.8×5＝9〔%〕なので、8.1〔%〕の減少量は減少率でいうと 50% 未満、倍率でいうと **0.5 倍以上**となる。つまり、トータルの倍率は 2.1×0.5＝1.05〔倍〕なので、増加率でいうと 1.05－1＝0.05、つまり 5% となる。これを 18 倍しても 5×18＝**90%** である。

2 × 1970 → 2019 年の北アメリカの倍率を確認すればよい。北アメリカは 3700437×6.2% → 7713468×4.7% となるので、これを「総数×構成比」の倍率で検討する。

総数は 3700437 → 7713468 であり、選択肢 1 のとおり、倍率は **2.1 倍程度**である。

構成比は 6.2〔%〕→ 4.7〔%〕で、減少量は 1.5〔%〕である。基準となる 6.2〔%〕の 10% は 0.62〔%〕、20% は 2 倍で 0.62×2＝1.24〔%〕、5% は 10% の半分で 0.62÷2＝0.31〔%〕なので、1.5〔%〕の減少量は減少率でいうと 25% 程度、倍率でいうと **0.75 倍程度**である。

ということは、トータルの倍率は 2.1×0.75＝**1.575〔倍〕**である。

3 × 言い換えれば、「1970 → 2019 年のアジアの増加率は 110% 未満である（110% までは増加していない）」ということである。アジアは 3700437×57.9% → 7713468×59.7% となるので、ここも「総数×構成比」の倍率で検討する。

総数は 3700437 → 7713468 であり、選択肢 1 で検討したとおり、倍率でいうと **2.1 倍程度**である。

構成比は 57.9〔%〕→ 59.7〔%〕で、増加量は 1.8〔%〕である。基準となる 57.9〔%〕の 1% は 0.579≒0.58〔%〕、3% は 3 倍で 0.58×3＝1.74

〔%〕なので、1.8〔%〕の増加量は増加率でいうと 3% 程度、倍率でいうと **1.03 倍程度**である。

ということは、トータルの倍率は 2.1×1.03＝**2.163〔倍〕**なので、増加率は 2.163－1＝1.163＝116.3% である。そもそも、総数だけでも 2.1 倍で、構成比も増加していることがわかれば、トータルの倍率は確実に 2.1 倍以上になるので、その時点で 2.1 倍を超えることは判断できるだろう。

4 ×　1970 → 2019 年の世界人口の増加人数の 10% と、南アメリカの増加人数を比較すればよい。

世界人口の増加人数は、選択肢 1 のとおり、4010000 である。10% は **401000** となる。

南アメリカは 1970 年が 3700437×7.8%≒3700000×7.8%＝37000×7.8 ＝288600、2019 年が 7713468×8.4%≒7710000×8.4%＝77100×8.4 ＝647640 である。増加量は 647640－288600＝**359040** となる。

5 ×　「ヨーロッパの人口に対するオセアニアの人口の比率」は $\dfrac{\text{オセアニアの人口}}{\text{ヨーロッパの人口}}$ で表せる。1970 年は $\dfrac{3700437×0.5\%}{3700437×17.8\%}$、2019 年は $\dfrac{7713468×0.5\%}{7713468×9.7\%}$ となる。両者とも分母と分子の 3700437、7713468 は共通しているので約分して、$\dfrac{0.5\%}{17.8\%}$ と $\dfrac{0.5\%}{9.7\%}$ の大小を比較すればよい。

1970 → 2019 年で $\dfrac{0.5\%}{17.8\%}$ → $\dfrac{0.5\%}{9.7\%}$ とみると、分子は同じだが分母だけは減っている。分母が減ると分数全体の値は大きくなるので、$\dfrac{0.5\%}{17.8\%} < \dfrac{0.5\%}{9.7\%}$、つまり 1970 年 ＜2019 年であることがわかる。

問題 10　特別区 I 類（2018 年度）………………………………………………… 本冊 P.061

正解：4

1 ×　言い換えれば、「2000 → 2015 年度の工学の減少率は 10% 未満である（10% までは減っていない）」ということである。599655×17.9% → 617507×14.8% の減少率を確認すればよい。ここでは、「総数×構成比」の倍率で検討する。

総数は 599655 → 617507 で、概数で 600000 → 618000 とすれば、増加量は 18000 である。基準となる 600000 の 1% は 6000、3% は 3 倍で 6000×3＝18000 なので、18000 の増加量は増加率でいうと 3%、倍率でいうと **1.03 倍**である。

構成比は 17.9〔%〕→ 14.8〔%〕で、減少量は 3.1〔%〕である。基準となる 17.9〔%〕の 10% は 1.79≒1.8〔%〕、1% は 0.18〔%〕、7% は 7 倍で 0.18×7＝1.26〔%〕なので、3.1〔%〕の減少量は減少率でいうと 17% 程

度、倍率でいうと **0.83 倍**である。

トータルの倍率は $1.03 \times 0.83 = \mathbf{0.8549}$〔**倍**〕なので、0.9 倍を下回る。つまり、減少率は 10% 以上になるので、指数は 90 を下回る。

2 × 「理学の大学入学者数に対する社会科学の大学入学者数の比率」は $\dfrac{社会科学の大学入学者数}{理学の大学入学者数}$ で表せる。2000 → 2015 年度で $\dfrac{599655 \times 40.2\%}{599655 \times 3.5\%}$

→ $\dfrac{617507 \times 32.6\%}{617507 \times 3.0\%}$ となるが、それぞれの分数の分母、分子の 599655、

617507 は共通しているので約分して、$\dfrac{40.2\%}{3.5\%}$ → $\dfrac{32.6\%}{3.0\%}$ で大小比較をすればよい。分子どうし、分母どうしの減少率で検討することもできるが、そこまで大きな数値ではないので、割り算の計算を途中までしてもよい。

$\dfrac{40.2\%}{3.5\%} = 40.2 \div 3.5 = 402 \div 35 = \mathbf{11.48}\cdots$、

$\dfrac{32.6\%}{3.0\%} = 32.6 \div 3.0 = 326 \div 30 = \mathbf{10.86}\cdots$ となるので、$\dfrac{40.2\%}{3.5\%} > \dfrac{32.6\%}{3.0\%}$、

つまり 2000 年度 > 2015 年度である。

3 × 増加数を聞いているので、「総数 × 構成比」の計算をある程度覚悟しなければならない。2000 → 2015 年度で保健は $599655 \times 5.3\%$ → $617507 \times 11.1\%$、農学は $599655 \times 2.7\%$ → $617507 \times 2.8\%$ なので、保健と農学の 35 倍の大小を比較すればよい。

保健の 2000 年度は $599655 \times 5.3\% \fallingdotseq 600000 \times 5.3\% = 6000 \times 5.3 = 31800$、2015 年度は $617507 \times 11.1\% \fallingdotseq 618000 \times 11.1\% = 6180 \times 11.1 = 68598 \fallingdotseq 68600$ なので、増加数は $68600 - 31800 = \mathbf{36800}$ となる。

農学の 2000 年度は $599655 \times 2.7\% \fallingdotseq 600000 \times 2.7\% = 6000 \times 2.7 = 16200$、2015 年度は $617507 \times 2.8\% \fallingdotseq 618000 \times 2.8\% = 6180 \times 2.8 = 17304 \fallingdotseq 17300$ なので、増加数は $17300 - 16200 = \mathbf{1100}$ となる。これを 35 倍すると、$1100 \times 35 = \mathbf{38500}$ である。

4 ○ 2000 → 2015 年度の社会科学は $599655 \times 40.2\%$ → $617507 \times 32.6\%$、人文科学は $599655 \times 16.4\%$ → $617507 \times 14.1\%$ なので、「総数 × 構成比」の倍率から検討するとよい。

社会科学の総数は 599655 → 617507 で、選択肢 1 のとおり、倍率は **1.03 倍**である。構成比は 40.2〔%〕→ 32.6〔%〕で、減少量は 7.6〔%〕である。基準となる 40.2〔%〕の 10% は $4.02 \fallingdotseq 4$〔%〕、1% は 0.4〔%〕、9% は 9 倍で $0.4 \times 9 = 3.6$〔%〕なので、7.6〔%〕の減少量は減少率でいうと 19% 程度、倍率でいうと **0.81 倍**である。以上よりトータルの倍率は $1.03 \times 0.81 = 0.8343 \fallingdotseq \mathbf{0.83}$〔**倍**〕なので、減少率は 17% 程度である。

人文科学の総数は 599655 → 617507 で、前述のとおり、倍率は **1.03 倍**である。構成比は 16.4〔%〕→ 14.1〔%〕で、減少量は 2.3〔%〕である。基準となる 16.4〔%〕の 10% は $1.64 \fallingdotseq 1.6$〔%〕、1% は 0.16〔%〕、4% は 4 倍で $0.16 \times 4 = 0.64$〔%〕なので、2.3〔%〕の減少量は減少率でいうと

14% 程度、倍率でいうと **0.86 倍** である。以上よりトータルの倍率は
1.03×0.86＝0.8858≒**0.89〔倍〕** なので、減少率は 11% 程度である。

5　×　社会科学は 2000 → 2015 年度で 599655×40.2% → 617507×32.6%
なので、この倍率を確認すればよい。しかし、これはすでに選択肢 4 で検討し
たとおりであり、トータルの倍率は **0.83 倍程度** である。本問のような 2 年の
間での「総数×構成比」しか出てこない資料の場合は、計算の使い回しが多く
できるので、ぜひ活用するとよい。

問題 11　消防官Ⅰ類（2021 年度）··· 本冊 P.062

正解：3

1　×　1955 年は 5517×18.5% で、他の年に比べて総数も構成比も最も少ない
ので、従業者数は最も少ないといえる。一方、最も多いところは 2016 年の
7571×41.9% だけでなく、総数が特に多い 1990 年の 11173×38.8% も考
えられる。そこで、ここでは 2016 年を少し多め、1990 年を少し少なめに計
算して、大小関係を検討する。
2016 年を少し多めに 7600×42% とすると、76×42＝**3192** となる。
1990 年を少し少なめに 11100×38% とすると、111×38＝**4218** となる。

2　×　総数の単位を「億円」とすると、1955 → 1990 年で 67720×14.7% →
3233726×43.4% と変化している。これが 150 倍を超えるかどうかを調べる
ために、「総数×構成比」の倍率で検討する。
総数は 67720 → 3233726 で、概数で 67700 → 3230000 とすると、仮に
67700 を 50 倍すると 67700×50＝3385000 なので、総数は **50 倍未満** であ
る。一方、構成比は 14.7〔%〕→ 43.4〔%〕で、仮に 14.7〔%〕を 3 倍する
と 14.7×3＝44.1〔%〕なので、構成比は **3 倍未満** である。トータルの倍率は
50 倍未満×3 倍未満 ＝**150 倍未満** である。

3　○　「従業者一人当たりの製造品出荷額等」は $\dfrac{製造品出荷額等}{従業者数}$ で表すことがで

きる。1990 年のその他は $\dfrac{3233726×11.9\%}{11173×16.4\%}$、2016 年の食品は

$\dfrac{3020356×12.6\%}{7571×16.3\%}$ となり、この大小比較をすればよい。

「1990 年のその他→ 2016 年の食品」で

$\dfrac{3233726×11.9\%}{11173×16.4\%}$ → $\dfrac{3020356×12.6\%}{7571×16.3\%}$ と変化しており、分母の構成比は

ほ ぼ 同 じ な の で 無 視 し て、11173 → 7571 だ け に 着 目 す る。 概 数 で
11200 → 7600 とすると減少量は 3600 であり、11200 の 10% は 1120、
30% は 1120×3＝3360 なので、3600 の減少量は減少率でいうと 30% 以上
減っていることになる。

一方、分子は 3233726×11.9% → 3020356×12.6% で、
概数で 3230000×12% → 3020000×12.5% とすると、下 4 桁をカットして 323×12% → 302×12.5% であり、38.76 → 37.75 でほとんど変化していない。

つまり、分子はほぼ変わらず、分母だけが 30% 以上減っているので、分数全体は増加していることになり、$\dfrac{3233726×11.9\%}{11173×16.4\%} < \dfrac{3020356×12.6\%}{7571×16.3\%}$、

「1990 年のその他＜2016 年の食品」であることがわかる。

4 ✕ 選択肢に明示がないが、産業別の減少「額」と書かれているので、製造品出荷額等のことを指していると考えられる。繊維は 1990 → 2016 年で 3233726×3.8% → 3020356×1.3% と減少しているので、さらに減少幅の大きそうなものを探すとよい。そうすると、その他は 1990 → 2016 年で 3233726×11.9% → 3020356×7.0% と減少しており、構成比の差が繊維よりも大きい。そこで、その他のほうが減少額が多いと推測できる。

念のため確認すると、繊維は
1990 年が 3233726×3.8%≒3230000×3.8%＝32300×3.8＝**122740**、
2016 年が 3020356×1.3%≒3020000×1.3%＝30200×1.3＝**39260**、
減少額は 122740－39260＝**83480** である。

また、その他は
1990年が 3233726×11.9%≒3230000×11.9%＝32300×11.9＝**384370**、
2016 年が 3020356×7.0%≒3020000×7.0%＝30200×7＝**211400**、
減少額が 384370－211400＝**172970** となるので、やはりその他の減少額のほうが大きい。

5 ✕ 1955 年の繊維、1990 年の食品、2016 年の金属の中で、従業者数があまり大きくなさそうなものに当たりをつけて、1000 を超えるかどうか検討すればよい。この 3 つの中では、例えば 2016 年の金属が 7571×12.5% であまり大きくならないように思われる。

2016 年の金属は 7571×12.5% であり、少し多めに 7600×13% とすると、7600×13%＝76×13＝**988** であり、1000 を超えない。したがって、7571×12.5% は確実に 1000 を超えないことになる。

問題 12 　警察官 I 類（2020 年度）　······································ 本冊 P.063

正解：3

1 ✕ 米国の「交通費」は 191539×14.3%、韓国の「買物代」は 78084×27.6% であり、この大小比較をすればよい。ここでは「米国→韓国」と考えて、「総数×構成比」の倍率で検討する。

総数は 191539 → 78084 である。仮に 190000 として半分は 95000 なので、78084 になるということは半分以下である。総数は $\dfrac{1}{2}$ **倍未満**である。一方、

構成比は 14.3〔%〕→ 27.6〔%〕である。仮に 2 倍になったら 14.3×2＝28.6〔%〕なので、27.6〔%〕ということは **2 倍未満**である。ということは、トータルの倍率は $\frac{1}{2}$ 未満×2 未満 ＝**1 未満**である。つまり、「米国→韓国」は減っているので「米国＞韓国」となる。

2 × 「飲食代」と「その他」の差額について、タイは
124421×22.3%－124421×3.7%
＝124421×(22.3%－3.7%)＝124421×18.6% である。中国は
224870×17.8%－224870×3.6%
＝224870×(17.8%－3.6%)＝224870×14.2% である。この大小比較をすればよい。ここではタイを多めに、中国を少なめに計算して判断する。
タイは 124421×18.6% であり、多めに 125000×20% とすると、
125000×20%＝1250×20＝**25000** となる。中国は 224870×14.2% であり、少なめに 220000×14% とすると、220000×14%＝2200×14＝**30800** となる。このように、なるべくタイのほうが大きくなるように計算しても、タイは中国を超えない。

3 ○ インドの「買物代」は 161423×16.4%、韓国の「宿泊費」は 78084×32.0% であり、この大小比較をすればよい。選択肢 1 同様に倍率で検討してもよいが、ここでは概数で計算する。
インドの「買物代」は 161423×16.4%≒161000×16.5%＝1610×16.5 ＝**26565**、韓国の「宿泊費」は 78084×32.0%≒78100×32%＝781×32 ＝**24992** である。

4 × 米国の「宿泊費」と「交通費」の合計と、中国のそれの 2 倍を大小比較すればよい。ここではそのまま概数で計算する。
米国の「宿泊費」と「交通費」の合計は
191539×(43.0%＋14.3%)＝191539×57.3%≒192000×57%
＝1920×57＝**109440** である。中国の「宿泊費」と「交通費」の合計は
224870×(21.3%＋7.5%)＝224870×28.8%≒225000×29%
＝2250×29＝**65250**
である。2 倍すると 65250×2＝**130500** となる。

5 × タイの「飲食費」と、インドの「その他」の 10 倍を大小比較すればよい。ここではそのまま概数で計算する。
タイの「飲食費」は 124421×22.3%≒124000×22.5%＝1240×22.5 ＝**27900** である。インドの「その他」は 161423×2.3%≒161000×2.5% ＝1610×2.5＝**4025** である。10 倍すると 4025×10＝**40250** となる。

正解：4

1 × 構成比だけみると平成19年が42%で多いようにみえるが、総数が1766とそこまで大きくないので、総数もふまえてさらに多そうなところに当たりをつける。すると、平成9年に着目できる。両者を概算で確認すればよい。
平成19年は1766×42%≒1770×42%＝1770×0.42＝**743.4**である。一方で平成9年は2148×39.6%≒2150×39%＝2150×0.39＝**838.5**である。

2 × 「国民の意識が高くなっている」かどうかは本問の資料から判断できることではなく、背景事情の推測にすぎない。

3 × 「人数が同じである」ということは、正確に計算して下1桁まで完全に同じでなければならず、正解になりにくい選択肢の一つである。
確かに、平成19年の「あまり変わらない」と、平成9年の「あまり変わらない」は構成比が40.3%で全く同じであるが、総数は平成19年が1766、平成9年が2148であるため、それぞれの人数は1766×40.3%と2148×40.3%である。明らかに人数は異なる。

4 ○ 平成19→24→29年で構成比は確かに40.3%→46.5%→50.8%と増えている。しかし、総数は1766→1864→1758と変化している。平成19→24年の人数は確実に増えているが、平成24→29年だけは総数が減っているので、ここは人数が減っている可能性がある。そこで、平成24年と平成29年の「あまり変わらない」の人数を概数で確認する。
平成24年は1864×46.5%≒1860×47%＝1860×0.47＝**874.2**である。
平成29年は1758×50.8%≒1760×50%＝1760×0.5＝**880**である。

5 × それぞれの調査年次で「多くなってきた」と「わからない」の人数が半分を超えたかどうかは、構成比だけで判断ができる。資料の帯グラフを見て、この2つの合計が半分を超えていそうなところを探すと、平成9年に当たりがつけられる。
平成9年の「多くなってきた」と「わからない」の構成比の合計は39.6%＋10.7%＝**50.3%**なので、全体の半分を超えていることがわかる。

正解：5

1 × 食品製造業の食品ロス発生量が最も多いのは2018年度とあり、2018年度は600×21.0%である。しかし、2016年度は643×21.3%であり、総数も構成比も2016年度のほうが大きいので、計算しなくても2016年度のほうが数値は大きいことがわかる。

2 × 言い換えれば、「食品小売業について、2016年度に対する2020年度の減

少率は 20% 以上である（20% 以上減っている）」ということである。
2016 → 2020 年度で 643×10.3% → 522×11.5% と変化しているので、この減少率を確認すればよい。ここでは「総数×構成比」の倍率で検討する。
総数は 643 → 522 と減少しており、減少量は 121 である。基準となる 643 の 10% は 64.3≒63、20% は 2 倍で 63×2＝126 なので、121 の減少量は減少率でいうと **20% 未満**、倍率でいうと **0.8 倍以上**である。
構成比は 10.3〔%〕→ 11.5〔%〕と増加しており、増加量は 1.2〔%〕である。基準となる 10.3〔%〕の 10% は 1.03≒1〔%〕、0.1% は 0.1〔%〕なので、1.2〔%〕の増加量は増加率でいうと**約 12%**、倍率でいうと**約 1.12 倍**である。
トータルの倍率は 0.8×1.12＝0.896≒**0.9〔倍〕**なので、減少率は約 10%、指数は約 90 となる。そもそも総数が 0.8 倍以上で、構成比も増加しているので、トータルの倍率は確実に 0.8 倍より大きくなることがわかる。

3　×　「いずれの年度も…上回っている」とあるので、下回っている年度が 1 年度でもあれば本選択肢は誤りである。そこで、下回りそうな怪しい年度をピックアップして検討すればよい。総数が小さく、構成比の差も小さいところが実数の差も小さくなるので、その点からすると 2019 年度に当たりがつけられる。
2019 年度は外食産業が 570×18.1%、食品小売業が 570×11.2% なので、その差は 570×18.1%−570×11.2%＝570×（18.1%−11.2%）＝570×6.9% である。多めに 600×7% だと仮定しても、600×0.07＝**42〔万トン〕**であるので、570×6.9% は確実に 50 万トンを下回る。

4　×　2017 → 2018 年度で、一般家庭は 612×46.3% → 600×46.0% の減少なのに対し、外食産業は 612×20.8% → 600×19.3% の減少である。構成比の減少量が 0.3% と 1.5% で大きく変わるので、一般家庭の減少率のほうが大きくなることはない、と判断できればそれでもよい。ここでは「総数×構成比」の倍率で検討する。
総数は 612 → 600 で減少量は 12 である。基準となる 612 の 1% は 6.12≒6、2% は 2 倍で 6×2＝12 なので、12 の減少量は減少率でいうと 2% 程度、倍率でいうと **0.98 倍**である。一般家庭の構成比は 46.3〔%〕→ 46.0〔%〕の減少で、減少量は 0.3〔%〕である。基準となる 46.3〔%〕の 0.1% は 0.0463≒0.05〔%〕、0.6% は 6 倍で 0.05×6＝0.3〔%〕なので、0.3〔%〕の減少量は減少率でいうと 0.6%、倍率でいうと 0.994≒**0.99 倍**である。トータルの倍率は 0.98×0.99＝0.9702≒**0.97〔倍〕**、減少率でいうと約 3% である。
総数は 612 → 600 で減少量は 12 である。前述のとおり、総数の倍率は **0.98 倍**である。外食産業の構成比は 20.8〔%〕→ 19.3〔%〕の減少で、減少量は 1.5〔%〕である。基準となる 20.8〔%〕の 1% は 0.208≒0.21〔%〕で、7% は 7 倍で 0.21×7＝1.47〔%〕なので、1.5〔%〕の減少量は減少率でいうと 7% 程度、倍率でいうと **0.93 倍**である。トータルの倍率は 0.98×0.93＝0.9114≒**0.91〔倍〕**、減少率でいうと約 9% である。

5 ○ 　3か年平均が 15 万トンを下回るということは、3か年合計が 15×3＝45〔万トン〕を下回るということである。そこで、3か年の合計を計算すればよい。

食品卸売業の 2018 〜 2020 年度の合計は

600×2.7％＋570×2.5％＋522×2.5％ である。構成比がかなり近いので、例えば全てを 2.6％ とすると、600×2.6％＋570×2.6％＋522×2.6％＝（600＋570＋522）×2.6％＝1692×2.6％≒1690×0.026＝**43.94〔万トン〕**となり、45 万トンを下回る。

問題 15 東京都 I 類（2022 年度） ………………………………………………… **本冊 P.066**

　正解：5

1 × 　インドネシアが最も多いのが 2018 年という点については、2018 年が 2251×39.2％ で 2016 〜 2017 年より確実に大きく、構成比は 2019 年のほうが多少大きいが総数は大きく異なるため、2018 年が最多でよい。そこで、最も少ないのが 2017 年という点について検討する。2017 年は 2219×35.3％ であるが、構成比は大きいものの総数がかなり小さい 2019 年が怪しいのではないかと当たりがつけられる。

2017 年は 2219×35.3％≒2220×35％＝**777** となる。一方、2019 年は 1892×40.7％≒1890×41％＝**774.9** となる。かなり僅差なので、不安であれば後から細かく計算するとよいだろう。

2 × 　言い換えれば、「中国について、2016 年に対する 2020 年の減少率は 30％ 以上である（30％ 以上減っている）」ということである。2016 年は 2124×6.6％、2020 年は 1646×6.4％ なので、ここでは「2016 → 2020 年」における「総数×構成比」の倍率で検討する。

総数は 2124 → 1646 で、概数で 2120 → 1650 とすると、減少量は 470 である。基準となる 2120 の 10％ は 212、20％ は 2 倍で 212×2＝424、1％ は 21、2％ は 2 倍で 21×2＝42 なので、470 の減少量は 20％＋2％＝22％ 程度だとわかる。倍率でいうと **0.78 倍** である。

構成比は 6.6〔％〕→ 6.4〔％〕で、減少量は 0.2〔％〕である。基準となる 6.6〔％〕の 1％ は 0.066≒0.07〔％〕、3％ は 3 倍で 0.07×3＝0.21〔％〕なので、0.2〔％〕の減少量は減少率でいうと 3％ 程度、倍率でいうと **0.97 倍** である。

トータルの倍率は 0.78×0.97＝0.7566≒**0.76〔倍〕**であり、減少率でいうと約 23％、指数でいうと約 76 である。

3 × 　2016→2017 年について、マレーシアは 2124×49.0％→2219×52.3％、ベトナムは 2124×5.7％ → 2219×6.3％ である。この増加率の大小を比較すればよい。なお、総数はどちらも 2124 → 2219 で共通しているので無視してしまって、構成比の増加率さえわかれば大小比較はできる。

マレーシアは 49.0〔％〕→ 52.3〔％〕で、増加量は 3.3〔％〕である。基準

となる 49.0〔%〕の 1% は 0.49≒0.5〔%〕、6% は 6 倍で 0.5×6＝3.0〔%〕なので、3.3〔%〕の増加量は増加率でいうと**約 6%** である。

ベトナムは 5.7〔%〕→ 6.3〔%〕で、増加量は 0.6〔%〕である。基準となる 5.7〔%〕の 10% は 0.57〔%〕なので、0.6〔%〕の増加量は増加率でいうと **10% 以上**である。

4 ×　2017 ～ 2019 年について、ベトナムと中国の差を確認すればよい。1 年でも 6 千 m³ を下回っていれば本選択肢は誤りなので、構成比の差がなるべく小さい怪しい 1 年を探すと、2017 年あたりに目星がつけられる。

2017 年のベトナムと中国の差は
2219×6.3%－2219×6.1%＝2219×（6.3%－6.1%）
＝2219×0.2%≒2220×0.002＝**4.44〔千 m³〕**となる。

5 ○　マレーシアの 3 年平均が 870 を下回るということは、3 年合計が 870×3 ＝**2610〔千 m³〕**を下回るということである。そこで、マレーシアの 2018 ～ 2020 年の 3 年合計を計算すればよい。

3 年合計は 2251×46.0%＋1892×45.2%＋1646×42.9% である。総数の差がかなり大きいので、計算の工夫が難しい。概算すると以下のようになる。
2250×46.0%＋1890×45.0%＋1650×43.0%
＝2250×0.46＋1890×0.45＋1650×0.43＝1035＋850.5＋709.5
＝**2595〔千 m³〕**である。

問題 16 東京都Ⅰ類（2021 年度） ···································· 本冊 P.067

正解：3

1 ×　2015 年について、オーストラリアは 200632×44.5%、アメリカ合衆国は 200632×18.3% である。この差が 55000 以上になっているかを確認すればよい。概数で計算する。
200632×44.5%－200632×18.3%＝200632×（44.5%－18.3%）
＝200632×26.2%≒201000×26%＝2010×26＝**52260**

2 ×　言い換えれば、「オランダについて、2015 年に対する 2019 年の増加率は 80% 未満である（80% までは増加していない）」ということである。2015 年は 200632×8.8%、2019 年は 220463×15.1% なので、ここでは「2015 → 2019 年」における「総数×構成比」の倍率で検討する。

総数は概数にすると 201000 → 220000 で、増加量は 19000 である。基準となる 201000 の 1% は 2010、9% は 9 倍で 2010×9＝18090 なので、19000 の増加量は増加率でいうと 9% 以上、倍率でいうと **1.09 倍以上**である。

構成比は 8.8〔%〕→ 15.1〔%〕であり、増加量は 6.3〔%〕である。基準となる 8.8〔%〕の 10% は 0.88≒0.9〔%〕、70% は 7 倍で 0.9×7＝6.3〔%〕なので、6.3〔%〕の増加量は増加率でいうと 70% 程度、倍率でいうと **1.7 倍**である。

トータルの倍率は 1.09×1.7＝1.853≒**1.85〔倍〕**なので、増加率は約 85%、
指数でいうと約 185 である。

3　○　2016 ～ 2018 年のアメリカ合衆国の 3 年合計を計算すればよい。
3 年合計は 197726×14.4%＋204473×15.4%＋208162×15.8% であり、
総数も構成比もそれなりに数値が異なるので、概算すると、以下のようになる。
197726×14.4%＋204473×15.4%＋208162×15.8%
　　　　　　≒198000×14%＋204000×15%＋208000×16%
＝1980×14＋2040×15＋2080×16＝27720＋30600＋32280＝**90600**

4　×　できれば最も多い年、最も少ない年で検討する範囲を絞り込むのが理想
であるが、総数と構成比がどれも絶妙に散らばっており、目星をつけるのが難
しい。4 年を一つひとつ計算するしかないだろう。
2016 年は 197726×43.4%≒198000×43.5%＝1980×43.5＝**86130**
2017 年は 204473×40.6%≒204000×40.5%＝2040×40.5＝**82620**
2018 年は 208162×39.9%≒208000×40%＝2080×40＝**83200**
2019 年は 220463×37.6%≒220000×37.5%＝2200×37.5＝**82500**

5　×　2016 → 2017 年は 197726×31.0% → 204473×30.6% で、構成比は
やや減少しているが総数はそれなりに増加しているので、増加はしていると考
えられる。ただし、2018 → 2019 年は 208162×29.9% → 220463×30.8%
で総数の増加量が 2016 → 2017 年より大きく、しかも構成比も増加している
ので、ここが最も増加していると判断できる。不安であれば概算で検討すると
よい。
2016 年は 197726×31.0%≒198000×31.0%＝1980×31＝61380
2017 年は 204473×30.6%≒204000×30.5%＝2040×30.5＝62220
以上より、2016 → 2017 年の増加量は 62220－61380＝**840** となる。
2018 年は 208162×29.9%≒208000×30%＝2080×30＝62400
2019 年は 220463×30.8%≒220000×31%＝2200×31＝68200
以上より、2018 → 2019 年の増加量は 68200－62400＝**5800** となる。

問題 17　東京都Ⅰ類（2020 年度）……………………………………… 本冊 P.068

正解：1

1　○　言い換えれば、「オーストラリアについて、2014 年に対する 2017 年の増
加率は 20% 未満である（20% までは増加していない）」ということである。
2014 年は 21136×33.1%、2017 年は 20269×39.6% なので、ここでは
「2014 → 2017 年」における「総数×構成比」の倍率で検討する。
総数は 21136 → 20269 で、概数で 21100 → 20300 とすると、減少量は 800
である。基準となる 21100 の 1% は 211、4% は 4 倍で 844 なので、800 の
減少量は減少率でいうと 4% 弱、倍率でいうと **0.96 倍**である。
構成比は 33.1〔%〕→ 39.6〔%〕で、増加量は 6.5〔%〕である。基準とな

る 33.1〔％〕の 10％ は 3.31≒3.3〔％〕、20％ は 2 倍で 3.3×2＝6.6〔％〕なので、6.5〔％〕の増加量は増加率でいうと 20％ 弱、倍率でいうと **1.2 倍**である。

トータルの倍率は 0.96×1.2＝1.152≒**1.15〔倍〕**、増加率でいうと約 15％、指数でいうと約 115 である。

2　×　2015 ～ 2017 年の中国の 3 年合計を計算して、15000 を下回るかどうかを確認すればよい。

3 年合計は 18204×27.5％＋17879×29.9％＋20269×27.6％ であり、総数も構成比もそれなりに数値が異なるので概算すると、以下のようになる。

18204×27.5％＋17879×29.9％＋20269×27.6％
≒18200×27.5％＋17900×30.0％＋20300×27.5％
＝182×27.5＋179×30＋203×27.5＝5005＋5370＋5582.5＝**15957.5**

3　×　ロシアで「最も多いのは 2015 年」とあるが、2015 年は 18204×16.2％ で、それより構成比がほとんど変わらない 2018 年は 22461×16.1％ で総数がかなり多いので、2018 年のほうが大きいと判断できる。不安であれば概数で計算するとよい。

2015 年は 18204×16.2％≒18200×16％＝182×16＝**2912**
2018 年は 22461×16.1％≒22500×16％＝225×16＝**3600**

4　×　カナダで「前年に比べて最も増加したのは、2018 年」とあるが、2017 → 2018 年は 20269×18.3％ → 22461×17.7％ であり、総数は増加しているが構成比が減少している。それよりも 2016 → 2017 年は 17879×17.1％ → 20269×18.3％ であり、こちらは総数も構成比もそれなりに増加しているので、増加額は大きいと判断できる。不安であれば概数で計算するとよい。

2016 年は 17879×17.1％≒17900×17％＝179×17＝3043
2017 年は 20269×18.3％≒20300×18.5％＝203×18.5＝3755.5
2018 年は 22461×17.7％≒22500×17.5％＝225×17.5＝3937.5
2017 → 2018 年の増加額は 3937.5－3755.5＝**182**、2016 → 2017 年の増加額は 3755.5－3043＝**712.5** である。

5　×　2018 年について、オーストラリアは 22461×37.8％、中国は 22461×28.4％である。この差が 2500 以上になっているかを確認すればよい。

22461×37.8％－22461×28.4％＝22461×（37.8％－28.4％）
＝22461×9.4％≒22500×9.4％＝225×9.4＝**2115**

問題 18　東京都 I 類（2018 年度）·· 本冊 P.069

正解：1

1　○　2013 ～ 2015 年の普通貨物車の 3 年合計を計算して、400 千台を上回るかどうかを確認すればよい。

3 年合計は 3263×4.4%＋3290×5.0%＋3150×5.5% である。総数も構成
比もそれなりに近いので、例えば最も小さい総数と構成比に合わせて、
3150×4.4% を 3 年分計算してみる。

3150×0.044＝138.6≒139 であり、これが 3 年分あるとすると、139×3
＝**417** となる。最も小さい総数と構成比でも 3 年分で 417 なので、実際に計
算すれば確実に 417 より大きい数になる。

2　×　言い換えれば、「小型貨物車について、2013 年に対する 2015 年の増加率
は 20% 以上である（20% 以上増えている）」ということである。2013 年は
3263×7.2%、2015 年は 3150×8.2% なので、ここでは「2013 → 2015
年」における「総数×構成比」の倍率で検討する。

総数は 3263 → 3150 で、概数で 3260 → 3150 とすると、減少量は 110 で
ある。基準となる 3260 の 1% は 32.6≒33、3% は 3 倍で 99、0.1% は 3.3、
0.3% は 3 倍で 3.3×3＝9.9 なので、110 の減少量は減少率でいうと
3%＋0.3%＝3.3% 程度、倍率でいうと 0.967≒**0.97 倍程度**である。

構成比は 7.2〔%〕→ 8.2〔%〕で、増加量は 1.0〔%〕である。基準となる
7.2〔%〕の 10% は 0.72〔%〕、1% は 0.072≒0.07〔%〕、4% は 4 倍で
0.07×4＝0.28〔%〕なので、1.0〔%〕の増加量は増加率でいうと
10%＋4%＝14% 程度、倍率でいうと **1.14 倍**である。

トータルの倍率は 0.97×1.14＝1.1058≒**1.11〔倍〕**、増加率でいうと約 11%、
指数でいうと約 111 である。

3　×　普通乗用車が多いのは総数も構成比も多いところであり、選択肢にあると
おり、2014 年や 2016 年あたりである。ただ、2016 年のほうが多いとも考
えられるので、2014 年と 2016 年に絞って検討するとよい。

2014 年は 3290×43.7%≒3290×44%
＝3290×0.44＝1447.6≒**1448**
2016 年は 3245×45.9%≒3250×46%＝3250×0.46＝**1495**

4　×　バスの 4 年平均が 11 千台を下回るということは、4 年合計が 11×4＝**44
千台**を下回るということである。そこで、バスの 2013 ～ 2016 年の 4 年合計
を計算すればよい。

4 年合計は 3263×0.3%＋3290×0.4%＋3150×0.4%＋3245×0.5% であ
る。総数も構成比もそれなりに近いが、ここでは以下のように概算する。
3260×0.3%＋3290×0.4%＋3150×0.4%＋3250×0.5%
≒3.3×3＋3.3×4＋3.2×4＋3.3×5＝9.9＋13.2＋12.8＋16.5＝**52.4 千台**

5　×　言い換えれば、「小型乗用車について、2014 年に対する 2016 年の倍率は
0.9 を下回る」ということである。2014 年は 3290×43.2%、2016 年は 3245
×40.5% なので、ここでは「2014 → 2016 年」における「総数×構成比」の
倍率で検討する。

総数は 3290 → 3245 で、減少量は 45 である。基準となる 3290 の 1% は
32.9≒33、0.1% は 3.3、0.4% は 4 倍で 3.3×4＝13.2 なので、45 の減少
量は減少率でいうと 1.4% 未満、倍率でいうと 0.986≒**0.99 倍**である。

構成比は 43.2〔%〕→ 40.5〔%〕で、減少量は 2.7〔%〕である。基準となる 43.2〔%〕の 1% は 0.432≒0.43〔%〕、6% は 6 倍で 0.43×6＝2.58〔%〕なので、2.7〔%〕の減少量は減少率でいうと 6% 以上、倍率でいうと **0.94 倍**である。

トータルの倍率は 0.99×0.94＝0.9306≒**0.93〔倍〕**となる。

問題 19 国家一般職（2022 年度）………………………………………… 本冊 P.070

正解：2

1　×　男性と女性は資料が分かれているので、6 時間未満の人数をそれぞれ「総数×構成比」で計算し、男性と女性で比較する必要がある。なお、帯グラフの見た目で、女性のほうが多くの年齢階級で男性より少しずつ 6 時間未満の割合が大きいことに気づければ、それで判断することもできる。しかし、計算する場合は、年齢層が 6 つに分かれており、特に計算の工夫も難しいことを考えると明らかに手間のかかる選択肢といえる。

男性をみると、全体の人数は 259＋365＋541＋463＋631＋853＝**3112** であり、平均睡眠時間が 6 時間未満の人数は

259×42.1%＋365×43.5%＋541×48.5%＋463×44.9%＋631
　　　　×31.6%＋853×21.7%≒109＋159＋262＋208＋199＋185＝**1122**

となる。男性における 6 時間未満の 20 歳以上の割合は $\dfrac{1122}{3112}$ と表せる。

女性をみると、全体の人数は 237＋363＋586＋524＋699＋1074＝**3483** であり、平均睡眠時間が 6 時間未満の人数は

237×41.3%＋363×37.7%＋586×52.4%＋524×51.6%＋699
　　　　×45.7%＋1074×31.1%≒98＋137＋307＋270＋319＋334＝**1465**

となる。女性における 6 時間未満の 20 歳以上の割合は $\dfrac{1465}{3483}$ と表せる。

あとは、両者の分数を大小比較すればよい。「男性→女性」で $\dfrac{1122}{3112}$ → $\dfrac{1465}{3483}$ と考えると、分子は概数で 1120 → 1470 であり、増加量は 350 である。基準となる 1120 の 10% は 112、30% は 3 倍で 112×3＝336 なので、350 の増加量は増加率でいうと **30% 以上**である。分母は概数で 3110 → 3480 であり、増加量は 370 である。基準となる 3110 の 10% は 311、20% は 2 倍で 311×2＝622 なので、370 の増加量は増加率でいうと **20% 未満**である。つまり、分子の増加率のほうが大きいので分数全体の値は増加しており、

$\dfrac{1122}{3112} < \dfrac{1465}{3483}$ となって、「男性 < 女性」といえる。

2　○　20 ～ 59 歳の女性で 6 時間以上の人数を「総数×構成比」で計算すればよい。20 ～ 59 歳の女性で 6 時間以上の人数は

237×58.6%＋363×62.3%＋586×47.6%＋524×48.5% で求められる。
なお、本選択肢は 1000 人未満かどうかを聞いているので、以下のようにキリ
よく多めに計算して、それでも 1000 人未満かどうか確認すると楽である。
237×58.6%＋363×62.3%＋586×47.6%＋524×48.5%
≒240×60%＋400×65%＋600×50%＋530×50%
＝144＋260＋300＋265＝**969**
実際はこれより少ないので 1000 人を超えることはない。

3　×　5 時間以上 6 時間未満の人数について、70 歳以上の男性と 60 ～ 69 歳の
女性の人数を「総数×構成比」で計算して比較すればよい。5 時間以上 6 時間
未満の人数について、70 歳以上の男性は 853×17.0%、60 ～ 69 歳の女性は
699×36.5% である。数値がそこまで大きくないので、概算する。
70 歳以上の男性は 853×17.0%≒860×20%＝**172**
60 ～ 69 歳の女性は 699×36.5%≒600×30%＝**180**

4　×　5 時間未満である女性の割合を年齢階級ごとに読み取るだけで判断できる。
資料によれば、20 ～ 59 歳までは 5 時間未満の割合が増えるが、60 ～ 69 歳
は **9.2%**、70 歳以上では **8.3%** と減少している。

5　×　6 時間以上 7 時間未満の男性・女性が最も多い年齢階級が 50 ～ 59 歳か
どうかを検討する。例えば男性であれば、50 ～ 59 歳は 463×40.2% である
が、それより大きそうな年齢階級として、総数がかなり大きい 60 ～ 69 歳の
631×36.8% に当たりがつけられる。
50 ～ 59 歳は 463×40.2%≒460×40%＝46×4＝184 なので、実際は **184**
より少し大きい程度である。
60 ～ 69 歳は 631×36.8% であり、少なめにして 600×35%＝600×0.35
＝210 なので、実際は **210** より大きくなる。

問題 20　消防官 I 類（2020 年度）……………………………………………………… 本冊 P.071

正解： 3

1　×　総数が示されていない資料なので、実際の売上額や利益額の数値を求める
ことはできないが、それぞれ全体を 100% とした基準で構成比が示されている
ので、大小比較だけならすることができる。そこで、「従業員 1 人当たりの売
上額」は $\dfrac{売上額}{従業員数}$ で表せるので、分数を作って比較すればよい。B 社は $\dfrac{22\%}{26\%}$
で表せるので、これより大きいものを探すと、A 社に当たりがつけられる。A
社は $\dfrac{29\%}{24\%}$ であり、B 社と比べると分子は大きく分母は小さいので、分数全体
の値は A 社のほうが大きくなる。

2　×　選択肢 1 と同様、「売上額に占める利益額」も $\dfrac{利益額}{売上額}$ で表せるので、分数

を作って比較する。A社をみると$\frac{30\%}{29\%}$で、選択肢によればこれが最も大きいとされている。そこで、これより大きいところがないかを探すと、B社に当たりがつけられる。B社は$\frac{24\%}{22\%}$であり、「B社→A社」で$\frac{24\%}{22\%}$→$\frac{30\%}{29\%}$として大小を比較する。数値が小さいので、割り算の計算を途中まですればよいだろう。

分子は24〔％〕→30〔％〕なので、倍率は30÷24＝**1.25〔倍〕**である。
分母は22〔％〕→29〔％〕なので、倍率は29÷22＝1.318…≒**1.32〔倍〕**である。

分母のほうが増加率が大きいので、分数全体の値は小さくなり、$\frac{24\%}{22\%}$＞$\frac{30\%}{29\%}$、つまり「B社＞A社」である。

3 ○ 選択肢1と同様、「営業店舗1軒当たりの売場面積」も$\frac{売場面積}{営業店舗数}$で表せるので、分数を作って確認する。A社は$\frac{31\%}{25\%}$、E社は$\frac{9\%}{12\%}$であり、ここからA社の58％をE社が超えているかを検討すればよい。これも数値が小さいので、割り算の計算で処理してしまうのがよい。

A社は$\frac{31\%}{25\%}$＝31÷25＝1.24であり、その58％は1.24×0.58＝0.7192≒**0.72**である。

E社は$\frac{9\%}{12\%}$＝9÷12＝**0.75**である。

4 × 選択肢1と同様、「営業店舗1軒当たりの利益額」も$\frac{利益額}{営業店舗数}$で表せるので、分数を作って確認する。C社は$\frac{19\%}{20\%}$、A社は$\frac{30\%}{25\%}$であり、ここからA社より24％大きいのがC社かどうかを検討すればよい。

しかし、計算しなくてもC社は**1未満**、A社は**1以上**であり、C社よりA社のほうが大きいことがわかる。

5 × 選択肢1と同様、「売場面積当たりの売上額」も$\frac{売上額}{売場面積}$で表せるので、分数を作って比較する。D社は$\frac{16\%}{13\%}$であり、選択肢によればこれが最も小さいとされている。そこで、これより小さいところがないかを探すと、例えばC社に当たりがつけられる。D社は$\frac{16\%}{13\%}$＞**1**であるが、C社は$\frac{19\%}{21\%}$＜**1**なので、C社のほうが小さい。

正解： 2

1　×　2013 〜 2018 年の構成比がそれぞれ示されており、問題文冒頭に合計が「約 1 万人」であることが示されているので、各年の人数は求められる。例えば 2013 年の 120 分以上の学生は 10000×5.0%＝100×5＝500〔人〕である。そこで、これを全て計算して 4000 を上回るかを検討する。どの年も総数は 10000 なので、構成比だけを先に合計すればよい。

10000×（5.0%＋7.5%＋6.9%＋5.0%＋5.3%＋7.2%）
＝10000×36.9%＝100×36.9＝**3690〔人〕**

2　○　割合の大小比較だけなので、「総数×構成比」の計算は不要である。

0 分で割合が最も多い年は 2017 年の **53.1%**、最も少ない年は 2010 年の 33.8% である。33.8% を 1.5 倍すると、33.8×1.5＝**50.7〔%〕**であり、2017 年の 53.1% はこれを上回っている。

3　×　2016 年の 30 分未満（0 含まず）の構成比は 11.8%、30 分以上 60 分未満の構成比は 18.7% である。

合計の人数は 10000×（11.8%＋18.7%）＝10000×30.5%＝100×30.5
＝**3050〔人〕**

4　×　同じ 2010 年の 0 分と 60 分以上 120 分未満の比較なので、構成比でそのまま判断すればよい。0 分の 45%（0.45 倍）と 60 分以上 120 分未満の大小を比較する。

0 分は 33.8〔%〕で、その 45% は 33.8×0.45＝**15.21** である。一方、60 分以上 120 分未満は **16.3** なので、15.21 を上回る。

5　×　「44% 減」ということは、本来は正確に計算してぴったり 44% 減でないといけない選択肢なので、正解にはなりにくいといえる。60 分以上 120 分未満は 2006 → 2007 年で 10000×19.4% → 10000×15.0% である。総数は同じなので、構成比で減少率を確認すればよい。

19.4〔%〕→ 15.0〔%〕で、減少量は 4.4〔%〕である。基準となる 19.4〔%〕の 10% は 1.94≒1.9〔%〕で、30% は 3 倍で 1.9×3＝5.7〔%〕となるので、4.4〔%〕の減少量は減少率でいうと **30% 未満**である。

問題1 消防官Ⅰ類（2019年度）‥‥‥‥‥‥‥‥‥‥‥‥‥‥‥‥‥‥‥‥‥‥‥‥‥ 本冊 P.080

正解： 1

1 ○ 「携帯電話に占めるスマートフォンの販売台数の割合」は

$\dfrac{スマートフォンの販売台数}{携帯電話の販売台数}$ で表すことができる。2月と3月を比較するため

に、2月を $\dfrac{100}{100}$ とおくと、3月はスマートフォンが約3％の増加、携帯電話が

約3％の減少なので、3月は $\dfrac{103}{97}$ と表せる。

2月は $\dfrac{100}{100}=$ **1**、3月は $\dfrac{103}{97}=$ **1以上の値**なので、「2月＜3月」である。

2 × スマートフォン以外の携帯電話に着目するには、スマートフォンに着目す
ればよい。本問でいう「携帯電話」とは、「スマートフォン」か「スマートフォ
ン以外」しかないので、「スマートフォン以外の携帯電話の販売台数の割合が増
加している」とは、すなわち「スマートフォンの販売台数の割合が減少してい
る」のと同じである。そこで、スマートフォンの販売台数の割合で検討するの
がよい。

1月と2月を比較するので、1月を $\dfrac{100}{100}$ とおく。2月はスマートフォンが ±0％

で変動なし、携帯電話が約4％の減少なので、2月は $\dfrac{100}{96}$ と表せる。

1月は $\dfrac{100}{100}=$ **1**、2月は $\dfrac{100}{96}=$ **1以上の値**なので、「1月＜2月」であるとわか
る。つまり、スマートフォンの割合が増加しているので、裏を返せばスマート
フォン以外の携帯電話の割合が減少していることになる。

3 × 選択肢1と同様に検討すればよい。12月と1月を比較するために、12月

を $\dfrac{100}{100}$ とおくと、1月はスマートフォンが約24％の減少、携帯電話が約10％

の減少なので、1月は $\dfrac{76}{90}$ と表せる。

12月は $\dfrac{100}{100}=$ **1**、1月は $\dfrac{76}{90}＜$ **1**なので、「12月＞1月」である。

4 × 選択肢2と同様に検討すればよい。「スマートフォン以外の携帯電話の販
売台数の割合が減少している」とは、すなわち「スマートフォンの販売台数の
割合が増加している」のと同じである。そこで、スマートフォンの販売台数の
割合で検討するのがよい。

11月と12月を比較するので、11月を $\dfrac{100}{100}$ とおく。12月はスマートフォン

が約13%の減少、携帯電話が約4%の減少なので、12月は$\frac{87}{96}$と表せる。

11月は$\frac{100}{100}$＝**1**、12月は$\frac{87}{96}$<**1**なので、「11月>12月」であるとわかる。つまり、スマートフォンの割合が減少しているので、裏を返せばスマートフォン以外の携帯電話の割合が増加していることになる。

5 ×　12月から3月までの4か月について、「携帯電話に占めるスマートフォンの販売台数の割合」を$\frac{スマートフォンの販売台数}{携帯電話の販売台数}$で表して、大小を比較すればよい。12月を$\frac{100}{100}$として、1月、2月、3月を分数で表す。

12月を$\frac{100}{100}$とすると、1月はスマートフォンが約24%の減少、携帯電話が約10%の減少なので、1月は$\frac{76}{90}$と表せる。この段階で12月より1月が小さいことがわかるので、最も低いのは12月ではない。

念のため、その後も検討する。1月が$\frac{76}{90}$、2月はスマートフォンが±0%（変動なし）、携帯電話が約4%の減少なので、近似法で2月は$\frac{76}{86}$となる。さらに3月はスマートフォンが約3%の増加、携帯電話が約3%の減少なので、近似法で3月は$\frac{78}{83}$となる。

したがって、12月→1月→2月→3月で$\frac{100}{100} \rightarrow \frac{76}{90} \rightarrow \frac{76}{86} \rightarrow \frac{78}{83}$となる。

問題2　消防官 I 類（2022年度）……………………………………………… 本冊 P.081

正解：3

1 ×　2010年で世界の人口は6957〔百万人〕であり、2015年で6.1%の増加、2020年で5.6%の増加になっている。これを計算して2015年で75億人＝7500〔百万人〕、2020年で80億人＝8000〔百万人〕を超えているかを確認すればよい。
2015年は6957から6.1%増加である。6957の1%は69.57≒70なので、6%は6倍で70×6＝420、0.1%は6.957≒7なので、6957から6.1%増加すると、6957＋427＝7384〔百万人〕＝**73.84〔億人〕**である。

2 ×　「世界の人口に占める中国の人口割合」は$\frac{中国の人口}{世界の人口}$で表され、2010年は$\frac{1369}{6957}$、2020年は$\frac{1369 \times (1+0.028) \times (1+0.023)}{6957 \times (1+0.061) \times (1+0.056)}$で表せる。これは実

際に計算しなくても、増加率の大きさで判断できる。

2010年と比較して、分子は「+2.8%→+2.3%」しか増加していないのに対し、分母は「+6.1%→+5.6%」と増加していることから、増加率は確実に分母のほうが大きい。ということは、2010→2020年で分母の増加率のほうが大きいので、分数全体の値は小さくなっており、「2010年>2020年」である。

3　○　増加率が大きい国は他にもあるが、元々の2010年の人口は中国とインドが明らかに他の国より大きいので、人口の増加量が大きい国も中国かインドに限られる。中国の2020年の人口は1369×(1+0.028)×(1+0.023)、インドの2020年の人口は1234×(1+0.061)×(1+0.053)で求められる。そのまま計算すると大変なので、ここではいったん2010年の人口を100として2020年の人口を指数にしたうえで、実際の人口に変換する方法で検討する。

中国の2010年の人口を100とすると、そこから+2.8%、+2.3%の増加であり、近似法を使うと100+2.8+2.3=**105.1**である。つまり、2010年を5.1%増やせば（=1.051倍すれば）2020年になるということになる。2010年の人口は1369であり、10%は136.9≒137、5%は半分で137÷2=68.5≒69である。5.1%の増加率は増加量だと**69**程度である。

インドの2010年の人口を100とすると、そこから+6.1%、+5.3%の増加であり、近似法を使うと100+6.1+5.3=**111.4**である。つまり、2010年を11.4%増やせば（=1.114倍すれば）2020年になるということになる。2010年の人口は1234であり、10%は123.4≒123、1%は12.3≒12である。11.4%の増加率は増加量だと明らかに123+12=**135以上**となる。

4　×　2015年の世界の人口の45%と、中国とインドの人口の和を比較して、中国とインドの人口が大きいかどうかを確認すればよい。

2015年の世界の人口は選択肢1で検討したとおり7384である。その45%は7384×45%≒7380×0.45=**3321**である。

2015年の中国の人口は1369から2.8%の増加であり、1369の1%は13.69≒13.7なので、3%は3倍で13.7×3=41.1≒41である。つまり、1369+41=**1410程度**となる。2015年のインドの人口は1234から6.1%の増加であり、1234の1%は12.34≒12.3なので、6%は6倍で12.3×6=73.8≒74である。つまり、1234+74=**1308程度**となる。両者を合わせても1410+1308=**2718**であり、3321を超えない。

5　×　ブラジルについて、2010年を100とすると、2015年は4.5%の増加なので**104.5**であるが、2020年は2015年からさらに4.0%の増加なので、近似法を使うと104.5+4.0=**108.5**である。

問題3　東京都Ⅰ類（2022年度） ………………………………………………… **本冊 P.082**

正解：3

1　×　一見して明らかに誤りの部分がないので、2015年を100とおいて2016

年以降の指数を確認するとよい。増加率は 2016 → 2017 → 2018 → 2019 →
2020 年で−0.8%→ +1.4%→−0.4%→ +1.3%→ +0.2%と変化しており、
近似法で計算すると、2015 → 2016 → 2017 → 2018 → 2019 → 2020 年は
100 → **99.2** → **100.6** → **100.2** → **101.5** → **101.7** となる。最も多いのは 2020
年、最も少ないのは 2016 年である。

2　×　2016年を100とおいて2020年の指数を確認するとよい。増加率は2017
→ 2018 → 2019 → 2020 年で +1.1%→−1.0%→ +0.9%→−1.8%と変化
しており、近似法で計算すると、2016 → 2017 → 2018 → 2019 → 2020 年
は 100 → **101.1** → **100.1** → **101.0** → **99.2** となる。

3　○　「高等学校の卒業生に対する大学の卒業生の比率」を分数で

　$\dfrac{\text{大学の卒業生}}{\text{高等学校の卒業生}}$ と表して、2016 年、2017 年、2018 年の分数を大小比較

すればよい。各年の増加率がわかれば分数の大小は判断できるので、計算不要
である。

2017 年の対前年増加率は大学が +1.4%、高等学校が +1.0%なので、分子の
ほうが増加率は大きい。つまり、比率は大きくなるため、2016 → 2017 年は
「**2016 年＜2017 年**」である。

2018 年の対前年増加率は大学が−0.4%、高等学校が−1.2%なので、どちら
も減少はするものの、分子のほうが増加率は大きい（分母のほうが大きく減少
する）。つまり、比率は大きくなるため、2017 → 2018 年は「**2017 年＜2018
年**」である。

4　×　2016 → 2019 年で減少しているものを探すことになるが、特に高等専門
学校は 2017 年で大きくプラスになっているため、2016 年と比べて 2019 年
は減少しないのではないか、という当たりをつけることができる。そこで、こ
こでは高等専門学校に絞って、2016 年を 100 とおいたときの 2019 年の指数
を確認する。
増加率は 2017 → 2018 → 2019 年で +3.3%→−1.3%→ +0.5%と変化して
おり、近似法で計算すると、2016 → 2017 → 2018 → 2019 年は 100 → **103.3**
→ **102.0** → **102.5** となる。

5　×　2017 → 2020 年で高等専門学校が増加しているかを確認すればよい。
2017 年を 100 とおいたときの 2020 年の指数を確認する。
増加率は 2018 → 2019 → 2020 年で−1.3%→ +0.5%→−2.4%と変化して
おり、近似法で計算すると、2017 → 2018 → 2019 → 2020 年は 100 → **98.7** →
99.2 → **96.8** となる。

問題 4　東京都Ⅰ類（2020 年度）………………………………………………… 本冊 P.083

　　正解：3

1　×　確かに女子選手は 2004 年で大きく増加しているが、その後の増加率があ

まり大きくなく、一方で役員はある程度増加率が安定して大きいので、役員のほうが大きいようにも思われる。そこで、女子選手と役員について、2000年をそれぞれ100とおいて2016年の指数を計算するとよい。

女子選手の増加率は2004→2008→2012→2016年で＋55％→－1％→－8％→＋5％と変化している。10％未満の「－1％→－8％→＋5％」だけ先に近似法で計算すると、100－1－8＋5＝96となり、これを55％増加させればよい。2016年の指数は96×1.55＝148.8≒**149**となる。

役員の増加率は2004→2008→2012→2016年で＋18％→＋18％→－5％→＋17％と変化している。近似法と10％分の計算とを併用すると、以下のようになる。

①「＋18％→＋18％→－5％→＋17％」を10％単位と10％未満で「（＋20％－2％）→（＋20％－2％）→－5％→（＋20％－3％）」のように分ける。
②先に10％未満だけ近似法で計算すると、100－2－2－5－3＝88となる。
③後から10％単位を88×1.2×1.2×1.2と計算する。かけ算は順番を変えても答えは同じなので、前半2つは88×1.2＝105.6、後半2つは1.2×1.2＝1.44となり、105.6×1.44を計算すればよい。2016年の指数は105.6×1.44≒106×1.44＝**152.64**となる。

2　×　男子選手はプラス、マイナスの上下が大きいので、怪しい年に当たりをつけて検討するのがよい。例えば、選択肢には「最も少ないのは2004年」とあるが、2008年で大きくプラスになった後、また2012年で大きく減っているので、2012年のほうが少ないのではないかと目星をつけることができる。そこで、2004年の男子選手を100とおいて、2012年の指数を確認する。

男子選手の増加率は2008→2012年で＋21％→－19％と変化している。近似法と10％分の計算とを併用すると、以下のようになる。

①「＋21％→－19％」を10％単位と10％未満で「（＋20％＋1％）→（－20％＋1％）」のように分ける。
②先に10％未満だけ近似法で計算すると、100＋1＋1＝102となる。
③後から10％単位を102×1.2×0.8と計算する。かけ算は順番を変えても答えは同じなので、後半は1.2×0.8＝0.96となり、102×0.96を計算すればよい。2012年の指数は102×0.96＝**97.92**となるので、2004年の100より小さい。

3　○　役員について、2004年を100とおいて2016年の指数を計算すればよい。役員の増加率は2008→2012→2016年で＋18％→－5％→＋17％と変化している。近似法と10％分の計算とを併用すると、以下のようになる。

①「＋18％→－5％→＋17％」を10％単位と10％未満で「（＋20％－2％）→－5％→（＋20％－3％）」のように分ける。
②先に10％未満だけ近似法で計算すると、100－2－5－3＝90となる。
③後から10％単位を90×1.2×1.2と計算する。かけ算は順番を変えても答えは同じなので、後半は1.2×1.2＝1.44となり、90×1.44を計算すればよい。2016年の指数は90×1.44≒90×1.45＝**130.5**となる。

概算だとかなりシビアな数値になるので、不安であれば後から念のため正確に計算したほうがよい。

4　×　4大会の平均が2008年を上回っているかを確認したいので、合計で検討するとよい。2004年を100とおいて2008年、2012年、2016年の指数を求めて合計した値と、2008年の指数を4倍した値とを比較すればよい。
女子選手の増加率は2008→2012→2016年で−1%→−8%→＋5%と変化している。近似法で計算すると、2008年は100−1＝99、2012年は99−8＝91、2016年は91+5＝96である。4大会の合計は100+99+91+96＝**386**、2008年の4倍は99×4＝**396**なので、合計は下回っている。

5　×　「男子選手の参加者数に対する役員の参加者数の比率」は
$\dfrac{\text{役員の参加者数}}{\text{男子選手の参加者数}}$　と表せる。2012→2016年に着目すると、分子である役員の増加率は＋17%、分母である男子選手の増加率は＋28%なので、分母の増加率のほうが大きくなっており、分数全体の値は小さくなる。つまり、「**2012年＞2016年**」であるとわかる。

問題5　東京都Ⅰ類（2018年度）··· 本冊 P.084

正解：3

1　×　「倉庫の着工床面積に対する店舗の着工床面積の比率」は
$\dfrac{\text{店舗の着工床面積}}{\text{倉庫の着工床面積}}$　と表せる。平成26年度の前後で選択肢が誤りと判断できると手間が省ける。一見すると当たりがつけにくいが、ここでは平成26→27年度に着目するとよい。
平成26→27年度は、分子である店舗の増加率は−15%、分母である倉庫の増加率は−1%なので、分子の増加率のほうが小さくなっており、分数全体の値は小さくなる。つまり、「**平成26年度＞平成27年度**」であるとわかる。

2　×　店舗について、平成24年度を100とおいて28年度の指数を計算すればよい。
店舗の増加率は平成25→26→27→28年度で＋12%→−14%→−15%→−7%と変化している。近似法と10%分の計算とを併用すると、以下のようになる。
①「＋12%→−14%→−15%→−7%」を10%単位と10%未満で「（+10%+2%）→（−10%−4%）→（−10%−5%）→−7%」のように分ける。
②先に10%未満だけ近似法で計算すると、100+2−4−5−7＝86となる。
③後から10%単位を86×1.1×0.9×0.9と計算する。かけ算は順番を変えても答えは同じなので、真ん中2つは1.1×0.9＝0.99≒1となり、86×1×0.9を計算すればよい。平成28年度の指数は86×1×0.9＝86×0.9＝**77.4**となる。

3 ○ 工場は確かに平成27年度に大きくプラスになっているものの、それ以外の年度でわかりやすい特徴がないため、平成25年度を100とおいて、平成26、27、28年度の指数を確認するとよい。

工場の増加率は平成26→27→28年度で−4%→＋15%→−6%と変化している。平成26年度は100−4＝**96**、平成27年度は96×（1＋0.15）＝96×1.15＝110.4≒**110**、平成28年度は110×（1−0.06）＝110×0.94＝103.4≒**103**である。

4 × 3年平均が平成25年度の80%を上回っているかを確認したいので、3年合計で検討するとよい。平成25年度を100とおいて平成26、27、28年度の指数を求めて合計した値と、平成25年度の指数100の80%の値（80）の3倍とを比較すればよい。なお、計算しなくても明らかに減少が大きいとわかれば、選択肢が誤りであることは判断できる。

病院の増加率は平成26→27→28年度で−19%→−20%→＋2%と変化している。ここではそのまま概算で計算する。平成26年度は100×（1−0.19）＝100×0.81＝**81**、平成27年度は81×（1−0.2）＝81×0.8＝**64.8**、平成28年度は64.8×（1＋0.02）で、64.8の1%は0.648≒0.65なので、2%は2倍で0.65×2＝1.3より64.8＋1.3＝**66.1**となる。平成26〜28年度の指数の合計は81＋64.8＋66.1＝**211.9**、平成25年度の指数の80%の3倍は80×3＝**240**である。

5 × 平成24→28年度で増加した建築物について、倉庫は確かに毎年ほぼプラスで推移しており、マイナスが平成27年度の−1%くらいなので、増加していると考えてよいだろう。しかし、病院は平成26、27年度で大きくマイナスなので、病院は増加していないのではないか、と当たりがつけられる。そこで、病院の平成24年度を100とおいて、平成28年度の指数を計算するとよい。

病院の増加率は平成25→26→27→28年度で＋12%→−19%→−20%→＋2%と変化している。近似法と10%分の計算とを併用すると、以下のようになる。

①「＋12%→−19%→−20%→＋2%」を10%単位と10%未満で「（＋10%＋2%）→（−20%＋1%）→−20%→＋2%」のように分ける。
②先に10%未満だけ近似法で計算すると、100＋2＋1＋2＝105となる。
③後から10%単位を105×1.1×0.8×0.8と計算する。かけ算は順番を変えても答えは同じなので、真ん中2つは1.1×0.8＝0.88≒0.9となり、105×0.9×0.8である。さらに、後半2つは0.9×0.8＝0.72≒0.7なので、105×0.7を計算すればよい。平成28年度の指数は105×0.7＝**73.5**となる。

問題 6 特別区Ⅰ類（2023年度）…………………………………………………… 本冊 P.085

正解： 5

1 × 「ほうれん草」はほとんど増加していないため、平成28→令和2年で減少

していると考えられるが、「たまねぎ」は令和元年に大きく増加している。そこで、平成28→令和2年で「たまねぎ」が増加しているのではないかと当たりをつけられる。「たまねぎ」の平成28年を100とおいて、令和2年の指数を確認すればよい。

「たまねぎ」の増加率は平成29→30→令和元→2年で−1.2%→−5.9%→＋15.5%→＋1.7%と変化している。近似法と10%分の計算とを併用すると、以下のようになる。

①「−1.2%→−5.9%→＋15.5%→＋1.7%」を10%単位と10%未満で「−1.2%→−5.9%→（＋20%−4.5%）→＋1.7%」のように分ける。

②先に10%未満だけ近似法で計算すると、$100-1.2-5.9-4.5+1.7=90.1$となる。

③後から10%単位を$90.1×1.2$と計算する。令和2年の指数は$90.1×1.2$$=\mathbf{108.12}$となる。

2　×　「にんにく」は平成29→30年は減少しているが、令和元→2年は増加しているので、平成28年より多い可能性がある。そこで、「にんにく」の平成28年を100とおいて、令和2年の指数を確認すればよい。

「にんにく」の増加率は平成29→30→令和元→2年で−1.9%→−2.4%→＋3.0%→＋1.9%と変化している。近似法で計算すると、$100-1.9-2.4+3.0+1.9=\mathbf{100.6}$となる。

3　×　「ほうれんそう」と「ブロッコリー」の収穫量の実数はどこにも示されておらず、令和2年の収穫量を比較することはできない。

4　×　平成30→令和2年の増加率について、「たまねぎ」と、「ブロッコリー」の1.5倍を比較すればよい。それぞれの平成30年を100とおいて、令和2年の指数を確認する。

「たまねぎ」の増加率は令和元→2年で＋15.5%→＋1.7%と変化している。先に＋1.7%を近似法で計算すると、$100+1.7=101.7$となり、そこからさらに15.5%増やせばよい。$101.7×(1+0.155)=101.7×1.155≒102×1.16$$=118.32≒118$である。したがって、増加率は$118-100=\mathbf{18}$〔%〕である。

「ブロッコリー」の増加率は令和元→2年で＋10.2%→＋2.9%と変化している。先に＋2.9%を近似法で計算すると、$100+2.9=102.9$となり、そこからさらに10.2%増やせばよい。$102.9×(1+0.102)=102.9×1.102≒103×1.1$$=113.3≒113$である。したがって、増加率は$113-100=\mathbf{13}$〔%〕で、1.5倍すると$13×1.5=\mathbf{19.5}$〔%〕となる。

5　○　「こまつな」の平成28年を100とおいて、令和元年の指数を確認すればよい。

「こまつな」の増加率は平成29→30→令和元年で−1.3%→＋3.1%→−0.6%と変化している。近似法で計算すると、$100-1.3+3.1-0.6=\mathbf{101.2}$となる。

正解：5

1 × 「食料工業品」は平成30→令和元年度と大きく減少しているので、平成28→令和元年度で減少していると考えられるが、「窯業品」は平成29年度に大きく増加している。そこで、平成28→令和元年度で「窯業品」が増加しているのではないかと当たりをつけられる。「窯業品」の平成28年度を100とおいて、令和元年度の指数を確認すればよい。

「窯業品」の増加率は平成29→30→令和元年度で＋13.1％→－11.5％→＋0.4％と変化している。近似法と10％分の計算とを併用すると、以下のようになる。

①「＋13.1％→－11.5％→＋0.4％」を10％単位と10％未満で「（＋10％＋3.1％）→（－10％－1.5％）→＋0.4％」のように分ける。

②先に10％未満だけ近似法で計算すると、100＋3.1－1.5＋0.4＝102となる。

③後から10％単位を102×1.1×0.9と計算する。後ろの2つを先に計算すると1.1×0.9＝0.99なので、102×0.99となる。令和元年度の指数は102×0.99＝**100.98**となる。

2 × 「窯業品」はプラスとマイナスをかなり繰り返しているので目星がつけにくい。そこで、平成27年度を100とおいて、平成30年度まで指数を確認すればよい。なお、令和元年度はプラスになっていて最少になる可能性はないので、ここまでは検討しなくてよい。

「窯業品」の増加率は平成28→29→30年度で－10.2％→＋13.1％→－11.5％と変化している。平成28年度は100から10.2％の減少なので、そのまま引いて100－10.2＝**89.8**である。平成29年度は89.8から13.1％増えている。13.1％を10％と3.1％に分けて、近似法で89.8＋3.1＝92.9、これを10％増やして92.9＋9.29≒92.9＋9.3＝**102.2**である。平成30年度は102.2から11.5％の減少である。11.5％を10％と1.5％に分けて、近似法で102.2－1.5＝100.7、これを10％減らして100.7－10.07≒100.7－10.1＝**90.6**となる。平成30年度よりも平成28年度のほうが指数は小さい。

3 × 「食料工業品」と「機械」の輸送量の実数はどこにも示されておらず、平成29年度の輸送量を比較することはできない。

4 × 平成29→令和元年度の増加率について、「機械」と「日用品」の2倍を比較すればよい。それぞれの平成29年度を100とおいて、令和元年度の指数を確認する。

「機械」の増加率は平成30→令和元年度で＋10.1％→＋14.9％と変化している。近似法と10％分の計算とを併用すると、以下のようになる。

①「＋10.1％→＋14.9％」を10％単位と10％未満で「（＋10％＋0.1％）→（＋10％＋4.9％）」のように分ける。

②先に 10%未満だけ近似法で計算すると、100＋0.1＋4.9＝105 となる。

③後から 10%単位を 105×1.1×1.1 と計算する。後ろの 2 つを先に計算すると 1.1×1.1＝1.21 なので、105×1.21 となる。令和元年度の指数は 105×1.21 ＝**127.05** となる。100 から 127.05 で、増加率は**約 27%**である。

「日用品」の増加率は平成 30 →令和元年度で ＋8.2%→ ＋4.1%と変化している。近似法で計算すると、100＋8.2＋4.1＝**112.3** となる。100 から 112.3 で、増加率は**約 12%**、2 倍で 12×2＝**24〔%〕**である。

5 ○ 「砂利・砂・石材」の平成 27 年度を 100 とおいて、平成 30 年度の指数を確認すればよい。

「砂利・砂・石材」の増加率は平成 28 → 29 → 30 年度で ＋5.5%→－8.5%→ －6.0%と変化している。近似法で計算すると、100＋5.5－8.5－6.0＝**91** となる。

問題 8 特別区 I 類（2020 年度） ···················· 本冊 P.087

正解：5

1 × 「居住専用」は平成 28 年の増加が大きく、平成 29 年の減少が小さいので、平成 29 年が大きいと推測されるが、「医療、福祉用」は平成 28 年の増加が小さく、平成 29 年の減少が大きいため、平成 29 年は小さくなっているのではないかと当たりをつけられる。そこで、「医療、福祉用」に絞って、平成 27 年を 100 とおいたときの平成 29 年の指数を確認すればよい。

「医療、福祉用」の増加率は平成 28 → 29 年で ＋1.6%→－6.4%と変化している。近似法で計算すると、100＋1.6－6.4＝**95.2** となる。

2 × 「卸売業、小売業用」の平成 26 年を 100 とおいて、平成 29 年の指数を確認すればよい。

「卸売業、小売業用」の増加率は平成 27 → 28 → 29 年で－20.0%→ ＋6.1% →－16.8%と変化している。ここでは概数で計算する。

平成 27 年は 100×（1－0.2）＝100×0.8＝**80** である。平成 28 年は 80 の 6.1%増加であり、80 の 1%は 0.8、6%は 6 倍で 0.8×6＝4.8、0.1%は 0.08 なので、6.1%は 4.88≒4.9 となる。80＋4.9＝**84.9** である。平成 29 年は 84.9 の 16.8%減少であり、概数で 85 の 17%減少とすると 85×（1－0.17） ＝85×0.83＝**70.55** となる。概算だとかなりシビアな数値なので、不安であれば後から正確に計算するとよいだろう。

3 × 「製造業用」をみると、平成 28 年は確かに－8.4%と減少しているが、平成 27 年で大きく 14.9%増加してからの減少なので、むしろ平成 26 年の －2.7%のほうが小さい可能性がある。そこで、平成 25 年を 100 とおいて、平成 26 → 27 → 28 年の指数を確認するとよい。

「製造業用」の増加率は平成 26 → 27 → 28 年で－2.7%→ ＋14.9%→－8.4% と変化している。平成 26 年は 100 の 2.7%減少なので、100－2.7＝**97.3** で

ある。平成 27 年は 97.3 の 14.9％増加である。概数で 97 の 15％増加と考えると、97×（1＋0.15）＝97×1.15＝111.55≒**112** である。平成 28 年は 112 の 8.4％減少なので、112×（1－0.084）＝112×0.916≒112×0.92＝**103.04** である。ここまで細かく計算しなくても、112 は 10％減っても 112－11.2 で 100 を下回ることがないとわかれば十分だろう。

4　×　「製造用」と「運輸業用」の着工建築物床面積の実数はどこにも示されておらず、平成 27 年の着工建築物床面積を比較することはできない。

5　○　平成 26 → 29 年の減少率について、「医療、福祉用」と「卸売業、小売業用」の 1.1 倍を比較すればよい。それぞれの平成 26 年を 100 とおいて、平成 29 年の指数を確認する。
「医療、福祉用」の増加率は平成 27 → 28 → 29 年で－29.6％→ ＋1.6％→－6.4％と変化している。近似法と 10％分の計算とを併用すると、以下のようになる。
①「－29.6％→ ＋1.6％→－6.4％」を 10％単位と 10％未満で「（－30％＋0.4％）→ ＋1.6％→－6.4％」のように分ける。
②先に 10％未満だけ近似法で計算すると、100＋0.4＋1.6－6.4＝95.6 となる。
③後から 10％単位を 95.6×0.7 と計算する。平成 29 年の指数は 95.6×0.7＝66.92≒**66.9** となる。100 から 66.9 で、減少率は **33.1％**である。
「卸売業、小売業用」の増加率は平成 27 → 28 → 29 年で－20.0％→ ＋6.1％→－16.8％と変化している。これはすでに選択肢 2 で検討したとおり、平成 29 年が 70.55≒**70.6** なので、減少率は**約 29.4％**である。これを 1.1 倍すると 10％を足して 29.4＋2.94≒29.4＋2.9＝**32.3〔％〕**となる。

問題 9　国家一般職（2019 年度） ··· 本冊 P.088

正解：4

1　×　「2018 年の国内総生産の成長率（前年比）」とは、国内総生産の 2017 → 2018 年の増加率を確認すればよい。B 国をみると、230 → 250 と増加しており、増加量は 20 である。これより高いところがないかを探すと、例えば A 国に当たりがつけられる。
A 国は 190 → 210 であり、増加量は B 国と同じ 20 である。増加量が同じであれば、もとにする量（基準）が小さいほうが増加率は大きくなる。つまり、A 国のほうが増加率は大きいことになる。

2　×　国内総生産の 2014 → 2018 年の増加率を確認すればよい。E 国をみると 20 → 30 で 30÷20＝**1.5〔倍〕**になっていることがわかる。他に高いところがないかを探すと、例えば C 国に当たりがつけられる。
C 国は 40 → 60 で 60÷40＝**1.5〔倍〕**になっているので、E 国と増加率は同じである。

3　×　国内総生産の 2014 → 2018 年の増加額を確認すればよい。あくまで増加「額」なので、読み間違いのないように注意が必要である。

B 国は 180 → 250 で増加額は 250−180＝**70** である。A 国は 170 → 210 で増加額は 210−170＝**40** なので、A 国より B 国のほうが大きい。

4　○　2013 年の物価を 100 とおいたときの 2018 年の指数を「物価上昇率（前年比）」、つまり増加率から計算すればよい。どの国も増加率は 10％未満なので、全て近似法で計算できる。

C 国の 2014 → 2015 → 2016 → 2017 → 2018 年の対前年増加率は ＋0.6％ → ＋0.5％→−0.1％→ ＋0.7％→ ＋1.3％であり、2013 年を 100 とすると 2018 年の指数は 100＋0.6＋0.5−0.1＋0.7＋1.3＝**103** である。

これよりも小さい国を探すと、一見してどの国も全て足した値は 3 を大きく超えることがわかる。

5　×　増加率の 5 年平均を比較するものである。そこで、5 年合計が最も高い国、最も低い国を確認すればよい。選択肢 4 で検討したとおり、C 国が最も小さいことはわかっているので、最も高い国が E 国かどうかを調べればよい。

E 国の 5 年合計は 0.6＋0.6＋0.7＋2.7＋2.7＝**7.3**〔％〕である。これより 5 年合計が大きい国を探すと、例えば B 国が考えられる。B 国の 5 年合計は 2.3＋1.8＋2.0＋1.6＋2.2＝**9.9**〔％〕であり、E 国よりも大きくなる。つまり、5 年平均も E 国より大きくなるということである。

問題 10　**国家一般職（2018 年度）**　⋯⋯⋯⋯⋯⋯⋯⋯⋯⋯⋯⋯⋯⋯⋯⋯ **本冊 P.089**

正解：5

1　×　本問のような内訳がある数表では、「何がどこまで含まれるのか」を正しく読み取ることが重要である。表によれば、「旅行（1 泊 2 日以上）」に含まれる活動は「国内旅行」、「観光旅行」、「帰省・訪問などの旅行」、「海外旅行」の 4 つである。その中で「海外旅行」だけは男性が **10.2％**、女性が **10.0％**であり、女性の行動者率のほうが低い。

2　×　「国内旅行」と「海外旅行」の両方を行った者が少なくとも 10％以上いるのか、といういわゆる**最小値の割合**を答えさせる選択肢で、国家公務員試験の資料解釈では定期的に問われるものである。考え方としては、判断推理で学習する最小値の集合の解法を利用すればよい。つまり、「旅行（1 泊 2 日以上）」に行った **63.7％**を全体として、「国内旅行」に行った **62.2％**と「海外旅行」に行った **10.1％**をなるべく重ならないように両端に寄せて線分図を描いたとき、それでも重なってしまう部分が「国内旅行」と「海外旅行」の両方を行った者の最小値になる。

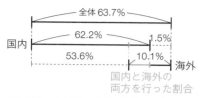

重なった部分は 10.1％－1.5％＝**8.6**〔**%**〕であり、10％は超えていないことがわかる。

3 × 「旅行（1泊2日以上）」を行った男性は **58.5%**、「行楽（日帰り）」を行わなかった男性は 100％－54.8％＝**45.2**〔**%**〕である。ということは、「行楽（日帰り）」を行わなかった男性45.2％が、「旅行（1泊2日以上）」を行った男性58.5％の中に全て含まれているとすれば、最大で **45.2%**全員が「旅行（1泊2日以上）」を行ったが、「行楽（日帰り）」は行わなかった男性になってしまう。逆に、なるべく重ならないようにすると、最小で 45.2％－41.5％＝**3.7**〔**%**〕だけがいることになる。以下の線分図のように考えればよい。

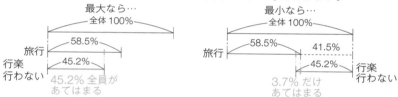

4 × 「行楽（日帰り）」を行った男性と女性の人数の実数はどこにも示されておらず、平成28年の人数を比較することはできない。

5 ○ 選択肢2と同様に検討すればよい。平成28年に「国内旅行」を行った者 **58.0%**を全体として、「観光旅行」を行った **48.9%**と「帰省・訪問などの旅行」を行った **26.0%**をなるべく重ならないように両端に寄せて線分図を描いたとき、それでも重なってしまう部分が「観光旅行」と「帰省・訪問などの旅行」の両方を行った者の最小値になる。

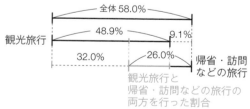

重なった部分は 26.0％－9.1％＝**16.9**〔**%**〕であり、「国内旅行」を行った 58.0％に占める16.9の割合は 16.9÷58.0＝**0.291**…となるので、29％を超える。

3　2　その他の割合の資料の検討

問題 11　警察官Ⅰ類（2020 年度）……………………………………… 本冊 P.094

正解：1

1　○　資料に示されているのは平成 30 年末の数値であり、「対前年」は前年末
（平成 29 年末）からどれくらいの増減率かが示されている。つまり、「**前年末
×（1＋「対前年」）＝ 平成 30 年末**」という計算式になるので、前年末の数値を
求めるには逆算して割り算する必要がある。平成 30 年末の実数と対前年増加
率が大きければ、増加人数も大きいことが推測されるので、候補になりそうな
のは中国の永住者、中国の留学、ベトナムの留学の 3 つぐらいだと目星がつけ
られる。なお、フィリピンの留学は「対前年」が 26.7％で非常に大きいが、平
成 30 年末の値が 3010 しかないので、さほど増加していないことがわかり、
候補からは外れる。

中国の永住者をみると、前年末×（1＋0.049）＝260963 であり、
260963÷1.049≒261000÷1.05≒248571≒249000 なので、増加人数は
261000－249000＝**12000** である。

中国の留学をみると、前年末×（1＋0.065）＝132411 であり、
132411÷1.065≒132000÷1.07≒123364≒123000 なので、増加人数は
132000－123000＝**9000** である。

ベトナムの留学をみると、前年末×（1＋0.121）＝81009 であり、
81009÷1.121≒81000÷1.12≒72321≒72300 なので、増加人数は
81000－72300＝**8700** である。

2　×　韓国の特別永住者は、前年末×（1－0.024）＝288737 なのに対し、ベト
ナムの中長期在留者は前年末×（1＋0.261）＝330832 である。そこで、前年
末の人数を概算で検討する。実際には割り算の計算を途中まですれば、どちら
が大きいかは判断できる。

韓国の特別永住者は前年末で 288737÷0.976≒289000÷0.98≒**294897**、ベ
トナムの中長期在留者は前年末で 330832÷1.261≒331000÷1.26≒**262698**
となる。

3　×　平成 30 年末の中国、韓国、ベトナムの 3 国の合計と、平成 30 年末の総
数の半分を比較すればよい。

3 国の合計は 764720＋449634＋330835≒765000＋450000＋331000
＝**1546000** となる。総数の半分は 2731093÷2≒2730000÷2＝**1365000**
となる。

4　×　永住者は「前年末×（1＋0.03）＝771568」であるが、これより増加人数
が多そうなのが、増加率のかなり大きい技能実習である。技能実習は「前年末
×（1＋0.197）＝328360」なので、それぞれ逆算して前年末を確認すれば、増
加人数は求められる。実際には割り算の計算を途中まですれば、どちらが大き

いかは判断できる。

永住者は前年末で 771568÷1.03≒772000÷1.03≒749514 なので、増加人数は 772000−750000＝**22000 程度**である。技能実習は前年末で 328360÷1.197≒328000÷1.2＝273333 なので、増加人数は 328000−273000＝**55000 程度**である。

5　×　技能実習について、韓国は「前年末×（1−0.923）＝1」なので、前年末は 1÷0.077≒12.98…≒**13** である。ブラジルは「前年末×（1−0.222）＝7」なので、前年末は 7÷0.778＝8.99…≒**9** である。

問題 12　消防官Ⅰ類（2022 年度）……………………………………… 本冊 P.095

　　正解：3

1　×　被害金額について本年度の実数と対前年度比が出ているので、カモは前年度×116.6％＝450、ヒヨドリは前年度×196.6％＝602 という関係になる。これを逆算すれば、前年度の被害金額を求めることができる。ここでは大小を比較するだけなので、％を小数に変えずにそのまま計算して手間を省く。
カモは 450÷116.6％ ≒450÷117％ ＝**3.84**…となる。
ヒヨドリは 602÷196.6％ ≒602÷197％ ＝**3.05**…となる。

2　×　「被害量あたりの被害金額」は $\dfrac{被害金額}{被害量}$ で表され、シカにおける本年度は $\dfrac{5304}{360.7}$、前年度は選択肢 1 と同様に逆算すればよいので $\dfrac{5304÷98.0\%}{360.7÷92.0\%}$ と表せる。ここで、「本年度→前年度」と考えて $\dfrac{5304}{360.7}$ → $\dfrac{5304÷98.0\%}{360.7÷92.0\%}$ で分数の大小を比較するとよい。

「÷98.0％」と「÷92.0％」はどちらも 1 未満の数で割るので値は大きくなるが、「÷92.0％」のほうが値が小さいため、割り算の答えは大きくなる。つまり、分母のほうが増加率は大きいことになるので、分数全体の値は小さくなり、$\dfrac{5304}{360.7} > \dfrac{5304÷98.0\%}{360.7÷92.0\%}$、「本年度＞前年度」であることがわかる。

3　○　「被害面積あたりの被害金額」は $\dfrac{被害金額}{被害面積}$ で表され、カモにおける本年度は $\dfrac{450}{0.4}$＝450÷0.4＝**1125** と表せる。そこで、これよりも大きい野生鳥獣がないかを探すと、被害金額がなるべく大きく、被害面積がなるべく小さくなるような野生鳥獣としてイノシシやサルが考えられる。
イノシシは $\dfrac{4619}{5.5}$＝4619÷5.5≒4620÷5.5＝**840** となる。サルも $\dfrac{860}{1.0}$＝860÷1.0＝**860** となり、カモを超えることはない。

4　×　本年度の被害量の合計はシカが 360.7 とほとんどを占めており、他の野生

鳥獣は被害量が極めて少ない。そして、シカの対前年度比が92.0％であり、昨年度より減少して360.7なので、おそらく合計でも昨年度より減少していると考えれば、本選択肢は誤りである。

念のため確認すると、シカは前年度×92.0％＝360.7なので、前年度は360.7÷0.92≒361÷0.92≒392である。つまり、392→361で**31**減少している。では、他の野生鳥獣で31も増加しているものがあるかを考えると、対前年度比が大きいカモやヒヨドリも本年度が1.8や3.4で31と比べて非常に小さいので、合計で31も増加しているとは考えられない。

5　×　「被害量あたりの被害金額」は$\dfrac{被害金額}{被害量}$で表され、本年度はカラスが$\dfrac{1329}{16.9}$、カモが$\dfrac{450}{1.8}$と表される。「カモ→カラス」として$\dfrac{450}{1.8}→\dfrac{1329}{16.9}$の分子・分母の倍率を考えると、分母は約9倍、分子は約3倍なので、分母のほうが倍率（増加率）が大きく、分数全体の値は小さくなる。$\dfrac{450}{1.8}>\dfrac{1329}{16.9}$、つまり「カモ＞カラス」であり、分母が約9倍、分子が約3倍ということは、カラスはカモの$\dfrac{1}{3}$**程度**しかないということである。

これが前年度になるとカラスにおける前年度は$\dfrac{1329÷93.3\%}{16.9÷80.5\%}$、カモにおける前年度は$\dfrac{450÷116.6\%}{1.8÷138.5\%}$と表せる。カラスは分母のほうが÷80.5％（÷0.805）で分子より割る数が小さいため、前年度は分母のほうが増えることになり、分数全体の値が小さくなると考えられる。同様にカモは分子のほうが÷116.6％（÷1.116）で分母より割る数が小さいため、前年度は分子のほうが減らないことになり、分数全体の値が大きくなると考えられる。つまり、さらにカラスが小さく、カモが大きくなるので、前年度も「カモ＞カラス」である。

問題13　国家一般職（2017年度） ………………………………………… **本冊 P.096**

正解： 1

1　○　5割を割っていそうな怪しい1年に着目する。ここでは固定電話とパソコンの保有率がどちらも小さい2015年に当たりをつけて検討するとよい。固定電話は**77％**、パソコンは**78％**程度であり、これを共に保有している割合が少なくとも5割以上（＝50％以上）かどうかを調べればよいので、判断推理で学習する**最小値の集合**の考え方で検討すればよい。つまり、100％を全体として、固定電話を保有している77％とパソコンを保有している78％をなるべく重ならないように両端に寄せて線分図を描いたとき、それでも重なってしまう部分が固定電話もパソコンも両方を保有する社員の最小値になる。

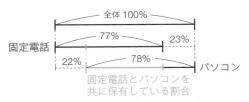

重なった部分は 78−23＝**55〔%〕**であり、少なくとも 50%を超えていることがわかる。

2 ×　割合としては減っていても、全社員の人数が示されていない。問題文冒頭にあるように、「社員数は年ごとに変動がある」ので、毎年同じ人数というわけではない以上、判断ができない。

3 ×　割合としては最大・最小でも、選択肢 2 と同様に全社員の人数が不明なので 判断できない。

4 ×　割合としては 3 倍になっていても、選択肢 2 と同様に全社員の人数が不明なので 判断できない。

5 ×　例えば 2012 年に着目する。FAX を保有しているのは全社員の **42%**、スマートフォンを保有しているのは全社員の **51%**であるが、これらが重なるとは限らない。極端にいえば、以下のように FAX を保有している社員とスマートフォンを保有している社員が全く重ならない可能性もある。

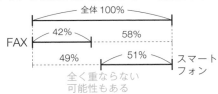

問題 14　**警察官Ⅰ類（2019 年度）**　‥‥‥‥‥‥‥‥‥‥‥‥‥‥‥‥‥‥‥‥ **本冊 P.097**

正解：3

1 ×　調査年ごとの全人口は示されていないので、割合が減少していても年少人口数が減少しているかどうかはわからない。割合が減少しても全人口が増えていれば、年少人口数は増加している可能性がある。

2 ×　調査年ごとの全人口は示されていないので、割合が増加していても生産年齢人口数が増加しているかどうかはわからない。割合が増加しても全人口が減っていれば、生産年齢人口数は減少している可能性がある。

3 ○　問題文のただし書きにあるように「年少人口と生産年齢人口と老年人口をすべて合計した値が全人口である」ので、全人口に占める老年人口の割合は全人口100%から年少人口と生産年齢人口の割合を引けば求めることができる。以下のように計算すれば、老年人口の割合は、調査の年ごとに増加している。
1985 年：100−21.5−68.2＝**10.3〔%〕**

1990 年：100－18.0－69.7＝**12.3**〔%〕
1995 年：100－16.0－69.5＝**14.5**〔%〕
2000 年：100－14.5－68.1＝**17.4**〔%〕
2005 年：100－14.0－66.1＝**19.9**〔%〕
2010 年：100－13.0－63.8＝**23.2**〔%〕
2015 年：100－12.5－60.7＝**26.8**〔%〕

4 ×　「年少人口に対する生産年齢人口の比率」は $\dfrac{生産年齢人口}{年少人口}$ で表すことがで

きる。極端なところで比較したほうがわかりやすいので、例えば 1980 年と

2015 年をみると、1980 年は $\dfrac{67.4}{23.5}$、2015 年は $\dfrac{60.7}{12.5}$ となる。数値が大きくな

いのでそのまま途中まで割り算をすれば、1980 年は 67.4÷23.5＝674÷235

＝**2.86**…、2015 年は 60.7÷12.5＝607÷125≒**4.85**…となる。

5 ×　「生産年齢人口に対する老年人口の比率」は $\dfrac{老年人口}{生産年齢人口}$ で表すことがで

きる。1995 年は $\dfrac{14.5}{69.5}$ となる。もっと低い調査年として、選択肢 3 で検討し

たとおり、なるべく老年人口が少ない 1985 年でみると $\dfrac{10.3}{68.2}$ となる。数値が

大きくないのでそのまま途中まで割り算をすれば、1995 年は 14.5÷69.5

＝145÷695＝**0.20**…、1985 年は 10.3÷68.2＝103÷682≒**0.15**…となる。

問題15　消防官Ⅰ類（2020 年度）‥‥‥‥‥‥‥‥‥‥‥‥‥‥‥‥‥‥‥‥‥‥ 本冊 P.098

正解： 5

1 ×　対前年指数の数値だけでみると、2015 年が最も大きそうに見えるが、こ
れはあくまで「2014 年を 100 としたとき、2015 年の指数が 120 である」、
つまり 2014 年よりも 1.2 倍、20％増加しているというだけである。2016 年
以降をみると、2016 年は 100 なので 2015 年と同じ値、2017 年は 105 なの
で 2016 年から 1.05 倍（5％増加）、2018 年は 110 なので 2017 年から 1.1
倍（10％増加）である。2015 年より 2017 年や 2018 年のほうが大きい。

2 ×　2013 → 2014 → 2015 → 2016 → 2017 年で対前年指数は 100、105、
110、115、120 となっており、確かに指数の増加量は 5 ずつで等しいが、そ
れと増加額が等しいかどうかは別の話である。
例えば、2013 年の実数が仮に 100 円だとすると、2014 年の対前年指数は
105 なので 1.05 倍であり、2014 年の実数は 100×1.05＝105〔円〕、増加額
は 105－100＝**5**〔円〕である。しかし 2015 年の対前年指数は 110 なので
1.1 倍であり、2015 年の実数は 105×1.1＝115.5〔円〕、増加額は 115.5－105
＝**10.5**〔円〕である。

3 ×　2013 → 2014 → 2015 年で対前年指数は 115、115、115 となってお

り、確かに指数は等しいが、それと増減がないかどうかは別の話である。対前年指数がずっと 115 ということは、常に前年と比べて 1.15 倍ずつ増加している、という意味だからである。

例えば、2013 年の実数が仮に 100 円だとすると、2014 年の対前年指数は 115 なので 1.15 倍であり、2014 年の実数は 100×1.15＝**115〔円〕**となり、明らかに増加している。

4 × 対前年指数の数値だけでみると、2016 年が最も小さそうに見えるが、これはあくまで「2015 年を 100 としたとき、2016 年の指数が 90 である」、つまり 2015 年よりも 0.9 倍、10％減少しているというだけである。2017 年をみると対前年指数は 95 であり、これは「2016 年を 100 としたとき、2017 年の指数が 95 である」、つまり 2016 年よりも 0.95 倍、5％減少しているという意味になる。つまり、2016 年より 2017 年のほうが小さい。

5 ○ A 社の 2013 年を 100 とすると、2014 年の対前年指数は 100 なので 1 倍で変動なしである。つまり、2014 年も 100×1＝**100** となる。さらに、2015 年の対前年指数は 120 なので 1.2 倍、20％の増加である。つまり、2015 年は 100×1.2＝**120** となる。

正解：5

ア × 「世帯人数（1 世帯当たりの人数）」は $\dfrac{人口}{世帯数}$ ＝ 人口÷世帯数で表せる。記述には「ずっと 2 人を下回っている」とあるので、1 年でも上回っている年があれば本記述は誤りとなる。そこで、なるべく $\dfrac{人口}{世帯数}$ が大きい年、つまり人口が大きく世帯数が少ないところを探すと、人口がそこまで減少していない平成 17 年が考えられる。

平成 17 年の $\dfrac{人口}{世帯数}$ は $\dfrac{5276+9434+2192}{6784} ≒ \dfrac{5280+9430+2190}{6780}$

$= \dfrac{16900}{6780}$ となる。分母の 6780 を 2 倍すると

6780×2＝13560 であり、分子の 16900 はそれより大きいので、$\dfrac{16900}{6780}$ は明らかに **2 以上**である。

イ ○ 「総人口に占める 65 歳以上の割合」は $\dfrac{65 歳以上人口}{総人口}$ で表されるが、総人口は棒グラフが常に下がっていることから調査年のたびに減少している。一方、65 歳以上の人口は昭和 60 年の 3664 からほぼ調査年のたびに増加している。この時点で本記述は正しいと判断してよい。唯一、平成 17 → 22 年は 65 歳以上が 5276 → 5262 とわずかに減っているので、この 2 年だけ確認する。

平成 17 年は $\dfrac{5276}{5276+9434+2192} ≒ \dfrac{5280}{5280+9430+2190} = \dfrac{5280}{16900}$

平成 22 年は $\dfrac{5262}{5262+8465+1790} ≒ \dfrac{5260}{5260+8470+1790} = \dfrac{5260}{15520}$

「平成 17 → 22 年」で $\dfrac{5280}{16900} → \dfrac{5260}{15520}$ となる。分子は 5280 → 5260 で 20 の減少であり、基準となる 5280 の 1％は 52.8≒53 なので、20 の減少は 1％未満である。分母は 16900 → 15520 で 1380 の減少であり、基準となる 16900 の 1％は 169 なので、1380 の減少は明らかに 1％以上である。分母のほうが大きく減っているので、分数全体の値は増加することになり、$\dfrac{5280}{16900}$

$< \dfrac{5260}{15520}$、「平成 17 年＜平成 22 年」である。

ウ × 「総人口に占める 15 歳未満の割合」は $\dfrac{15 歳未満人口}{総人口}$ で表される。確か

に 15 歳未満の人口は昭和 60 年から減り続けているが、総人口も同じく減り続けているので、割合が減少しているかどうかは検討が必要である。例えば、15 歳未満よりも総人口のほうが大きく減っていそうな年として、平成 22 → 27 年に当たりをつけて検討する。

平成 22 年は $\dfrac{1790}{5262+8465+1790} \fallingdotseq \dfrac{1790}{5260+8470+1790} = \dfrac{\mathbf{1790}}{\mathbf{15520}}$

平成 27 年は $\dfrac{1693}{5564+7247+1693} \fallingdotseq \dfrac{1690}{5560+7250+1690} = \dfrac{\mathbf{1690}}{\mathbf{14500}}$

「平成 22 → 27 年」で $\dfrac{1790}{15520} \rightarrow \dfrac{1690}{14500}$ となる。分子は 1790 → 1690 で 100 の減少であり、基準となる 1790 の 1% は 17.9 ≒ 18、6% は 6 倍で 18×6 = 108 なので、100 の減少は 6% 未満である。分母は 15520 → 14500 で 1020 の減少であり、基準となる 15520 の 1% は 155.2 ≒ 155、6% は 6 倍で 155×6 = 930 なので、1020 の減少は 6% 以上である。分母のほうが大きく減っているので、分数全体の値は増加することになり、$\dfrac{\mathbf{1790}}{\mathbf{15520}} < \dfrac{\mathbf{1690}}{\mathbf{14500}}$、「平成 22 年＜平成 27 年」である。

問題 2　警察官 I 類（2021 年度）……………………………………………… 本冊 P.107

正解：4

1　×　「売上高」は直接書かれていないが、「売上高経常利益率」すなわち「売上高に対する経常利益の割合」＝$\dfrac{経常利益}{売上高}$ は示されているので、これを利用する。

経常利益 ÷ $\dfrac{経常利益}{売上高}$ ＝売上高となるので、売上高を求めるには「経常利益」÷「売上高経常利益率」を計算すればよい。選択肢には「どの年度も 1500 兆円（＝15000000 億円）を上回っている」とあるので、なるべく小さくなりそうなところ、つまり経常利益が小さいところを探すと、平成 26 年度に当たりがつけられる。

平成 26 年度は 645861 ÷ 4.5% ≒ 646000 ÷ 0.045 ≒ **14355556** となる。途中まで割り算すれば、15000000 を超えないことはわかるだろう。

2　×　5 年の合計で 400 兆円＝4000000 億円を上回るのであれば、5 年平均で 400 ÷ 5 ＝ 80 兆円＝800000 億円となる。しかし、資料を見る限り、800000 を下回っているものが多いので、おそらく合計しても 400 兆円には達しないことが推測できる。ここではキリよく多めに見積もって計算してみる。

平成 26 ～ 30 年を多めに計算すると、

650000 + 690000 + 750000 + 840000 + 840000 ＝ **3770000** である。多めに計算しても 4000000 を超えないので、実際に計算すれば確実に 4000000 を下回る。

3 × 平成 26 → 27 年度で経常利益の増加率が 10%以上か確認すればよい。
平成 26 → 27 年度で 645861 → 682201 で、概数で 646000 → 682000 とすると、増加量は 36000 である。基準となる 646000 の 10%は 64600 なので、36000 の増加量は増加率でいうと **10%未満**である。

4 ○ 選択肢 1 で検討済みのとおり、売上高を求めるには「経常利益」÷「売上高経常利益率」を計算すればよい。平成 26 → 29 年度で 645861÷4.5 → 835543÷5.4 であり、これが増加しているかを確認すればよい。分数を作って検討してもよいが、ここでは割り算の計算を途中まで行って判断する。
平成 26 年度は 645861÷4.5≒646000÷4.5≒**143556** となる。平成 29 年度は 835543÷5.4≒836000÷5.4≒**154815** となる。上 2 桁目がわかった段階で、平成 29 年度のほうが大きいことが判断できる。

5 × 平成 27 → 28 年度と平成 28 → 29 年度で増加率を比較すればよい。
平成 27 → 28 年度は 682201 → 749872 で、概数で 682000 → 750000 とすると、増加量は 68000 である。基準となる 682000 の 10%は 68200 なので、68000 の増加量は増加率でいうと **10%未満**である。
平成 28 → 29 年度は 749872 → 835543 で、概数で 750000 → 836000 とすると、増加量は 86000 である。基準となる 750000 の 10%は 75000 なので、86000 の増加量は増加率でいうと **10%以上**である。

問題3 消防官Ⅰ類（2017 年度）·· **本冊 P.108**

正解：5

1 × 資料から読み取れる限り、9 か月が 30 を下回っており、30 を大きく上回っている月も 3 月しかないので、平均は 30 を下回ることが想定できる。念のため確認すると、12 か月の平均が 30 を超えるということは、合計が 30×12＝360 を超えるということである。そこで、全てを足して判断すればよい。かなり誤差は大きくなるが、小数点以下を四捨五入して計算する。
全てを概算すると、12 月から順に
31＋27＋27＋36＋28＋27＋29＋29＋29＋30＋29＋29＝**351** となり、360 を下回る。

2 × 3 月における本年の対前月売上高増加率は本年の 2 → 3 月を、前年の対前月売上高増加率は前年の 2 → 3 月を確認すればよい。本年の 2 → 3 月は 27.3 → 35.8、前年の 2 → 3 月は逆算して 27.3÷1.019 → 35.8÷1.002 となるので、これらの増加率を比較する。
前年 2 月は 27.3÷1.019≒27.3÷1.02≒**26.8** で、27.3 より小さくなるが、前年 3 月は 35.8÷1.002≒35.8÷1＝**35.8** で値は変わらない。そうすると、26.8 → 35.8 のほうが基準となる値が小さく増加量が大きいので、増加率が大きいことになる。

3 × 逆算すると、前年 10 月は 28.6÷1.001、前年 11 月は 28.6÷1.015 であ

る。割られる数は同じなので、割る数が大きいほうが割った答えは小さくなる。そうすると、前年 11 月の 28.6÷1.015 のほうが割った答えは小さくなるので、前年 10 月＞前年 11 月となる。

4　×　5 月については前年×（1−0.006）＝27.4 が成り立つので、逆算すると、前年の 5 月は 27.4÷0.994 となり、**27.4 よりやや多いくらいの値**である。これより小さくなりそうな月を探すと、例えば 1 月が挙げられる。
1 月については前年×（1＋0.006）＝26.8 が成り立つので、逆算すると、前年の 1 月は 26.8÷1.006 となり、**26.8 より小さい値**になる。

5　○　12 月については前年×（1＋0.03）＝30.7 が成り立つので、逆算すると、前年の 12 月は 30.7÷1.03≒**29.8** となる。このように増加率が大きくて、本年の売上高が大きければ、増加量も大きくなるが、他の月はあまり匹敵するものがない。例えば本年の 3 月は 35.8 とかなり大きいが、増加率が 0.2％しかないので、逆算しても 35.8÷1.002≒**35.7** でほぼ変化していない。

問題 4　消防官 I 類（2022 年度）　…………………………………………… 本冊 P.109

正解：4

1　×　令和元年の 30 〜 99 人規模のテレワークを導入している企業数は 1180×19.2％、同年の 300 人以上規模のテレワークを導入している企業数は 381×41.2％で求められる。「30 〜 99 人規模のほうが少ない」という選択肢なので、30 〜 99 人規模をキリよく少なめに、300 人以上規模をキリよく多めに概算してみるとよい。
30 〜 99 人規模を少なめに計算すると 1180×19.2％≒1100×19％＝**209**、300 人以上規模を多めに計算すると 400×50％＝**200** となり、30 〜 99 人規模を少なめにしても 300 人以上規模の企業数を超えてしまう。正確に計算したら確実に 30 〜 99 人規模は 300 人以上規模を上回る。

2　×　「導入していない」とは「今後予定あり」と「導入予定なし」を合わせたものである。令和 2 年の 100 〜 299 人規模は 518×（14.5％ ＋20.5％）＝518×35％であり、少なめにキリよく計算して 500×30％＝**150** である。つまり、正確に計算したら確実に 150 を超える企業数になる。

3　×　300 人以上規模で「導入している」企業数の増加数を令和元→ 2 年で確認すればよい。
令和元年は 381×41.2％で、キリよく少なめに計算すると 380×40％＝**152** である。令和 2 年は 341×76.8％でキリよく多めに計算すると 350×80％＝**280** である。令和元年を少なめ、令和 2 年を多めにして、増加数が大きくなるように計算しても、増加数は 280−152＝**128** となり、150 を超えない。正確に計算したら確実に 150 は超えないことがわかる。

4　○　令和 2 年の導入している全体の企業数は 2034×57.8％、令和元年の導入予定なしの全体の企業数は 2068×54.4％である。それぞれを概算して比較す

ればよい。

令和 2 年は 2034×57.8%≒2030×58%=**1177.4**、

令和元年は 2068×54.4%≒2070×54%=**1117.8** となる。

5 × 　導入していない企業の割合は 100%から導入している割合を引けばよいので、令和元年は 100%−25.1%=**74.9%**であり、75%未満である。同じく令和 2 年は 100%−57.8%=**42.2%**であり、50%未満である。この点は正しい。

しかし、令和 2 年の企業の従業員規模別に見ると、30 ～ 99 人規模で導入していない企業の割合は 100%−49.0%=**51.0%**となる。

問題 5 　消防官 I 類（2022 年度）··· **本冊 P.110**

正解：5

1 × 　消防団員数は昭和 40 →令和 2 年で 1330995 → 818478 と減少しており、これが半分以下になったかどうかを確認すればよい。

1330995 を概数で 1330000 とすると、その半分は **665000** なので、半分以下にまでは減少していないことがわかる。

2 × 　女性消防団員数は平成 12 →令和 2 年で 951069×1.1%→818478×3.3%と変化しており、これが 20000 以上の増加かどうかを調べればよい。それぞれ概算で確認するとよいだろう。

平成 12 年は 951069×1.1%≒951000×1%=**9510** である。令和 2 年は 818478×3.3%≒818000×3.5%=**28630** である。その差は 28630−9510 =**19120** である。

3 × 　昭和 40 → 60 年で 20 ～ 29 歳をみると 1330995×42.7%→ 1033376×29.5%であり、他に構成比が大きく減っている年齢はなさそうである。ちなみに 19 歳以下の構成比は 2.7%→ 0.5%で、減少率でいえばかなり大きいが、そもそも 2.7%、0.5%しかないので、減少量では 20 ～ 29 歳に及ばないと考えられる。以上から、昭和 40 → 60 年で消防団員数が最も減ったのは 20 ～ 29 歳でよいと考えられる。そこで、選択肢後半の昭和 60 →令和 2 年も 20 ～ 29 歳が最も減っているといえるのかを検討する。

昭和 60 →令和 2 年で 20 ～ 29 歳をみると 1033376×29.5%→818478×11.8%であり、大きく減っていそうである。しかし、30 ～ 39 歳も構成比は 47.3% → 31.4%と大きく減っているので、ここで比較するとよい。減少量は実数なので、「総数×構成比」をそれなりに計算すべきである。

20 ～ 29 歳は昭和 60 年が 1033376×29.5%≒1030000×30%=**309000**、令和 2 年が 818478×11.8%≒818000×12%=**98160** なので、減少量は 309000−98160=**210840** である。

30 ～ 39 歳は昭和 60 年が 1033376×47.3%≒1030000×47%=**484100**、令和 2 年が 818478×31.4%≒818000×31%=**253580** なので、減少量は

484100－253580＝**230520** である。

4　×　本問の資料は全体に占める女性消防団員の割合、全体に占める年齢構成比率が別々に示されているだけなので、女性消防団員の中での年齢構成比率は不明であるので、15000 人を超えているかどうかはわからない。

5　○　29 歳以下（20 ～ 29 歳 ＋19 歳以下）は昭和 40 →令和 2 年で1330995×（42.7% ＋2.7%）→ 818478×（11.8% ＋0.4%）と減少している。この減少量が 450000 以上かどうかを確認すればよい。概数で計算すると以下のようになる。

昭和 40 年は 1330995×（42.7% ＋2.7%）≒1330000×45%＝**598500**、令和 2 年は 818478×（11.8% ＋0.4%）≒818000×12%＝**99360** である。減少量は 598500－99360＝**499140** となる。

問題 6　東京都Ⅰ類（2022 年度）……………………………………………… 本冊 P.111

正解： 5

1　×　指数で計算すればよいので、対前年増加率の折れ線グラフだけで判断できる。有価証券の対前年増加率は 2017 → 2018 年で－7%→－5% と変化しているので、有価証券の 2016 年を 100 として、2018 年の指数を確認する。

10%未満なので近似法で計算すればよい。2016 年を 100 とすると、2018 年は 100－7－5＝**88** となる。

2　×　2017 年の生命保険などと定期性預貯金の実数を求めて、その差が 350 を上回るかを確認すればよい。2016 年の実数は表に示されているので、これに増加率の計算をすれば求めることができる。

生命保険の 2016 年は 378 で、2017 年の対前年増加率は 0%なので、2017 年の実数も **378** である。一方、定期性預貯金の 2016 年は 727 で、2017 年の対前年増加率は－2%なので、2017 年の実数は 727 から 2%減らせばよい。727 の 1%は 7.27≒7 なので、2%は 2 倍で 14 となる。727－14＝**713** である。両者の差は 713－378＝**335** となる。

3　×　指数で処理する。つまり、2016 年を 100 とおいて、2017 ～ 2019 年を指数で表したうえで、後から実数に変換する方法である。

2017 ～ 2019 年の対前年増加率は－2%→－8%→－2%程度である。2016 年を 100 とおいて、全て 10%未満なので近似法で計算すると、2017 ～ 2019年はそれぞれ 98、90、88 となり、3 か年の指数の累計は 98＋90＋88＝**276** となる。2016 年の 100 とおいた実数は 727 なので、指数 276 は 2.76 倍すればよいことになる。すると、727×2.76＝**2006.52** となるので、3 か年の累計は実数で 2006.52〔万円〕である。

4　×　通貨性預貯金についてみると、対前年増加率は 2017 年以降ずっとプラスなので、2018 ～ 2020 年の 3 か年平均は確実に 2016 年の貯蓄現在高 **412 よりも大きい**。一方、2017 年の有価証券についてみると、対前年増加率はマイ

ナスなので、確実に 2016 年の貯蓄現在高 **265** よりも小さい。したがって、2018 ～ 2020 年の通貨性預貯金の 3 か年平均が 2017 年の有価証券を下回ることはない。

5 ○ 「通貨性預貯金の貯蓄現在高に対する生命保険などの貯蓄現在高の比率」は、$\dfrac{\text{生命保険などの貯蓄現在高}}{\text{通貨性預貯金の貯蓄現在高}}$ で表すことができ、2020 年が 0.6 を上回るかを確認すればよい。ただし、実数は 2016 年で示されており、そこから 2020 年まで増加率を計算して比率を求めなければいけないので、本問の中で最も手間のかかる選択肢であろう。

2016 年の $\dfrac{\text{生命保険などの貯蓄現在高}}{\text{通貨性預貯金の貯蓄現在高}}$ は $\dfrac{378}{412}$ であり、これを 2020 年まで計算する。選択肢 3 のように指数を使って求める。

2016 年の通貨性預貯金を 100 とおくと、2017 ～ 2020 年の対前年増加率は ＋7％→ ＋4％→ ＋7％→ ＋13％程度である。2019 年までは 10％未満なので近似法で計算すると 100＋7＋4＋7＝118 である。2020 年は 118 の 13％増加なので、118×(1＋0.13)＝118×1.13＝133.34≒**133** となる。つまり、2016 年から 1.33 倍した値が 2020 年なので、実数は 412×1.33＝547.96 ≒**548** である。

2016 年の生命保険などを 100 とおくと、2017 ～ 2020 年の対前年増加率は 0％→－4％→－5％→ ＋3％程度である。2020 年まで 10％未満なので近似法で計算すると 100＋0－4－5＋3＝**94** である。つまり、2016 年から 0.94 倍した値が 2020 年なので、実数は 378×0.94＝355.32≒**355** である。

つまり、2020 年の $\dfrac{\text{生命保険などの貯蓄現在高}}{\text{通貨性預貯金の貯蓄現在高}}$ は $\dfrac{355}{548}$ であり、途中まで割り算すると 355÷548≒**0.64**…となる。

問題7 東京都 I 類（2021 年度）·· 本冊 P.112

正解： 3

1 × 対前年増加率は折れ線グラフから読み取れるので、2015 年を 100 とおいて、2016 ～ 2018 年の指数を求めて、最少が 2015 年かどうかを確認すればよい。

2015 年を 100 とおくと、2016 年は ＋7％なので近似法より 100＋7＝**107** となる。2017 年は 107 から 16％増加なので、107×(1＋0.16)＝107×1.16 ＝124.12≒**124** である。2018年は 124 から 27％減少なので、124×(1－0.27) ＝124×0.73＝90.52≒**91** である。なお、124 の 10％は 12.4≒12 なので、20％減らせば 12×2＝24 減ることになってしまう。その段階で 124－24 ＝100 なので、細かい計算をしなくても 27％減らすと確実に 100 を下回ることがわかれば十分だろう。

2 × 「吉田ルートの登山者数に対する御殿場ルートの登山者数の比率」は
$\dfrac{御殿場ルートの登山者数}{吉田ルートの登山者数}$ で表すことができる。登山者数の実数は不明であって
も、それぞれの構成比は年ごとに帯グラフで示されているので、構成比で分数
を作れば、比率は表すことができる。選択肢には「いずれの年も 0.1 を上回っ
ている」とあるので、下回りそうな怪しい 1 年、つまり分母の吉田ルートが大
きく、分子の御殿場ルートが小さい年を探すと、例えば 2018 年に目星がつけ
られる。

2018 年の $\dfrac{御殿場ルートの登山者数}{吉田ルートの登山者数}$ は $\dfrac{5.7\%}{72.5\%}$ である。これが仮に 0.1 だと

すれば $\dfrac{7.25\%}{72.5\%}$ なので、分子がより小さい $\dfrac{5.7\%}{72.5\%}$ は **0.1 未満**である。

3 ○ 富士宮ルートについて、2016 ～ 2018 年の 3 か年平均と 2019 年を比較
する選択肢である。実数は示されていないが、2016 年の全登山者数（総数）
を 100 とおいて、2017 ～ 2019 年の全登山者数を指数で表せば、あとは
「総数×構成比」で富士宮ルートの登山者数も指数で表せる。
全登山者数（総数）について、2016 年を 100 とおくと、2017 年の対前年増
加率は ＋16％なので **116** である。2018 年の対前年増加率は－27％なので、
116×（1－0.27）＝116×0.73＝84.68≒**85** である。2019 年の対前年増加率
は ＋13％なので、85×（1＋0.13）＝85×1.13＝96.05≒**96** である。これで
総数は 2016 → 2019 年で 100 → 116 → 85 → 96 と変化しているとわかる。
ここから富士宮ルートの登山者数を求める。2016 年は 100×23.6％＝**23.6**
である。2017 年は 116×24.7％≒116×25％＝**29** である。
2018 年は 85×9.0％＝7.65≒**7.7** である。
2019 年は 96×22.6％≒96×23％＝22.08≒**22.1** である。2016 ～ 2018 年
の 3 か年平均は （23.6＋29＋7.7）÷3＝**20.1** であり、2019 年の 21.6 を下回
る。

4 × 選択肢 3 で検討した数値を利用するとよい。須走ルートについて、2017
年は 116×8.2％、2019 年は 96×8.6％である。構成比があまり変わらない
一方で、総数は 2017 年のほうがかなり大きいので、2017 年の登山者数のほ
うが大きいといえる。

5 × 選択肢 3 で検討した数値を利用すると、吉田ルートについて、2017 →
2019 年で 116×60.6％ → 96×63.6％となっている。選択肢には、指数が
「95 を上回っている」とあるので、言い換えれば「この減少率が 5％未満であ
るか（5％も減っていないといえるか）」を調べればよい。ここでは「総数×構
成比」の倍率で検討する。
総数は 2017 → 2019 年で 116 → 96 と減少しており、減少量は 20 である。
基準となる 116 の 10％が 11.6≒12、1％が 1.16≒1.2、6％が 6 倍で 1.2×6＝7.2
なので、20 の減少量は減少率でいうと 10％ ＋6％＝**16％程度**、倍率でいうと
0.84 倍である。

構成比は 2017 → 2019 年で 60.6〔％〕→ 63.6〔％〕と増加しており、増加量は 3.0〔％〕である。基準となる 60.6〔％〕の 1％が 0.606≒0.6〔％〕、5％は 5 倍で 0.6×5＝3.0〔％〕なので、3.0〔％〕の増加量は増加率でいうと**約5％**、倍率でいうと **1.05 倍**である。

以上より、トータルの倍率は 0.84×1.05＝0.882≒**0.88〔倍〕**であり、指数は約 88 となる。

問題8 東京都Ⅰ類（2019 年度） ·· 本冊 P.113

正解： 4

1　×　献血者総数が最も少ない年度を判断するだけなので、対前年度増加率の折れ線グラフだけで判断できる。

選択肢には「最も少ないのは平成 27 年度」とあるが、平成 27 年度の対前年度増加率は ＋0.1％である。つまり、平成 26 年度より 0.1％増加したのが平成 27 年度なので、平成 27 年度は少なくとも平成 26 年度より多い。

2　×　「400 mL 献血の献血者数に対する血漿成分献血の献血者数の比率」を判断するだけで、各年度で確認すればよいので実数は不要である。帯グラフから構成比で判断すればよい。選択肢には「いずれの年度も 0.2 を下回っている」とあるので、1 年でも上回っていれば本選択肢は誤りとなる。そこで、血漿成分献血の構成比が大きいところを探すと、例えば平成 27 年度に目星がつけられる。

平成 27 年度の 400 mL 献血の構成比は 63.5％で、その 0.2 は 63.5×0.2 ＝**12.7〔％〕**となる。しかし、血漿成分献血の構成比は **14.0％**であり、12.7％を上回っている。

3　×　血小板成分献血の 3 か年度平均を検討するためには、対前年度増加率の折れ線グラフから総数を確認したうえで、構成比の帯グラフで「総数×構成比」の計算をする必要がある。そこで、両方の資料を確認しなければならない。本問の中では特に手間のかかる選択肢といえる。

献血者総数について、平成 25 年度の献血者総数を 100 とおくと、平成 26 年度以降の指数は対前年度増加率のグラフから計算できる。対前年度増加率は全て 10％未満なので、近似法で計算すればよい。平成 26 年度は 100－2.8 ＝**97.2**、平成 27 年度は 97.2＋0.1＝**97.3**、平成 28 年度は 97.3＋1.8＝**99.1** となる。

この総数をふまえて血小板成分献血の献血者数を計算する。平成 25 年は 100×18.9％＝**18.9** なので、平成 26 ～ 28 年度の 3 か年度の献血者数の合計が 18.9×3＝**56.7** を上回るかを確認すればよい。キリよく多めで概算すると、

平成 26 年度は 97.2×19.6％≒98×20％＝**19.6**、

平成 27 年度は 97.3×18.0％≒98×20％＝**19.6**、

平成 28 年度は 99.1×15.1％≒100×16％＝**16.0**　となり、

合計で 19.6＋19.6＋16.0＝**55.2** となる。つまり、実際に計算すれば 55.2 よりも確実に少なくなり、56.7 を下回ることになる。

4 ○ 選択肢 3 で検討した献血者総数の数値を用いて、400 mL 献血の献血者数を計算すればよい。
平成 25 年度は 100×60.9％＝**60.9**、平成 27 年度は総数 97.3 のうちの 63.5％なので、これをキリよく少なめに概算して 97.3×63.5％≒97×63％＝**61.11** となる。実際より少なめに計算しても平成 25 年度を上回るので、実際に計算すれば確実に上回る。

5 × 選択肢 3 で検討した献血者総数の数値を用いて、200 mL 献血の献血者数を計算すればよい。平成 26 → 27 年度で指数が 100 → 70 を下回るということは、30％以上の減少率になればよい。ここでは「総数×構成比」の倍率で確認する。
平成 26 → 27 年度は 97.2×5.8％→ 97.3×4.5％である。ここで両者の総数は 97.2 と 97.3 でほぼ同じ値なので、倍率は 1 倍（変動なし）と考えて、構成比だけで検討すればよい。平成 26 → 27 年度で構成比は 5.8〔％〕→ 4.5〔％〕となり、減少量は 1.3〔％〕である。基準となる 5.8〔％〕の 10％は 0.58〔％〕、30％は 3 倍で、少なくとも 0.5×3＝1.5〔％〕以上になるので、1.3〔％〕の減少量は減少率でいうと **30％未満**、倍率でいうと **0.7 倍以上**である。以上より、トータルの倍率は 1×0.7 以上＝**0.7 以上**となる。平成 27 年度の指数は 100×0.7＝**70 より大きい**。

問題 9 国家一般職（2021 年度）·· **本冊 P.114**

正解：5

1 × 1973 年の若年層で「現状一番目」に「知識を身につけたり、心を豊かにする」と答えた者は **1244×9％**、2018 年の高年層で「将来」に「知識を身につけたり、心を豊かにする」と答えた者は **1296×13％**である。総数、構成比ともに 2018 年の高年層で「将来」に「知識を身につけたり、心を豊かにする」と答えた者のほうが大きいので、計算した値は 2018 年の高年層で「将来」に「知識を身につけたり、心を豊かにする」と答えた者のほうが確実に多くなる。

2 × 1973 年の高年層で「現状一番目」に「体をやすめて、あすに備える」と答えた者は **607×31％**、2018 年の高年層で「将来」に「体をやすめて、あすに備える」と答えた者は **1296×8％**である。両者の大小比較をすればよい。倍率で計算してもよいが、ここでは概数で計算してみる。
1973 年の高年層で「現状一番目」に「体をやすめて、あすに備える」と答えた者を少なめに概算すると 607×31％≒600×30％＝**180**、2018 年の高年層で「将来」に「体をやすめて、あすに備える」と答えた者を多めに概算すると 1296×8％≒1300×10％＝**130** であり、1973 年の高年層で「現状一番目」に「体をやすめて、あすに備える」と答えた者のほうが小さくなるように計算

しても 2018 年の高年層で「将来」に「体をやすめて、あすに備える」と答えた者より多くなってしまう。

3　×　「現状一番目」について 1973 年と 2018 年を比較すると、「友人や家族との結びつきを深める」は、若年層であれば 13％と 18％、中年層であれば 12％と 23％であるが、高年層は 9％と 12％であり、その差は 12－9＝**3〔％〕**しかない。

4　×　2018 年の「現状一番目」で「好きなことをして楽しむ」は、確かに若年層が 56％と高いが、回答者数が 270 しかない。一方、回答者数の多い中年層や高年層は 50％を割っているので、選択肢が誤りである可能性が高いと考えられる。念のため確認すると、以下のようになる。

2018 年の「現状一番目」で「好きなことをして楽しむ」を選んだ若年層・中年層・高年層の数は、270×56％ ＋1185×43％ ＋1296×47％であり、やや多めに計算すると

270×60％ ＋1200×45％ ＋1300×50％＝162＋540＋650＝**1352**である。
一方、2018 年の全回答者数の 5 割は （270＋1185＋1296）×0.5＝2751÷2＝**1375.5** である。

5　○　中年層の回答者数は 1973 年が 2392、2018 年が 1185 なので、なるべく 1973 年の構成比が大きく、2018 年の構成比が小さいもののほうが、人数の差はつきやすい。それをふまえると、「体をやすめて、あすに備える」は 1973→2018 年で **2392×31％**→**1185×6％**とかなりの開きがあることがわかる。確かに、「好きなことをして楽しむ」も 1973 年は **2392×38％**で構成比が大きいが、2018 年も **1185×43％**で構成比がさらに大きくなってしまうため、あまり数値の差は開かないと考えられる。よって選択肢は正しい。

問題 10　国家専門職（2017 年度）………………………………………… 本冊 P.115

正解：5

1　×　特に 2010→2040 年は総人口が減り、一方で 65 歳以上人口が増えるため、「総人口に占める 65 歳以上人口の割合」は増加すると考えられる。ただ、選択肢最後の「2050 年以降には減少に転じる」については、資料によれば総人口も 65 歳以上人口も減っているため、ここの検証が必要だろう。

「総人口に占める 65 歳以上人口の割合」は $\dfrac{65\ 歳以上人口}{総人口}$ で表され、グラフを読み取ると 2040 年は $\dfrac{38678〔千人〕}{10800〔万人〕}$、2050 年は $\dfrac{37676〔千人〕}{9800〔万人〕}$ となる。これが減少しているかどうかを確認すればよい。概数で 2040→2050 年を $\dfrac{38700}{10800} \rightarrow \dfrac{37700}{9800}$ として、分子どうし、分母どうしの減少率から大小を比較する。

分子も分母も減少量は 1000 である。ということは基準となる値が小さいほう
が減少率は大きくなるので、分母のほうが減少率は大きいことがわかる。分母
の減少率が大きいと、分数全体の値は大きくなるので、$\dfrac{38700}{10800} < \dfrac{37700}{9800}$、

「2040 年＜2050 年」であることになる。

2　×　単位に注意が必要な選択肢である。グラフを読み取ると、1965 年の総人
口は 10000〔万人〕、その 1 割は **1000〔万人〕**である。一方、75 歳以上人口
は 1894〔千人〕である。単位を「万人」に揃えると、1894〔千人〕＝**189.4
〔万人〕**となるので、1000〔万人〕には満たない。

3　×　「いずれの年も…1.3 倍を上回っている」とあるので、下回りそうな怪しい
1 年を探すとよい。65 ～ 74 歳人口が少なく、75 歳以上人口が多そうな年を
探すと、例えば 2005 年に目星がつけられる。
2005 年の 65 ～ 74 歳人口は **14070** であるが、75 歳以上人口は 11602、こ
れを 1.3 倍すると 11602×1.3≒11600×1.3＝**15080** であり、65 ～ 74 歳
人口は下回っている。

4　×　65 歳以上人口について、2005 → 2010 年と、1980 → 1985 年の増加率
を比較すればよい。
2005 → 2010 年は 25672 → 29246 で、概数で 25700 → 29200 とすると、
増加量は 3500 である。基準となる 25700 の 10％は 2570、1％は 257、4％
は 4 倍で約 1000 なので、3500 の増加量は増加率でいうと **14％程度**である。
1980 → 1985 年は 10647 → 12468 で、概数で 10600 → 12500 とすると、
増加量は 1900 である。基準となる 10600 の 10％は 1060、1％は 106、8％
は 8 倍で 848 なので、1900 の増加量は増加率でいうと **18％程度**である。

5　○　2010 → 2050 年で 65 歳以上人口は 29246 → 37676、75 歳以上人口は
14072 → 23846 に増加しており、それぞれ増加率を確認すれば倍率もわかる。
65 歳以上人口は 29246 → 37676 で、概数で 29200 → 37700 とすると、増
加量は 8500 である。基準となる 29200 の 10％は 2920、20％は 2 倍で
2920×2＝5840 なので、8500 の増加量は増加率でいうと **20％以上**である。
つまり、倍率は **1.2 倍以上**になる。
75 歳以上人口は 14072 → 23846 で、概数で 14100 → 23800 とすると、増
加量は 9700 である。基準となる 14100 の 10％は 1410、60％は 6 倍で 8460
なので、9700 の増加量は増加率でいうと **60％以上**である。つまり、倍率は
1.6 倍以上になる。

問題 11　国家専門職（2021 年度）……………………………………… 本冊 P.116

正解：3

1　×　むし歯のある者の割合が大きくなり、未処置歯のある者の割合が小さくな
るような年齢を探すと、14 → 15 歳に目星がつけられる。

14 → 15 歳のむし歯のある者の割合は **37.00%**→ **39.43%**と大きくなっているが、未処置歯のある者の割合は **15.82%**→ **15.19%**と小さくなっている。

2　×　「変化率」とはつまり「増減率」のことをいう。むし歯のある者の割合について、15 → 16 歳と 16 → 17 歳ではどちらも割合が増加しているので、その増加率が同じかどうかを聞いていると考えられる。ただし、「変化率が等しい」ということは、正確に計算して下 1 桁まで同じでなければいけないので、正解にはなりにくいと推測される。

15 → 16 歳は 39.43%→ 43.70%で、倍率は 43.70÷39.43≒**1.108**…なので、増加率は**約 11%**である。

16 → 17 歳は 43.70%→ 47.95%で、倍率は 47.95÷43.70≒**1.097**…なので、増加率は**約 10%**である。

3　○　5 ～ 17 歳の 13 の年齢について、平均が 40%を上回るということは、合計が 40×13＝520%を上回るということである。各年齢のむし歯のある者の割合を概算で計算するとよい。

5 ～ 17 歳を上から 4 桁目で四捨五入して計算すると、

31.2＋40.2＋46.8＋51.0＋50.4＋44.9＋35.7＋31.8＋33.2＋37.0＋39.4
　　　　　　　　　　　　　　　　　＋43.7＋48.0＝**533.3〔%〕**

となるので、520%を上回る。

4　×　歯磨きを行っているかどうかについては、資料に書かれていないのでわからない。

5　×　本資料は「むし歯のある者」を全体として「処置完了者」と「未処置歯のある者」の割合が書かれているのではない。「むし歯のある者」の割合が「処置完了者」と「未処置歯のある者」の割合に分かれて書かれているだけである（「処置完了者」と「未処置歯のある者」の割合を足すと「むし歯のある者」の割合になることも確認できる）。つまり、12 歳で未処置歯のある者の割合は、資料そのもののとおり、**13.07%**である。

問題 12　国家一般職（2018 年度） ·· 本冊 P.117

正解：4

1　×　不良債権額は「債権総額×不良債権率」で求めることができる。それをふまえてわかりやすい年度として 2011 年度に着目するとよい。

2011 年度は不良債権率が民間銀行・国営銀行ともに 2.2％程度である。しかし債権総額は民間銀行が**約 9 億ドル**、国営銀行が**約 35 億ドル**で、国営銀行のほうが明らかに総数は大きい。つまり、不良債権額は国営銀行のほうが確実に大きくなる。

2　×　不良債権額は「債権総額×不良債権率」で求めることができる。2009 年度は不良債権率が確かに高いが、それでも 2.9％程度であり、何より債権総額が 6 億ドル程度と小さい。不良債権額は 6×2.9％という計算で表せる。多め

に計算しても 6×3%＝**0.18 程度**である。

一方で、2015 年度は不良債権率は 2.1%程度で 2009 年度より低いが、債権総額が 16 億ドルと大きい。不良債権額は 16×2.1%と求められる。少なめに計算しても 16×2%＝**0.32 程度**であり、2009 年度より大きい。

3　×　本問では他の選択肢に比べてやや手間のかかる選択肢だろう。債権総額の棒グラフはほぼ同じペースで増え続けているので、不良債権額の対前年度増加率が大きくなりそうなところに目星をつけて検討するとよい。例えば、折れ線グラフの傾きが大きい 2011 → 2012 年度に着目するとよいだろう。

債権総額は 35 → 39 程度の増加で、増加量は 4 である。基準となる 35 の 10%は 3.5、1%は 0.35、2%は 2 倍で 0.35×2＝0.7 なので、4 の増加量は増加率でいうと **12%未満**である。

不良債権額は 35×2.2%→ 39×3.2%の増加で、計算すると
35×0.022≒35×0.02＝0.7 から 39×0.032≒39×0.03＝1.17 である。つまり 0.7 → 1.17 の増加で、増加量は 0.47 である。基準となる 0.7 の 50%は 0.35 なので、0.47 の増加量は増加率でいうと **50%以上**になり、明らかに大きい。

4　○　国営銀行・民間銀行を合わせて、2011 年度と 2012 年度で「不良債権額が債権総額に占める割合」、つまり $\dfrac{不良債権額}{債権総額}$ を確認すればよい。グラフから

読み取ると、2011 年度は $\dfrac{35×2.2\%＋9×2.2\%}{35＋9}$、

2012 年度は $\dfrac{39×3.2\%＋10×2.0\%}{39＋10}$ なので、増加しているか確認する。

2011 年度は
$\dfrac{35×2.2\%＋9×2.2\%}{35＋9}≒\dfrac{35×2\%＋9×2\%}{44}＝\dfrac{0.7＋0.18}{44}＝\dfrac{\mathbf{0.88}}{\mathbf{44}}$ である。

2012 年度は
$\dfrac{39×3.2\%＋10×2.0\%}{39＋10}≒\dfrac{39×3\%＋10×2\%}{49}＝\dfrac{1.17＋0.2}{49}＝\dfrac{\mathbf{1.37}}{\mathbf{49}}$ である。

分子をみると 0.88 → 1.37 で、0.88 を 1.5 倍すると 0.88×1.2＝1.32 なので、分子は **1.5 倍程度**である。一方、分母をみると 44 → 49 で、44 を 1.5 倍すると 44×1.2＝52.8 なので、分母は **1.2 倍未満**である。つまり、2011 → 2012 年度で分数全体の値は増加しており、2011 年度＜2012 年度となる。

5　×　国営銀行・民間銀行を合わせた不良債権額を 2012 年度、2013 年度でそれぞれ計算すればよい。

2012 年度は選択肢 4 でも検討したとおり、国営銀行は 39×3.2%≒39×3%＝**1.17**、民間銀行は 10×2.0%＝**0.2** なので、合計は 1.17＋0.2＝**1.37** である。

2013 年度の国営銀行は 46×3.7%≒46×4%＝**1.84**、民間銀行は 12×1.9%≒12×2%＝**0.24** なので、合計は 1.84＋0.24＝**2.08** である。国営銀行が債

権総額、不良債権率ともに大きく上昇しているので、その時点で計算しなくてもおそらく増加していると判断できるとよいだろう。

問題 13 国家一般職（2019 年度）……………………………………………… 本冊 P.118

正解： 4

1　×　漁港背後集落の人口は 2008 → 2017 年で 240 → 192 と減少している。この減少率を確認すればよい。

240 → 192 で減少量は 48 である。基準となる 240 の 10％は 24、20％は 2 倍で 24×2＝48 なので、48 の減少量は減少率でいうと **20％**である。

2　×　高齢者人口は「人口×高齢化率」で求めればよい。
2013 年は 206×34.0％＝**70.04**、
2017 年は 192×38.1％≒192×38％＝**72.96** なので、
増加数は 72.96－70.04＝**2.92〔万人〕**である。

3　×　漁港背後集落と全国の高齢化率の差を確認すればよい。例えば、2013 年をみると、高齢化率の差は 34.0－25.1＝**8.9〔％〕**なので 9 ポイントを下回っている。また、例えば 2016 年をみると、高齢化率の差は 37.2－27.3＝**9.9〔％〕**なので 10 ポイントを下回っている。

4　○　最も仕組みの読み取りが難しい選択肢なので、意味がわからなければ後回しにして、消去法で選択肢 4 を正解にすべきだろう。

表から 2017 年の漁港背後集落における離島地域、半島地域、過疎地域に指定されている地域の数は読み取れるが、ここにひねりがある問題になっている。

表を一見すると、離島地域、半島地域、過疎地域の値を合計して **3177** のように見えるが、実際には 786＋1421＋2802＝**5009** になってしまう。これは、**重複して指定されている地域があるから**である。

そこで状況を整理すると、離島地域と半島地域は地形による指定であり、過疎地域は人口による指定である。ということは、上記の 5009 の中には①**離島地域かつ過疎地域に重複して指定されるパターン**と、②**半島地域かつ過疎地域に重複して指定されるパターン**も含まれるということである（なお、離島地域かつ半島地域に重複して指定されるケースもありそうだが、問題文に明示がない以上、ここでは離島地域かつ半島地域はあり得ないものとして検討する）。

重複して指定されている地域も含めた 5009 から全体の 3177 を引くと、5009－3177＝**1832** が、**2 つが重複して指定されている上記①②のどちらかのパターン**である。いずれかに指定されているのは 3177 あるので、そこから 2 つが重複して指定されている 1832 を引けば、1 つだけ指定されている地域の数がわかる。3177－1832＝**1345** となるので、1300 以上である。

5　×　離島地域、半島地域の集落の数は表からわかるが、人口については何も示されていないので、判断できない。

問題 14 国家一般職（2020 年度） ………………………………………………… 本冊 P.119

正解：**4**

1 ✕　金メダルの獲得数は図から判断できる。「メダル獲得数（総数）×金メダルの割合（構成比）」を計算すればよい。1996 年について男女の金メダルの獲得数を確認すると、男性は **7×28%**、女性は **7×15%** なので、男性のほうが多いといえる。

2000 年以降について、選択肢にあるとおり、女性より男性の金メダルの獲得数が大きくなることがないかを確認する。なるべくメダルの獲得数、金メダルの割合について男性が大きそうな年を探すと、メダルの獲得数は少ないものの、金メダルの割合が大きい 2000 年に当たりをつけることができる。2000 年の金メダルの獲得数は、男性が 7×43%＝**3.01**〔個〕、女性は 13×16%＝**2.08**〔個〕なので、2000 年も男性のほうが金メダルの獲得数は大きくなる。

2 ✕　「獲得したメダルに占める銀メダルの割合」なので、$\dfrac{\text{銀メダルの数}}{\text{獲得したメダルの数}}$ で確認すればよい。選択肢には「最も低かったのは 1996 年」とあり、1996 年は $\dfrac{6}{14}$ なので、これより低いところを探す。獲得したメダルの数が多く、銀メダルの数が少ない年を探してみると、例えば 2004 年が挙げられる。

2004 年は $\dfrac{9}{37}$ なので、$\dfrac{6}{14} \to \dfrac{9}{37}$ の大小を比較する。分子は 6 → 9 で 1.5 倍である一方、分母は 14 → 37 で 2 倍以上になっている。つまり分母の増加率のほうが大きいので、分数全体の値は減少して $\dfrac{6}{14} > \dfrac{9}{37}$、「1996 年 ＞2004 年」であることがわかる。

3 ✕　選択肢 1 と同様に金メダルの獲得数を聞いているので、同様に検討できる。例えば男性について検討する。

2016 年の男性の金メダルの獲得数は 23×22%≒**5.06**〔個〕なので、これより多そうなところを探すとよい。獲得したメダルの数が少なくても、金メダルの割合が大きければ、金メダルの獲得数は多くなるので、それをふまえて当たりをつけるとよい。例えば 2004 年についてみると、20×35%＝**7**〔個〕であり、2016 年の 5.06 個よりも多いことがわかる。

4 ◯　表から男女全体のメダル獲得数はわかるので、まず男性の金メダルの獲得数を求めて、獲得したメダルの数から金メダルの獲得数を引いて、銀メダルと銅メダルの獲得数の合計を求めるとよい。そこから女性のメダル獲得数の最小値（少なくとも何枚獲得しているか）を確認することができる。

2000 年の男性の金メダル獲得数は 7×43%＝**3.01**〔個〕で、メダルの個数は整数なので、グラフを細かく読み取らなくても男性の金メダル獲得数が **3** 個だとわかる。つまり、男性の銀メダルと銅メダルの獲得数の合計は 7－3＝**4**〔個〕

となる。

仮に男性の 4 個がすべて銀メダルだったとすると、2000 年の銀メダルは男女合わせて 8 個なので、女性は少なくとも 8－4＝**4〔個〕**は銀メダルを獲得していることになる。同様に、男性の 4 個がすべて銅メダルだったとしても、2000 年の銅メダルは男女合わせて 7 個なので、女性は少なくとも 7－4＝**3〔個〕**は銅メダルを獲得していることになる。

5　×　選択肢 4 と同様に検討すればよい。

2012 年の女性の金メダル獲得数は 17×24％＝**4.08〔個〕**で、メダルの個数は整数なので、女性の金メダル獲得数は **4 個**だとわかる。つまり、女性の銀メダルと銅メダルの獲得数の合計は 17－4＝**13〔個〕**となる。

仮に女性の 13 個がすべて銀メダルだったとすると、2012 年の銀メダルは男女合わせて 14 個なので、男性は少なくとも 14－13＝**1〔個〕**は銀メダルを獲得していることになる。同様に、女性の 13 個がすべて銅メダルだったとすると、2012 年の銅メダルは男女合わせて 17 個なので、男性は少なくとも 17－13＝**4〔個〕**は銅メダルを獲得していることになる。以上より、女性の銀メダルと銅メダルの獲得数の合計 13 個の内訳次第では、男性の銀メダルと銅メダルの獲得数は 5 個未満になることがある。

問題 15　国家一般職（2022 年度）·· **本冊 P.120**

正解： 3

1　×　図Ⅰの公演回数が前年より増加しているのに、図Ⅱの市場規模が減少している年がないかを探すとよい。細かい計算をしなくても、棒グラフの高さから増加・減少は読み取ることができる。

例えば 2015 → 2016 年についてみると、図Ⅰより公演回数は増加していることがわかるが、図Ⅱより市場規模は減少していることが読み取れる。

2　×　「舞台」の対前年増加率が 5％を超える年が、1 年だけではないかどうかを確認する。まず 2012 → 2013 年は 57228 → 67130 と大きく上昇している。念のため確認すると、概数で 57200 → 67100 より増加量は 9900 であり、基準となる 57200 の 10％は 5720 なので、この段階で 9900 の増加量は増加率でいうと **10％以上**である。他に 5％を超える年があれば本選択肢は誤りなので、増加率の大きそうな年を探すと、例えば 2015 → 2016 年に目星がつけられる。

2015 → 2016 年は 64923 → 68414 であり、概数で 64900 → 68400 とすると、増加量は 3500 である。基準となる 64900 の 10％は 6490、5％はその半分で 6490÷2＝3245 なので、3500 の増加量は増加率でいうと **5％を超えている**。

3　○　これはすぐに正解と判断できる。2012 → 2019 年の増加率を「音楽」と「舞台」で比較すればよい。

「音楽」は 1916 → 4237 であり、2000 の 2 倍でも 4000 なので、1916 → 4237 は明らかに **2 倍以上**である。一方、「舞台」は 1419 → 2058 であり、1400 を 2 倍したら 2800 になってしまうので、1419 → 2058 は明らかに **2 倍未満**である。

4　×　図Ⅰから市場規模全体の総数を読み取り、さらに図Ⅲの構成比を読み取れば「総数×構成比」で市場規模の実数が確認できる。

2019 年の「ポップス」は、「音楽」全体の市場規模 4237 のうちの 49.2％なので、キリよく多めに計算すると、4300×50％＝**2150** となる。同様に「ミュージカル」は、「舞台」全体の市場規模 2058 のうちの 38.3％であり、キリよく少なめにしても 2000×30％＝**600** で、4 倍すると 600×4＝**2400** となる。よって、「ポップス」を多めに計算しても「ミュージカル」の 4 倍を下回る。

5　×　2019 年の市場規模は、「クラシック」が 4237×17.5％、「歌謡曲」が 4237×11.9％なので、その差が 300 以上になるかを確認すればよい。

その差は
4237×17.5％－4237×11.9％＝4237×（17.5％－11.9％）＝4237×5.6％であり、キリよく多めに計算しても 4300×6％＝43×6＝**258** であり、300 を超えない。

問題 16　国家専門職（2018 年度）··· 本冊 P.122

正解： 1

1　○　「男性の家事の総平均従事時間」は、2011 年の数値が図Ⅲから確認できる。「総平均従事時間」なので合計を求めると、10＋10＋9＋2＋5＝**36〔分〕**となる。これが 1986 年で何分になるのかを図Ⅱから求めればよい。

図Ⅱによれば、家事の総平均従事時間は、1986 年を 1 とおくと 2011 年だと 4.11 である。つまり、「1986 年×4.11＝2011 年」となるので、1986 年は逆算して 36÷4.11 と計算すればよい。例えばキリのいい数値で 36÷4＝9〔分〕なので、36÷4.11 は **9〔分〕**未満になることがわかる。

2　×　育児については、どの資料にも総平均従事時間の実数が示されていない。図Ⅱにあるのはあくまで指数であって実数ではない。

3　×　2011 年に男性が「食事の管理」に従事した総平均時間は、図Ⅲより 10 分であることは読み取れる。しかし、そこからさかのぼって 1986 年の「食事の管理」だけを計算できる項目がどの資料にもなく、求めることができない。

4　×　2011 年に育児に従事した男性の割合と、1986 年に家事に従事した男性の割合を比較する選択肢である。しかし、図Ⅰの資料では、育児と家事の割合はそれぞれ基準となる 1986 年の実数が異なるため、両者の大小の比較はできない。

5　×　かなり曖昧な記述であるが、家事に従事した男性「に限ると」の部分が誤りである。図Ⅱの資料はあくまで「男性全体」の家事の総平均従事時間の推移

が示されているので、家事に従事した男性に限った家事の平均従事時間の推移を示したものではない。

問題 17 国家専門職（2018 年度）·· 本冊 P.123

正解： 2

1 ✕ 「いずれの年度においても前年度と比べて 1.2 倍未満」とあるので、どこか 1 年度でも 1.2 倍以上に大きく増加していれば、本選択肢は誤りとなる。そこで、なるべく相談対応件数が大きく増えている年度を探すと、例えば平成 21 → 22 年度に目星がつけられる。

平成 21 → 22 年度は 44211 → 56384 で、概数で 44200 → 56400 とすると、増加量は 12200 である。基準となる 44200 の 10%は 4420、20%は 2 倍で 8840 なので、12200 の増加量は増加率でいうと **20%以上**、倍率でいうと **1.2 倍以上**となる。

2 ◯ ネグレクトの相談対応件数について、平成 19 年度は 40639×38.0%、平成 23 年度は 59919×31.5%で求められる。これを大小比較すればよい。ここでは概数で計算する。

平成 19 年度は 40639×38.0%であり、キリよく多めに計算すると 41000×38.0%＝410×38＝**15580** である。平成 23 年度は 59919×31.5%であり、キリよく少なめに計算すると 59000×31%＝590×31＝**18290** である。平成 19 年度を多めに計算しても、平成 23 年度より少なくなってしまうので、正確に計算すれば確実に平成 23 年度より少ない。

3 ✕ 身体的虐待の相談対応件数について、平成 21 → 22 → 23 年度についてみると、44211×39.3%→ 56384×38.2%→ 59919×36.6%と変化している。構成比は毎年度少しずつ減っているが、総数は平成 21 → 22 年度が 44211 → 56384 とかなり増加しており、平成 22 → 23 年度よりも増加量が大きいため、増加率も平成 21 → 22 年度のほうが大きいのではないか…と推測できれば、本選択肢は誤りと判断してよい。ここでは、平成 21 → 22 年度、平成 22 → 23 年度の増加率をそれぞれ「総数×構成比」の倍率で確認する。

平成 21 → 22 年度は 44211×39.3%→ 56384×38.2%である。総数を概数で 44200 → 56400 とすると、増加量は 12200 である。基準となる 44200 の 10%は 4420、20%は 2 倍で 4420×2＝8840 なので、12200 の増加量は増加率でいうと 20%以上、倍率では **1.2 倍以上**である。構成比は 39.3〔%〕→ 38.2〔%〕であり、減少量は 1.1〔%〕である。基準となる 39.3〔%〕の 1%は 0.393≒0.4〔%〕、3%は 3 倍で 0.4×3＝1.2〔%〕なので、1.1〔%〕の減少量は減少率でいうと 3%未満、倍率では **0.97 倍以上**である。以上より、トータルの倍率は 1.2×0.97＝1.164≒**1.16〔倍〕**以上なので、増加率は約 **16%以上**となる。

平成 22 → 23 年度は 56384×38.2%→ 59919×36.6%である。総数を概数

で 56400 → 59900 とすると、増加量は 3500 である。基準となる 56400 の 1%は 564、6%は 6 倍で 564×6＝3384 なので、3500 の増加量は増加率でいうと 6%程度、倍率では **1.06 倍程度**である。構成比は 38.2〔%〕→ 36.6〔%〕であり、減少量は 1.6〔%〕である。基準となる 38.2〔%〕の 1%は 0.382≒0.38〔%〕、4%は 4 倍で 0.38×4＝1.52〔%〕なので、1.6〔%〕の減少量は減少率でいうと 4%程度、倍率では **0.96 倍程度**である。以上より、トータルの倍率は 1.06×0.96＝1.0176≒**1.02〔倍〕**なので、増加率は**約 2%**となる。

4 × 性的虐待の相談対応件数について、平成 20 年度は 42664×3.1%、平成 27 年度は 103260×1.5%であり、これが 1.5 倍以上になっているかを確認すればよい。選択肢 3 のように倍率で検討してもよいが、概算で検討する。
平成 20 年度は 42664×3.1%≒42700×3%＝427×3＝**1281** であり、これを 1.5 倍すると 1281×1.5≒1280×1.5＝**1920** である。
平成 27 年度は 103260×1.5%≒103000×1.5%＝103×15＝**1545** であり、平成 20 年度の 1.5 倍を下回る。

5 × 心理的虐待の相談対応件数についてみると、平成 24 年度は 66701×33.6%、平成 27 年度は 103260×47.2%なので、これが 30000 以上増加しているかを確認すればよい。概算で検討する。
平成 24 年度は 66701×33.6%≒66700×34%＝667×34＝**22678** である。
平成 27 年度は 103260×47.2%≒103000×47%＝1030×47＝**48410** である。その差は 48410−22678＝**25732** となり、3 万件以上は増加していない。

問題 18 国家一般職（2019 年度）……………………………………………… 本冊 P.124

正解：5

1 × 図Ⅰから読み取って計算すればよい。「対策をとっていない」と回答した者は、全体 636 名のうちの 35.4%なので、キリよく少なめに概算すると、630×30%＝**189**、その 50%は 189×0.5≒180×0.5＝**90** となる。
一方、39 歳以下の回答者数は、29 歳以下＋30 歳台で求めることができ、56×44.6%＋128×36.7%となる。キリよく多めに概算すると、60×50%＋130×40%＝30＋52＝**82** となり、39 歳以下の回答者数を多めに計算しても、全体の 50%の 90 は超えないことがわかる。

2 × 図Ⅰから読み取って計算すればよい。29 歳以下で「対策をとっている」と回答した者は 56×42.9%、50 歳台で「わからない」と回答した者は 150×6.7%である。ここでは概算で検討する。
29 歳以下で「対策をとっている」と回答した者は 56×42.9%≒56×43%＝**24.08**、50 歳台で「わからない」と回答した者は 150×6.7%≒150×7%＝**10.5** である。

3 × 調査に回答した者全体は図Ⅰより 636 名であり、その 30%は 636×0.3

＝190.8≒**191〔名〕**である。一方、「避難所までのルートを確認している」と回答した者は図Ⅱより**217名**なので、全体の30%を上回っていることがわかる。

4　×　本選択肢は判断推理で学習する**最小値の集合**の考え方を使って検討するものになる。国家公務員試験では定期的に登場するので注意してほしい。

「対策をとっている」と回答した者は、図Ⅰより636×59.7%である。キリよく多めに概算すると、640×60%＝64×6＝**384〔名〕**となる。また、「あてはまるものはない」と回答した者は、図Ⅱより29名なので、「あてはまるものはない」と回答した者以外は384－29＝**355〔名〕**となる。

以上をふまえて、「あてはまるものはない」と回答した者以外が必ず全員複数回答をするのかを検討する。それぞれの回答者を線分図で表し、1つしか回答しない人が出てくるパターンを探してみればよい。例えば、以下のような線分図が考えられる。

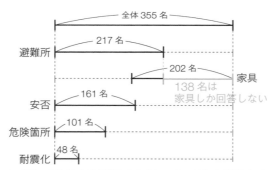

このパターンだと、「家具の転倒防止を行っている」と回答した202名のうち、355－217＝**138〔名〕**は「家具の転倒防止を行なっている」しか回答しないことになる。

5　○　「対策をとっている」と回答した者は図Ⅰより636×59.7%である。キリよく多めに概算すると640×60%＝64×6＝**384〔名〕**で、その半数は384÷2＝**192〔名〕**である。一方、「家具の転倒防止を行っている」と回答した者は図Ⅱより**202名**である。

問題19　**国家一般職（2020年度）**　···　**本冊 P.125**

　　正解：4

1　×　未婚の男性の教員は、図Ⅰより教員1665のうち男性が50%で、図Ⅱより未婚が22%となるので1665×50%×22%である。同様に既婚の女性の農業は1895×38%×94%で求めることができ、これらを計算すればよい。ただし、計算しなくても大小比較は可能である。かけ算は順番を変えても答えは同

じなので、順番にとらわれず、式に含まれる数値を見比べればよい。未婚の男性の教員の式である①1665×②50%×③22%と、既婚の女性の農業の式である①1895×③38%×②94%を見比べる。

①の**1665**と**1895**を比べると、既婚の女性の農業のほうが大きい。②の**50%**と**94%**を比べると、既婚の女性の農業のほうが大きい。③の**22%**と**38%**を比べると、既婚の女性の農業のほうが大きい。つまり、全て既婚の女性の農業のほうが大きいので、計算しなくても確実に既婚の女性の農業の人数のほうが大きくなる。

2　×　既婚の女性の医師は329×22%×70%である。未婚の男性の医師＋未婚の男性の看護師は329×78%×13%＋1469×8%×36%である。数値を見比べると、明らかに既婚の女性の医師の数が少なそうであるが、念のため大雑把に概算する。既婚の女性の医師は329×22%×70%≒330×0.2×0.7＝**46.2**、未婚の男性の医師は329×78%×13%≒330×0.8×0.1＝**26.4**、未婚の男性の看護師は少な目に計算して1469×8%×36%＝1470×0.1×0.3＝**44.1**となる。未婚の男性の医師と未婚の男性の看護師を合わせた人数は26.4＋44.1＝**70.5**であり、既婚の女性の医師の人数46.2よりも大きい。

3　×　輸送業は確かに男性の割合が圧倒的に多いので、人数も多くなりそうに思われるが、それより大きくなりそうなのが事務である。事務は従事者数全体が13660と非常に大きく、男性の割合もそこまで少ないわけではないので、事務のほうが大きくなる可能性がある。そこで、輸送業と事務を比較するとよいだろう。概算で確認する。

未婚の男性の輸送業は2263×96%×24%、

未婚の男性の事務は13660×40%×26%である。最後の「×24%」「×26%」はそこまで差がないので、最初の2つを計算すると、それぞれ2263×96%≒2260×96%＝**2169.6**、13660×40%≒13700×40%＝**5480**となり、未婚の男性の事務のほうが2倍以上大きい。以上より、「×24%」「×26%」を計算しなくても、未婚の男性の事務の人数が大きいことがわかる。

4　○　全体の人数は使わなくても、構成比で計算すれば判断できる。
医師全体のうち、
男性の医師の未婚率は78%×13%＝0.78×0.13＝0.1014≒**0.10**より**約10%**、
女性の医師の未婚率は22%×30%＝0.22×0.3＝0.066≒**0.07**より**約7%**、
合わせて10＋7＝**17〔%〕程度**である。
介護業全体のうち、
男性の介護業の未婚率は24%×47%＝0.24×0.47＝0.1128≒**0.11**より**約11%**、女性の介護業の未婚率は76%×20%＝0.76×0.2＝0.152≒**0.15**より**約15%**、合わせて11＋15＝**26〔%〕程度**である。

5　×　国家公務員についてみると、男性の国家公務員の未婚率は78%×23%＝0.78×0.23＝0.1794≒**0.18**より**約18%**、女性の国家公務員の未婚率は22%×25%＝0.22×0.25＝0.055≒**0.06**より**約6%**、合わせて18＋6＝**24〔%〕程度**である。

しかし、選択肢 4 で検討したとおり、介護業は **26%程度**なので、介護業のほうが未婚率は高い。

問題 20 国家専門職（2020 年度）································· **本冊 P.126**

正解： 4

1 × 「いずれも 30%を超えている」とあるので、30%を下回りそうなものをピックアップして検討すればよい。旅行消費総額の約 30%と宿泊費を見比べて当たりをつけると、B 国に目星がつけられる。

2014 年の B 国は旅行消費総額が **5583** であり、その 30% は 5583×0.3 ≒5580×0.3＝558×3＝**1674** である。一方、宿泊費は **1076** で、旅行消費総額の 30%を下回る。

2 × 2014 年の「旅行者 1 人当たりの飲食費」を大小比較するだけなので、$\dfrac{飲食費}{旅行者数}$ で確認すればよい。

A 国は $\dfrac{528}{276}$、B 国は $\dfrac{951}{241}$ と表せる。分母は B 国のほうが小さく、分子は B 国のほうが大きいので、分数全体の値は B 国のほうが大きい。

3 × 2018 年の A 〜 D 国の旅行消費総額の合計は
5881＋15450＋5817＋3358≒5880＋15450＋5820＋3360＝**30510**
であり、その 50%は 30510÷2＝**15265** である。
一方、2018 年の A 〜 D 国の買物代の合計は
1626＋8110＋2115＋1096≒1630＋8110＋2120＋1100＝**12960**
であり、総額の合計の 50%は超えていない。

4 ○ 「旅行消費総額の合計における B 国の占める割合」は $\dfrac{B 国の旅行消費総額}{旅行消費総額の合計}$

で表せる。なるべく旅行消費総額の合計が小さく、B 国の旅行消費総額が大きいほうが、この分数は大きくなる。その点、2014 年の B 国の旅行消費総額は 5583 しかないので、おそらく割合は大きくならない。一方、2016 年は 14754、2018 年は 15450 と大きいので、ここは割合が大きくなると推測できる。ただし、2018 年は他の国も 2016 年より大きく、特にその他が 14683 とかなり増えているので、2016 年が最も大きいのではないか…という目星がつけられるだろう。ここでは 2016 年と 2018 年に絞って検討する。

2016 年の旅行消費総額の合計は図から 37476≒**37500** と読み取ることができ、B 国の旅行消費総額は 14754≒**14800** なので、割合は $\dfrac{14800}{37500}$ となる。

2018 年の旅行消費総額の合計は図から 45189≒**45200** と読み取ることができ、B 国の旅行消費総額は 15450≒**15500** なので、割合は $\dfrac{15500}{45200}$ となる。

両者の大小を比較すればよい。ここでは途中まで割り算して確認してみる。

2016 年は $\dfrac{14800}{37500}$＝14800÷37500＝148÷375≒**0.39**…、

2018 年は $\dfrac{15500}{45200}$＝15500÷45200＝155÷452≒**0.34**…なので、2016 年のほうが大きい。

5 　× 　2016 → 2017 年は 509 → 714 であり、これに匹敵するくらいになるべく一気に増えていそうなところを考えると、2014 → 2015 年が 276 → 400 と大きく増加しており、目星がつけられる。そこで、2017 年と 2015 年の対前年増加率を比較する。

2016 → 2017 年は 509 → 714 で、増加量は 205 である。基準となる 509 の 10%は 50.9≒51、40%は 4 倍で 51×4＝204 なので、205 の増加量は増加率でいうと**約 40%**である。

2014 → 2015 年は 276 → 400 で、増加量は 124 である。基準となる 276 の 10%は 27.6≒28、40%は 4 倍で 28×4＝112 なので、124 の増加量は増加率でいうと**40%以上**である。

問題 21 　国家一般職（2021 年度）··· **本冊 P.128**

正解： 5

1 　× 　図Ⅰより、2015 ～ 2019 年で外国人労働者数に占める中国国籍の労働者数の割合が低下し続けていることは読み取れる。しかし、労働者数の実数が常に前年を下回っているかについては、検討する必要がある。例えば、2018 → 2019 年の割合は 26.6%→ 25.2%でそこまで大きく減っていない反面、外国人労働者数の全体は増加し続けているので、2018 → 2019 年の実数を確認するとよい。

2018 年は 1460×26.6%≒1460×27%＝**394.2**、

2019 年は 1659×25.2%≒1660×25%＝**415** となるので、2018 → 2019 年は増加していることがわかる。

2 　× 　国籍別の外国人労働者数については図Ⅰから読み取って計算すればよい。2019 年の上位 3 国籍は中国、ベトナム、フィリピンであり、労働者数の合計は 1659×（25.2%＋24.2%＋10.8%）＝1659×60.2%≒1660×0.60＝**996** となる。

2014 年の上位 3 国籍は中国、ブラジル、フィリピンであり、労働者数の合計は 788×（39.6%＋12.0%＋11.6%）＝788×63.2%≒790×63%＝**497.7** となる。これを 5 倍すると、明らかに 996 を上回る。

3 　× 　2014 → 2018 年でベトナムとネパールの労働者数の増加率を確認すればよい。ただし、労働者数はそもそも選択肢 1 や 2 のように「総数×構成比」の計算が必要なので、手間がかかる選択肢といえる。ここでは「総数×構成比」

の倍率で検討する。

ベトナムについてみると、2014 → 2018 年で 788×7.8%→ 1460×21.7%
と増加している。総数は 788 → 1460 で、倍率を割り算で確認すると、
1460÷788＝**1.85**…**〔倍〕程度**である。構成比は 7.8〔％〕→ 21.7〔％〕で、
倍率を割り算で確認すると、21.7÷7.8＝**2.78**…**〔倍〕程度**である。以上より、
トータルの倍率は 1.85×2.78＝5.143≒**5.1〔倍〕**、増加率でいうと 5.1－1＝4.1
より **410%程度**といえる。

ネパールについてみると、2014 → 2018 年で 788×3.1%→ 1460×5.6%と
増加している。総数は前述のとおり、**1.85 倍程度**である。構成比は 3.1〔％〕
→ 5.6〔％〕で、倍率を割り算で確認すると、5.6÷3.1＝**1.80**…**〔倍〕程度**で
ある。以上より、トータルの倍率は 1.85×1.8＝**3.33〔倍〕**、増加率でいうと
3.33－1＝2.33 より **233%程度**といえる。したがって、ベトナムはネパールの
5 倍以上とはいえない。

4　×　2019 年における医療・福祉に従事するフィリピン国籍の実数と、同年の
卸売業・小売業に従事するブラジル国籍の実数の半分とを比較する選択肢であ
る。どちらも同じ 2019 年なので外国人労働者数の総数は同じ 1659 なので、
割合だけでも大小比較は可能である。割合は図Ⅱと図Ⅲから確認できる。
医療・福祉に従事するフィリピン国籍についてみると、図Ⅱより医療・福祉に
従事する外国人労働者が外国人労働者全体の **2.1%** であり、図Ⅲよりさらにそ
の中の **29.4%** がフィリピン国籍となるので、2.1%×29.4%で外国人労働者数
全体に占める割合がわかる。
2.1%×29.4%≒2%×29%＝0.02×0.29＝0.0058≒**0.006** より **0.6%**である。
卸売業・小売業に従事するブラジル国籍についてみると、図Ⅱより卸売業・小
売業に従事する外国人労働者が外国人労働者全体の **12.8%** であり、図Ⅲよりさ
らにその中の **2.6%** がブラジル国籍となるので、12.8%×2.6%で外国人労働
者数全体に占める割合がわかる。12.8%×2.6%≒13%×3%＝0.13×0.03
＝0.0039≒**0.004** より **0.4%**である。これを半分にすると **0.2%**となる。

5　○　2019 年において建設業でベトナム国籍の労働者数が占める割合が最も高
い（50.2%）ことは、図Ⅲから読み取れる。そこで、ベトナム国籍の労働者の
中で建設業の労働者の割合が 2 割に満たないのかどうか、選択肢後半を検討す
る。労働者数の実数を使ってもよいが、構成比をそのまま利用するとよい。
2019 年のベトナム国籍の労働者は図Ⅰより 24.2%であり、これをベトナム国
籍の労働者全体として、ベトナム国籍で建設業に従事する者の割合を確認する。
外国人労働者数全体のうち、建設業に従事しているのは図Ⅱより **5.6%** であり、
その中でベトナム国籍の者は図Ⅲより **50.2%** いる。したがって、その割合は
5.6%×50.2%≒6%×50%＝6%÷2＝**3〔%〕**である。
ベトナム国籍の労働者は **24.2%** で、建設業に従事するベトナム国籍は **3%**な
ので、その割合は 3%÷24.2%＝3÷24.2≒3÷24＝**0.125** となり、建設業に従
事する労働者の割合は 2 割に満たない。

正解：4

1　× 「家庭系食品廃棄物等に占める食品ロスの割合」は $\dfrac{\text{食品ロス}}{\text{家庭系食品廃棄物等}}$ で表すことができ、図Ⅰより $\dfrac{291}{789}$ である。同様に「事業系食品廃棄物等に占める食品ロスの割合」は $\dfrac{\text{食品ロス}}{\text{事業系食品廃棄物等}}$ で表すことができ、図Ⅰより $\dfrac{352}{1970}$ である。これを 3 倍すると $\dfrac{352}{1970}×3＝\dfrac{1056}{1970}$ となる。この分数を $\dfrac{291}{789}→\dfrac{1056}{1970}$ として大小比較すればよい。

分子は 291 → 1056 と増加しているが、例えば 300×3＝900 なので、291×3 は確実に 1000 を超えない。つまり、291 → 1056 は **3 倍以上**になっている。

分母は 789 → 1970 と増加しているが、例えば 700×3＝2100 なので、789×3 は確実に 2100 を超える。つまり、789 → 1970 は **3 倍未満**になっている。

分子は 3 倍以上、分母は 3 倍未満で、分子のほうが増加率は大きいので、$\dfrac{291}{789}<\dfrac{1056}{1970}$ であり、事業系食品廃棄物等に占める食品ロスの割合の 3 倍のほうが大きい。

2　× 「国民 1 人 1 日当たり」を確認するためには、そもそも国民が何人いるかがわからないと判断ができない。そして、本問の資料には国民の人数が書かれていないため、約 30 グラムかどうかは不明である。

3　× 「事業系食品ロス」の発生量は図Ⅲに書かれており、食品製造業と外食産業を合わせると 137＋133＝**270** となる。一方、「家庭系食品ロス」の発生量は図Ⅰより **291** である。

4　○ 事業系食品廃棄物等と家庭系食品廃棄物等の合計は、図Ⅰより 1970＋789＝**2759** である。また、食品仕向量は図Ⅰより **8088** で、その 3 割は 8088×0.3≒8090×0.3＝**2427** となるので、事業系食品廃棄物等と家庭系食品廃棄物等の合計は食品仕向量の 3 割を超える。

また、再生利用は図Ⅰの右端にあるように 1398＋56＝**1454** であり、事業系食品廃棄物等と家庭系食品廃棄物等の合計である 2759 の 5 割は 2759×0.5 ≒2760÷2＝**1380** なので、5 割以上が再生利用されているといえる。

5　× 「事業系食品廃棄物等に占める食品ロスの割合」は $\dfrac{\text{食品ロス}}{\text{事業系食品廃棄物等}}$ で表すことができ、これを業種別にみるには図Ⅱと図Ⅲから確認すればよい。食品卸売業は $\dfrac{16}{27}$ であり、これは明らかに $\dfrac{1}{2}$ **を超えている**。そこで、他の業種で小さいものを探してみる。例えば、食品製造業は $\dfrac{137}{1617}$ であり、これは明らかに $\dfrac{1}{2}$ **未満**である。

正解：3

左の項目から順番に①研究関係従業者数〔人〕、②研究関係従業者数に対する研究者の割合〔%〕$=\dfrac{研究者数}{研究関係従業者数}$、③総支出に対する内部使用研究費化率〔%〕

$=\dfrac{内部使用研究費}{総支出}$、④研究者一人当たり内部使用研究費〔100万円〕

$=\dfrac{内部使用研究費〔100万円〕}{研究者数}$とナンバリング及び分数で表して検討する。

1　×　総支出は検討に手間がかかるので、基本的には後回しがおすすめの選択肢である。上記項目を式変形すると、

総支出＝①研究関係従業者数×②$\dfrac{研究者数}{研究関係従業者数}$

　　　　×④$\dfrac{内部使用研究費〔100万円〕}{研究者数}$÷③$\dfrac{内部使用研究費}{総支出}$

で確認できることがわかる。

以上をふまえると、

私立の総支出は184581×76.3%×14.40÷36.9%となる。一方、大学等の総支出の50%は（410735×72.3%×12.52÷40.0%）×0.5となる。それぞれ概算で確認する。

私立の総支出は184581×76.3%×14.40÷36.9%

≒185000×76%×14.4÷37%＝140600×14.4÷37%＝2024640÷37%

$=\dfrac{2024640}{37\%}$となる。

大学等の総支出の50%は

（410735×72.3%×12.52÷40.0%）×0.5≒（411000×72%×12.5÷40%）×0.5

＝（295920×12.5÷40%）×0.5＝（3699000÷40%）×0.5

$=\dfrac{3699000}{40\%}\times\dfrac{1}{2}=\dfrac{1849500}{40\%}$となる。

両者の分数を比較すると、私立の総支出のほうが分母が小さく分子が大きいので、分数全体の値は大きい。

2　×　式変形すると、

内部使用研究費＝①研究関係従業者数×②$\dfrac{研究者数}{研究関係従業者数}$

　　　　　　　　×④$\dfrac{内部使用研究費〔100万円〕}{研究者数}$

で確認できる。

私立は 184581×76.3%×14.40、公立の 10 倍は 30273×70.3%×11.01×10 である。概算すると、以下のようになる。
私立は 184581×76.3%×14.40 であり、選択肢 1 のように **2024640** である。公立の 10 倍は
30273×70.3%×11.01×10
＝30273×70.3%×110.1≒30300×70.0%×110
＝30300×77＝**2333100** である。

3 ○ 選択肢 2 と同様に①×②×④で確認できる。
国立は 195881×68.9%×10.80、私立は 184581×76.3%×14.40 である。両者とも①は極端には変わらず、②、④がともに私立のほうが大きいので、私立のほうが大きくなるのではないか…という推測はできるだろう。概算すると、国立は 195881×68.9%×10.80≒196000×69%×10.8＝135240×10.8＝**1460592** である。私立は選択肢 1 のように **2024640** である。

4 × 式変形すると、研究者数＝①研究関係従業者数×②$\dfrac{研究者数}{研究関係従業者数}$ で確認できる。大学等は 410735×72.3%、公立の 15 倍は 30273×70.3%×15 で表せる。公立の 15 倍は、先に 30273×15 を概算すると 30300×15 ＝454500 であり、454500×70.3%なので、公立のほうが大きいのではないか…と推測できる。概算すると
大学等は 410735×72.3%≒411000×72%＝4110×72＝**295920**、公立の 15 倍は 454500×70.3%≒455000×70%＝4550×70＝**318500** である。

5 × 選択肢 1 のとおり、総支出＝①×②×④÷③で確認できる。
国立は 195881×68.9%×10.80÷46.7%、
公立の 6 倍は 30273×70.3%×11.01÷34.2%×6 で表せる。公立の 6 倍は、先に 30273×6 を概算すると 30300×6＝181800 であり、
181800×70.3%×11.01÷34.2%である。「×68.9%×10.80÷46.7%」と「×70.3%×11.01÷34.2%」を比較すると、前者のほうがそれぞれの項の計算で後者より小さくなるため、国立のほうが小さいのではないか…と推測できる。概算すると
国立は 195881×68.9%×10.80÷46.7%であり、選択肢 3 より
1460592÷46.7%となり、概算で 1460000÷47%＝$\dfrac{\mathbf{1460000}}{\mathbf{47\%}}$
公立の 6 倍は 181800×70.3%×11.01÷34.2%≒182000×70%×11÷34%
＝127400×11÷34%＝1401400÷34%≒$\dfrac{\mathbf{1400000}}{\mathbf{34\%}}$ となる。

$\dfrac{1400000}{34\%}$ → $\dfrac{1460000}{47\%}$ でみると、分子は 1400000 → 1460000 で 60000 の増加量だが、基準となる 1400000 の 10%は 140000 なので、60000 の増加量は **10%に満たない**。一方、分母は 34〔%〕→ 47〔%〕で 13〔%〕の増加量だが、基準となる 34〔%〕の 10%は 3.4〔%〕なので、13〔%〕の増加量は **10%を大きく超える**。

つまり、分母のほうが増加率は大きいので$\dfrac{1400000}{34\%} > \dfrac{1460000}{47\%}$、「公立の6倍＞国立」である。

問題 2 国家一般職（2017年度）………………………………………………… 本冊 P.139

正解： 4

1 ×　「全国の病床数に占めるA県のそれの割合」は$\dfrac{A県の病床数}{全国の病床数}$で表せる。平成24→25→26年で$\dfrac{27637}{1703853} \to \dfrac{27501}{1695114} \to \dfrac{27210}{1680625}$と変化している。

目星がつけにくいが、平成25→26年は分子が27501→27210と多少大きめに減っているので、減少している可能性がある。そこで、平成25→26年を大小比較する。

分子は27501→27210で、概数で27500→27200とすると、減少量は300である。基準となる27500の1%は275なので、300の減少量は減少率でいうと**1%以上**である。

分母は1695114→1680625で、概数で1695000→1681000とする（1695114を1700000にするのはかなり誤差が大きいと考えられるため、ここでは上から5桁目を四捨五入する）と、減少量は14000である。基準となる1695000の1%は16950なので、14000の減少量は減少率でいうと**1%未満**である。

分子のほうが減少率が大きいので、分数全体の値は減少して

$\dfrac{27501}{1695114} > \dfrac{27210}{1680625}$、「平成25年＞平成26年」である。

2 ×　「全国の医療施設数に占めるA県のそれの割合」は$\dfrac{A県の医療施設数}{全国の医療施設数}$＝A県の医療施設数÷全国の医療施設数で表せる。平成26年は2822÷177546となるので、途中まで割り算をすればよい。

2822÷177546≒2820÷178000＝**0.0158**…となるので、**1.6%程度**である。

3 ×　平成25→26年のA県の病床数は、一般診療所（有床診療所）が2028→1945、病院が25473→25265である。この減少率を比較すればよい。

一般診療所（有床診療所）は2028→1945で、概数で2030→1950とすると、減少量は80である。基準となる2030の1%は20.3、4%は4倍で20.3×4＝81.2なので、80の減少量は減少率でいうと**4%未満**である。

病院は25473→25265で、概数で25500→25300とすると、減少量は200である。基準となる25500の1%は255なので、200の減少量は減少率でいうと**1%未満**である。

4 ○ 「1施設あたりの病床数」は $\dfrac{病床数}{医療施設数}$ で表すことができ、平成26年の

A県の病院なら $\dfrac{25265}{142}$、A県の一般診療所（有床診療所）の10倍なら

$\dfrac{1945}{147} \times 10 = \dfrac{19450}{147}$ となる。

両者を比較すると、病院のほうが分子は大きく、分母は小さいので、分数全体

の値は大きくなり、$\dfrac{\mathbf{25265}}{\mathbf{142}} > \dfrac{\mathbf{19450}}{\mathbf{147}}$、「病院＞一般診療所（有床診療所）の

10倍」である。

5 × 人口については、資料の最下部の「人口10万人あたり」から式変形で確

認するとよい。例えば、人口10万人あたりの病院数＝$\dfrac{病院数}{人口〔10万人〕}$＝病院

数÷人口〔10万人〕は平成24〜26年で常に6.1と変わらないので、ここに

着目するとよい。

平成24〜26年でA県の病院数も常に142であり、「142÷人口〔10万人〕＝6.1」

が成り立つので、逆算すると人口〔10万人〕＝142÷6.1≒**23.3〔10万人〕**と

なるので、単位を合わせると、**233万人**となる。

問題3 国家専門職（2019年度）……………………………………………… 本冊 P.140

正解： 1

本問は三角グラフの資料で、図Ⅰで簡単に解説されているが、まずは読み取り
方を紹介する。基本的に以下の流れで読み取ればよい。
①三角形の3辺と平行な矢印3本を0から100に向かって引く
**②読み取りたい点から、①の矢印3本と平行な線を矢印の向きに引き、辺にぶ
つかったところの数字を読み取る**

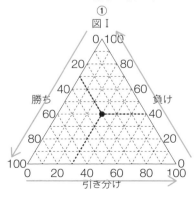

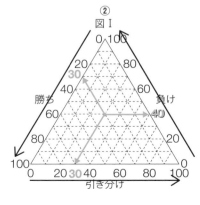

図Ⅱで A、B、C の 2016 〜 2018 年の比率を全て読み取ると、以下のようになる。

チーム	A			B			C		
試合結果	勝ち	負け	引き分け	勝ち	負け	引き分け	勝ち	負け	引き分け
2016 年	50%	20%	30%	60%	20%	20%	10%	20%	70%
2017 年	30%	0%	70%	30%	50%	20%	30%	20%	50%
2018 年	60%	0%	40%	20%	30%	50%	50%	40%	10%

あとは、これをふまえて選択肢を検討すればよい。

1　〇　2016 年の勝ちと引き分けを合わせた比率は、A チームが 50%＋30% ＝**80%**、B チームが 60%＋20%＝**80%**、C チームが 10%＋70%＝**80%**であり、3 チームで全て 80%になっている。実際には 100%から負けの比率を引けば全て 100−20＝80〔%〕であると判断できるだろう。

2　✕　そもそも順位がどのような仕組みでつけられているのかわからないので判断できない。

3　✕　2016 → 2017 → 2018 年の負けの比率は、A チームが 20%→ 0%→ 0%、B チームが 20%→ 50%→ 30%、C チームが **20%→ 20%**→ 40%である。

4　✕　2017 → 2018 年の勝ちの比率は、A チームが **30%→ 60%**、B チームが **30%→ 20%**、C チームが **30%→ 50%**である。

5　✕　2017 年の勝ちの比率は、**どのチームも全て 30%**である。

問題 4　国家専門職（2022 年度）⋯⋯⋯⋯⋯⋯⋯⋯⋯⋯⋯⋯⋯⋯⋯⋯⋯⋯⋯ 本冊 P.141

正解：2

1　✕　選択肢前半について、2009 年度の食用国内消費仕向量が国内消費仕向量の 80%より大きいかを確認する。
図より、2009 年度の食用国内消費仕向量は 692、国内消費仕向量は **915** である。国内消費仕向量の 80%は 915×0.8＝**732** となるので、食用国内消費仕向量はこれを超えていない。

2　〇　選択肢前半について、2019 年度の加工品が食用国内消費仕向量の 50%より大きいかを確認する。
図より、2019 年度の食用国内消費仕向量は 564、加工品は 375 である。食用国内消費仕向量の 50%（半分）は 564÷2＝**282** となるので、加工品はこれを超えている。
続いて選択肢後半について、食用国内消費仕向量に占める加工品の割合が、2009 年度より 2019 年度のほうが 5 ポイント（5%）以上高いかどうかを確認する。これは実際に割合を計算すればよい。
2019 年度の数値は前述のとおりであり、割合は 375÷564≒**0.66**⋯となるので、確実に **66%以上**あることがわかる。

一方、2009 年度の食用国内消費仕向量は 692、加工品は 407 である。割合は
407÷692≒**0.58**…となるので、確実に **59%未満**であることがわかる。
以上より、2019 年度は 66%以上、2009 年度は 59%未満なので、その差は
確実に 66−59＝**7〔%〕**以上ある。

3　×　食用魚介類の国民 1 人 1 年当たり供給量は図に示されているので、
2009→2019 年度で純食料ベースと粗食料ベースの減少率を確認すればよい。
純食料ベースは 2009 → 2019 年度で 30.0 → 25.3 であり、減少量は 4.7 で
ある。基準となる 30.0 の 10%は 3.0、20%は 2 倍で 3.0×2＝6.0 なので、
4.7 の減少量は減少率でいうと **20%未満**である。そもそも 20% 台ではない。

4　×　選択肢前半について、国内生産量と非食用は図に示されているので、国内
生産量に占める非食用の割合＝$\dfrac{非食用}{国内生産量}$ は 2019 年度より 2009 年度のほ
うが大きいかを確認する。
図より、国内生産量は、2009 年度が **487** で、そのうち非食用が **57** である。
同様に 2019 年度が **378** で、そのうち非食用が **67** である。これを分数にする
と、2009 → 2019 年度で $\dfrac{57}{487}$ → $\dfrac{67}{378}$ となる。分子は増加し、分母は減少し
ているので、分数全体の値は増加しており、$\dfrac{57}{487}<\dfrac{67}{378}$、「2009 年度＜2019
年度」である。

5　×　選択肢前半は、もともとの在庫の量が不明なのですぐに判断できないと考
えられる。そこで、まずは選択肢後半について、2019 年度の輸入量のうち 80%
以上を食用が占めているかどうかを確認する。
図より、2019 年度の輸入量は 421 で、そのうち食用が 317 である。割合は
317÷421≒**0.75**…となるので、**76%未満**である。

問題5　国家一般職（2017 年度）本冊 P.142

正解：5

1　×　図のレーダーチャートは人口 100 万人あたりの数値なので、人口をふまえ
て読み取る必要がある。表には人口割合が示されているので、これを使って検
討すればよい。人口割合は A 県が **1.07%**、B 県が **7.09%**なので、仮に A 県の
人口を **100 万人**、B 県の人口を **700 万人**として体育館数を検討するとよい。
図より人口 100 万人あたりの体育館数は A 県が 140、B 県が 50 なので、人
口 100 万人の A 県内の体育館数は **140**、人口 700 万人の B 県内の体育館数は
50×7＝**350** となる。

2　×　選択肢 1 と同様に人口を仮定するとよい。表より C 県の人口割合は全国の
100%に対して 2.23%、だいたい 2%なので、C 県の約 50 倍が全国と考えら
れる。そこで、仮に C 県の人口が **100 万人**とすると、全国の人口は 100〔万〕×50

＝**5000**〔**万人**〕となる。

図より人口 100 万人あたりの水泳プール数は全国が 100、C 県が 145 なので、人口 100 万人の C 県の水泳プール数は**145**、人口 5000 万人の全国の水泳プール数は 100×50＝**5000** となる。

以上より、C 県の水泳プール数の全国に占める割合は

$$\frac{145}{5000}＝145÷5000＝\mathbf{0.029}\ より\ \mathbf{2.9\%}となる。$$

3　×　図のレーダーチャートは各社会教育施設数の基準を 100 としているので、社会教育施設全体を共通の基準 100 としているわけではない。異なる施設どうしである博物館数と公民館数は基準が異なるので、大小比較ができない。

4　×　選択肢 3 と同様に、各施設の基準が異なるので大小比較ができない。D 県は、例えば人口 100 万人あたりの図書館数が B 県より多いので、全体の図書館数が他の社会教育施設より極端に多ければ、公民館数、図書館数、博物館数の合計は B 県より D 県のほうが多くなることもあり得る。

5　○　選択肢 1 と同様に人口を仮定するとよい。表より人口割合は A 県が 1.07％、D 県が 1.10％でほぼ同じなので、仮に A 県・D 県の人口がどちらも**100 万人**として図書館数を検討する。

人口 100 万人あたりの図書館数は A 県が 95、D 県が 105 なので、人口 100 万人の A 県の図書館数は**95**、人口 100 万人の D 県の図書館数は**105** となる。